黄河小北干流放淤模型试验研究

武彩萍　李远发　著

黄 河 水 利 出 版 社

内 容 提 要

本书介绍了黄河小北干流放淤试验工程模型试验的研究成果。即结合小北干流放淤试验工程设计，开展了放淤闸闸位选择和引沙效果试验、连伯滩放淤试验工程原设计方案和实施方案试验、连伯滩放淤试验工程2004年放淤复演试验、输沙渠弯道溢流堰分沙效果试验，并针对小北干流“淤粗排细”关键技术问题，对“淤粗”“排细”粒径及其淤积比和排沙比、连伯滩放淤试验工程“淤粗排细”调度运用、小北干流“淤粗排细”放淤对下游河道的减淤作用等问题开展了研究。

本书可供从事河道整治、水文泥沙研究、河工模型试验等工作的科技人员及高等院校相关专业师生阅读参考。

图书在版编目（CIP）数据

黄河小北干流放淤模型试验研究／武彩萍，李远发著. —郑州：黄河水利出版社，2007.10
ISBN 978-7-80734-297-7

Ⅰ.黄… Ⅱ.①武… ②李… Ⅲ.黄河-放淤-水工模型试验-研究 Ⅳ.TV882.1

中国版本图书馆CIP数据核字（2007）第150094号

组稿编辑：王路平　电话：0371-66022212　E-mail:wlp@yrcp.com

出 版 社：黄河水利出版社

地址：河南省郑州市金水路11号　邮政编码：450003

发行单位：黄河水利出版社

发行部电话：0371-66026940、66020550、66028024、66022620(传真)

E-mail：hhslcbs@126.com

承印单位：河南省瑞光印务股份有限公司

开本：787 mm×1 092 mm　1／16

印张：10

字数：230千字　印数：1—1 000

版次：2007年10月第1版　印次：2007年10月第1次印刷

书号：ISBN 978-7-80734-297-7/TV·526　定价：28.00元

前　言

黄河小北干流指黄河中游禹门口至潼关河段，简称禹潼河段。小北干流河道全长 132.5 km，河道总面积约 1 100 km^2，滩地面积 682 km^2。滩地中，耕地约 4.5 万 hm^2，沼泽、沙荒地约 2.2 万 hm^2。滩区人口约 8 万人，20 世纪 70 年代治黄规划中，小北干流大放淤曾作为黄河下游河道减淤措施进行过研究，规划放淤面积 530 km^2，淤沙库容 80 亿 m^3，放淤量 112 亿 t，38 年内可使下游减淤 53 亿 t。

国务院批准的《黄河近期重点治理开发规划》中，明确提出处理和利用黄河泥沙的基本思路是：拦、排、放、调、挖、控综合治理。黄河泥沙多，特别是粗泥沙淤积是造成黄河下游“悬河”的主要原因，为了遏制“悬河”的急剧发展和增大下游河道的输水输沙能力，黄河水利委员会(以下简称黄委)领导在长期研究和充分准备的基础上，于 2002 年 7 月 4～15 日，首次进行了调水调沙试验，经过 3 年连续调水调沙，实现了黄河下游全河段的冲刷，将 2.0 亿 t 泥沙输送入海，河槽过水能力提高到 3 000 m^3/s，2005 年正式转入生产应用。2003 年黄委领导又对小北干流放淤重大战略进行了布置，修建了小北干流连伯滩放淤试验工程，探索“淤粗排细”的放淤效果。2004 年 7 月 26 日~8 月 26 日进行了 6 轮原型放淤试验，通过精心调度运用，在实现“淤粗排细”放淤目标方面取得很好的经验。

为探索研究小北干流“淤粗排细”的放淤目标，我们结合小北干流连伯滩放淤试验工程设计，进行了系统实体模型试验研究。淤区实体模型试验研究内容包括：放淤闸闸位选择和引沙效果试验研究、连伯滩放淤试验工程原设计方案和实施方案试验研究、连伯滩放淤试验工程 2004 年放淤复演试验研究、输沙渠弯道溢流堰分沙效果试验研究、“淤粗”“排细”粒径及其淤积比和排沙比研究、连伯滩放淤试验工程“淤粗排细”调度运用研究、小北干流“淤粗排细”放淤对下游河道的减淤作用分析等内容。

为了加强黄河小北干流放淤试验研究工作的组织和管理，黄河水利科学研究院成立了“黄河小北干流放淤试验工程”项目组和专家组。项目组负责人有时明立、姜乃迁。参加实体模型专题项目组的主要人员有：武彩萍、李远发、林秀芝、勾兆莉、王德昌、陈俊杰、宋莉萱、郭慧敏、吴国英、朱超等。

黄河小北干流连伯滩放淤试验工程“淤粗排细”试验研究涉及研究内容很多，实践经验相对较少，本书的试验研究成果仅是初步成果，还有待于在小北干流新民滩放淤试验工程试验研究中进一步完善和提高。由于作者水平有限，书中难免有不妥和错误之处，敬请读者指正。

作　者

2007 年 4 月

目　录

第一章　绪　论

第一节　任务缘由及试验工程的必要性

泥沙问题是黄河治理的症结所在，我国水利工作者总结多年的治黄实践，提出了处理和利用泥沙的基本方针："拦、排、放、调、挖"综合治理。其中，水土保持及中游骨干工程"拦"沙已取得成效；下游河道一直在"排"沙入海；近年来实施了"挖"河固堤工程；2002年又有计划、有目的和有组织地成功开展了黄河首次调水调沙试验，2003年和2004年分别进行了第2次和第3次调水调沙科学试验，2005年开始投入生产运行；"放"主要是在黄河中下游两岸利用有利地形进行引洪放淤，处理和利用一部分泥沙。从自然条件看，小北干流很多滩地具备无坝自流引洪放淤条件；从目前社会经济条件看，该区人口密度相对较小，经济发展相对滞后，占压处理相对容易。黄河小北干流河段实施有控制的"淤粗排细"放淤，一方面可有效地拦减粗泥沙，减少小浪底水库入库泥沙，延长小浪底水库的使用寿命，还可以有效减轻下游河道淤积；另一方面细泥沙排回黄河，不仅有利于小浪底水库异重流的形成和异重流排沙，而且有利于下游河道粗泥沙的输送。因此，利用小北干流的自然地理条件实施大规模放淤是黄河泥沙处理的一项重要举措，也是一项复杂的系统工程，在开展小北干流大规模放淤之前，进行小规模放淤试验是非常必要的。经水利部批准，黄河水利委员会(以后简称黄委)于2004年在小北干流连伯滩开展放淤试验工作。黄河小北干流放淤试验的目标是"淤粗排细"，要实现这一目标，需对小北干流来水来沙条件、河势变化、引水条件、引水时机等问题进行研究；而淤区平面布置型式和运用方式等诸多因素，又是小北干流放淤的关键问题，也必须对其进行研究。因此，开展该项研究不仅可以为放淤试验工程设计和工程运用提供科学依据，确保放淤试验达到预期的目的，同时也可以为以后大规模放淤提供技术支撑。

为配合2004年汛期黄河小北干流放淤试验，并及时为淤区淤粗排细、工程运用方式等关键问题提供技术支撑，按照黄委领导的意见，我们先后承担了黄河小北干流放淤试验工程放淤闸引沙效果试验、小北干流放淤试验工程淤区实体模型预报试验、小北干流放淤试验工程淤区实体模型复演试验及弯道溢流堰分沙效果试验等研究项目。

第二节　连伯滩放淤试验工程概况

黄河小北干流指黄河中游禹门口至潼关河段(简称禹潼河段)，为晋、陕两省的天然界河，左岸为山西省运城地区所属河津、万荣、临猗、永济、芮城5县(市)，右岸为陕西省渭南市所属韩城、合阳、大荔、潼关4县(市)。黄河小北干流河道长132.5 km，河出禹门口后，由宽0.1 km左右的峡谷河槽骤然展宽为3~18 km宽的河漫滩，自北向南流

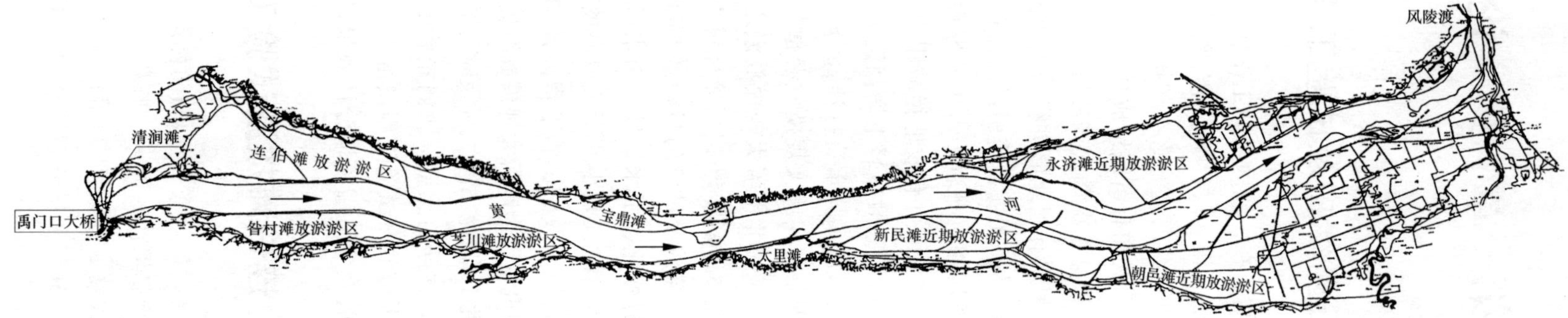

图 1-1　黄河小北干流河段放淤滩区位置

向潼关。河床纵比降一般为 3‱~6‱，上陡下缓，平面形态呈哑铃状。河道总面积约 1 100 km^2，其中滩区面积 682 km^2，由左岸的清涧、连伯、宝鼎、永济 4 个滩区和右岸的昝村、芝川、太里、新民、朝邑 5 个滩区组成，如图 1-1 所示。其中大于 60 km^2 的滩区有 4 个，分别是左岸的连伯、永济滩区和右岸的新民、朝邑滩区，这 4 个滩区的总面积为 616.9 km^2，占滩区总面积的 90%，两岸为高出河床 50~200 m 的黄土台塬。在滩地中，耕地约有 4.5 万 hm^2，沼泽、沙荒地约有 2.2 万 hm^2，是黄河中游最大的滞洪滞沙区之一，对洪水泥沙起较大的调节作用。滩区人口约为 8 万人，平均人口密度约 117 人/km^2。从自然条件看，很多滩地具备无坝自流引洪放淤条件，若采取有坝放淤，效果更好；从目前社会经济条件看，滩区人口密度相对较小，经济发展相对滞后，占压处理相对容易。

按照大河水位、滩区地形、社会经济情况等指标分析，小北干流具备自流放淤条件的滩区有 7 个，分别为清涧、连伯、永济、昝村、芝川、新民、朝邑。放淤面积约 318.7 km^2，估计堆沙总量为 7.46 亿 m^3，其中连伯、永济、新民与朝邑 4 个滩区近期放淤量均超过 1 亿 m^3，总计可达 7.19 亿 m^3，约占总放淤量的 96%。通过选定的试验淤区综合比较看，连伯滩试验淤区具有社会经济影响小、引水口靠流条件好、与放淤规划总体布局易于结合、可利用汾河围堤作为临河围堤节省工程量等优点，因此选择连伯滩滩区作为放淤试验的滩区。试验工程选择在临河东侧第一条淤区，位于黄淤 65 至黄淤 67 之间，连伯滩放淤试验工程主要包括放淤闸、输沙渠、淤区、退水闸等。

放淤闸位于左岸小石嘴工程 1# 坝附近，介于黄淤 67 至黄淤 68 断面之间，进水顺畅，放淤闸纵轴线与黄河主流方向形成的引水角约为 40°，闸室总净宽为 24 m，总宽度 29.6 m。输沙渠长为 2.5 km，沿汾河口工程(上段)背河侧布置，利用现状工程作为输沙渠的右侧渠堤。淤区长为 8.6 km，平均宽 0.64 km，淤区面积约 5.5 km^2，由临河汾河口工程、背河围堤等组成，淤区分成 2 条渠；围堤长 9.4 km，进口段围堤呈喇叭口状布置。退水闸闸室总净宽 25 m，建在淤区末端的汾河口工程处，淤区退水经滩区排回黄河。

第二章　放淤闸闸位选择及引沙效果试验研究

第一节　概化模型设计及预备试验

为配合黄河小北干流放淤试验工程规划设计，我们进行了放淤闸引沙效果试验研究。众所周知，以往的灌溉引水口设计总是希望引出的水流含沙量要小，以减少输水渠道淤积。现在，随着引水目的的不同，则希望引出的水流有较高的含沙量和较粗粒径，这在已有的设计和研究中是不多见的，因此在设计中可能会遇到一些新的问题。通过物理模型试验对放淤闸位置、引水角度(引水渠轴线与河道主流的交角)、大河单宽流量、引水单宽流量比、悬沙粒径和含沙量对引沙效果的影响进行试验研究，其目的是使引出的水流具有较高的含沙量和较粗的泥沙粒径，以增加放淤的效果，为放淤闸工程设计提供科学的试验依据。

一、模型设计概况

引洪放淤闸引水流量与大河流量差别很大，放淤闸模型试验不可能在小比尺的河道整体模型上进行，一般做成大比尺的局部河宽模型，保证模型大河单宽流量与原型大河单宽流量相似，即保证所取局部河宽范围内，模型与原型水深和流速相似。

概化弯道水槽模型采用直线段(过渡河段)+弯道段+直线段(过渡河段)的布置形式。概化模型采用 2 m 宽的矩形河槽，进口直线段长 10 m，参照小北干流历年河势，弯道中心角选定 60°，出口直线段长 4 m，总河段长 21.4 m。模型共设置 9 个放淤闸，即进口直线段设 3 个，弯道段设 6 个，弯道夹角 15°、30°、45°及 60°处凹岸各设一个；弯道夹角 15°及 60°处凸岸各设一个。放淤闸体型及尺寸参照放淤闸设计,净宽选定为 0.3 m。$1^{\#}$~$7^{\#}$放淤闸引水角度选定为 60°,为了比较引水角对引沙效果的影响,在直线段上设 $8^{\#}$、$9^{\#}$放淤闸，引水角分别为 30°和 90°。模型布置见图 2-1。

二、模型设计相似条件及比尺的选择

为了使概化水槽模型与原型水流、泥沙主要要素有一定的可比性，概化水槽模型仍按黄河悬沙动床模型相似律设计，模型主要满足水流重力相似、阻力相似、泥沙运动相似、悬沙悬移相似。考虑到放淤闸闸前水流结构复杂，水流紊动较大，保持悬沙沉速与垂线脉动流速比值相似；考虑到浑水采样和试验观测精度要求，模型水深不能太小，经多方案比较，模型概化成垂直比尺较大的局部河宽模型，保证概化模型的单宽流量与原型相似。概化模型选定的各项比尺如表 2-1 所示。

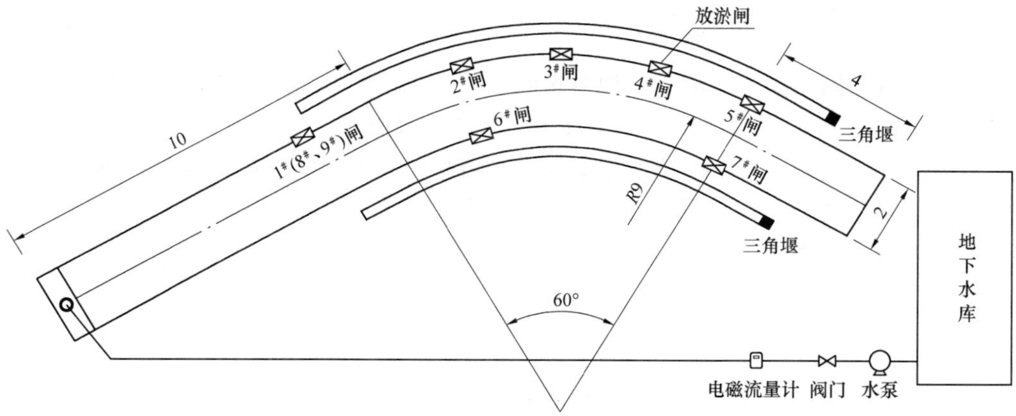

图 2-1　小北干流放淤闸闸位选择及引沙效果概化模型布置图　(单位：m)

表 2-1　模型比尺汇总表

比尺名称	比尺数值	说　明
平面比尺 λ_L	100	根据场地条件和供水系统确定
垂直比尺 λ_H	20	考虑观测精度
流速比尺 λ_v	4.47	$\lambda_v=\lambda_H{}^{0.5}$
单宽流量比尺 λ_q	89.44	$\lambda_q=\lambda_H\lambda_v$
糙率比尺 λ_n	0.737	$\lambda_n=\frac{\lambda_H{}^{2/3}}{\lambda_v}\left(\frac{\lambda_H}{\lambda_L}\right)^{0.5}$
悬沙沉速比尺 λ_ω	2.00	$\lambda_\omega=\lambda_v\left(\frac{\lambda_H}{\lambda_L}\right)^{0.5}$
悬沙粒径比尺 λ_d	1.03	$\lambda_d=\left(\frac{\lambda_\omega\lambda_\nu}{\lambda_{\gamma_s-\gamma}}\right)^{0.5}$
含沙量比尺 λ_s	2.0	参照以往河工模型试验

由龙门水文站实测资料统计，1962~1984 年汛期悬沙多年平均中值粒径 $d_{50}\approx0.033$ mm。试验选用郑州热电厂粉煤灰为模型沙，为了对比悬沙粒径粗细对引沙效果的影响，模型选取了粗沙、细沙和粗细混合沙 3 种级配。粗沙中值粒径 d_{50}=0.037 mm，细沙中值粒径 d_{50}=0.023 mm，混合沙中值粒径 d_{50}=0.031 mm。

三、概化模型预备试验

为了使概化模型实测水流和泥沙要素能与原型水流和泥沙要素相似，我们首先需要对小北干流 132.5 km 河段的河道水力几何要素进行概化。

根据小北干流河段河槽断面形态、河道水力特征和龙门站资料，参照黄河下游花园口游荡性河段冲淤平衡条件下水力几何要素，小北干流河段冲淤平衡条件下水力几何要素可概化为如下关系：

$$v = 0.18Q^{0.32} \tag{2-1}$$

$$B = 34.5Q^{0.42} \tag{2-2}$$

$$H = 0.16Q^{0.26} \tag{2-3}$$

由上述关系可得到：

$$\frac{\sqrt{B}}{H} = 36.7Q^{-0.05} \tag{2-4}$$

$$q = 0.029Q^{0.58} \tag{2-5}$$

通过模型预备试验量测得模型糙率为 0.016，满足原型糙率 0.012 的要求。

大河各级单宽流量试验实测沿程水面线如图 2-2 所示，概化模型与原型水力要素见表 2-2。

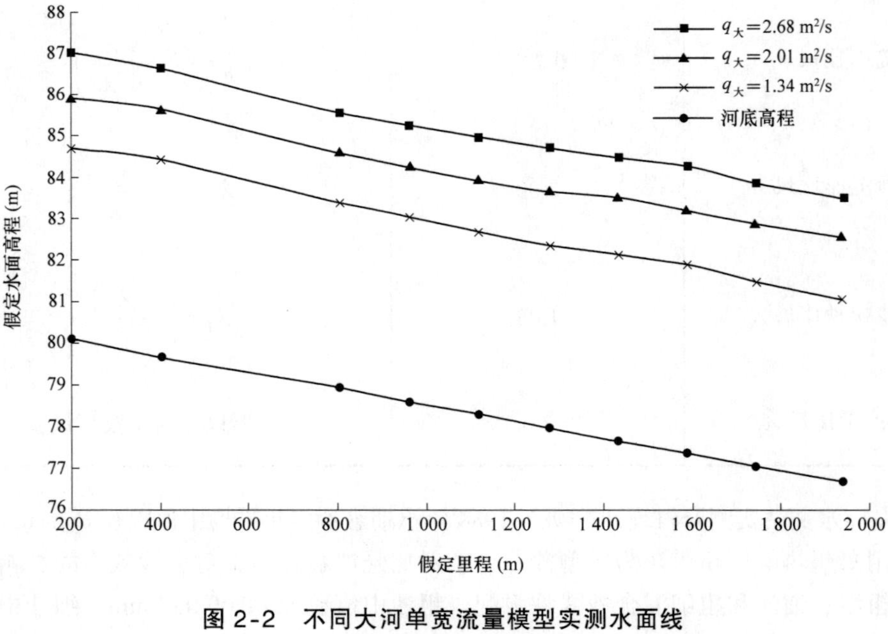

图 2-2　不同大河单宽流量模型实测水面线

表 2-2　概化模型与原型主要水力要素

水力要素名称	大河单宽流量(m^2/s)	平均水深(m)	平均流速(m/s)	比降	糙率
试验值	1.34	0.91	1.62	0.000 4	0.012
	2.01	1.16	1.96		
	2.68	1.36	2.08		
原型值	1.34	0.91	1.53	0.000 4	0.012
	2.01	1.09	1.91		
	2.68	1.21	2.17		

从图 2-2 中可以看出，概化模型河段具有较好的二元均匀流流动特征，这对正式试验研究不同闸位引沙效果试验提供了相同大河水流条件可比基础。从表 2-2 所示的概化模型与原型主要水力几何要素的对比结果中可以看出：概化模型与原型基本相似，概化模型试验成果可以按表 2-1 所示的比尺数值换算到原型。

第二节　概化模型河道水流泥沙运动特征

一、概化模型河道水流运动特征

模型水流进入进口直线河段后，水流质点基本作平行的直线运动。水流从直河段进入弯道河段后，行进水流受到岸边约束，水流流向发生变化，随流线弯曲，并伴随产生离心力，如图 2-3 所示。在离心力作用下，河道凹岸水位升高，形成横向比降。横比降的产生，对垂线上单位面积的水体产生侧压力差，根据静水力学原理，这一压力差沿垂线呈均匀分布，方向指向凸岸。水流纵向垂线流速一般按对数规律分布，从水面到河底逐渐减小为零，不同水深水流质点纵向流速 v 不同，所产生离心力 $F_R = \rho v^2 / R$ 也不同，侧压力差和离心力形成的合力，上部方向指向凹岸，下部方向指向凸岸。在这一横向环流与纵向流速作用下，弯道中形成了水平轴螺旋流流动。弯道中的这种螺旋水流，使水中的泥沙也作横向运动。人们利用这种螺旋流运动特征，一般将灌溉引水闸布设在弯道凹岸，以减少入渠泥沙。这种螺旋流同样对引洪放淤闸的引沙效果有一定的影响。

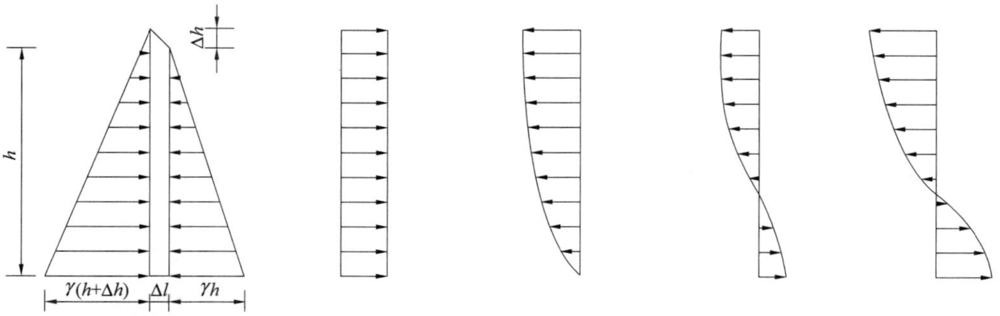

(a)径向垂线侧压力分布　(b)径向垂线压力差分布　(c)径向离心力 $\rho v^2 / R$ 分布　(d)径向合力分布　(e)径向流速 v_R 分布

图 2-3　弯道水流单位水体受力分布和流速分布图

(一)概化模型表面流向和底部流向

预备试验观测结果表明，概化模型断面平均水深沿纵向分布基本相同，概化模型水流呈均匀流流态，这就为不同河段不同闸位的引沙效果提供了可比的基础。

为了便于观测分析概化模型河段的水流泥沙运动特征，在清水定床情况下，观测了概化模型河段的底部流线和表面流线(见图 2-4)，从图中可以清楚地看出，在直线河段底部流线和表面流线基本重合，各流线作平行直线运动。水流进入弯道河段后，在螺旋流作用下，弯道起始断面同一垂线的底部流线和表面流线呈逆向运动，底部流线偏向凸岸，表层流线偏向凹岸，从图上对比看出，大河单宽流量越大，流速越大，离心力也越大，螺旋流强度也越大，底部和表面流线的逆向偏离也越大。

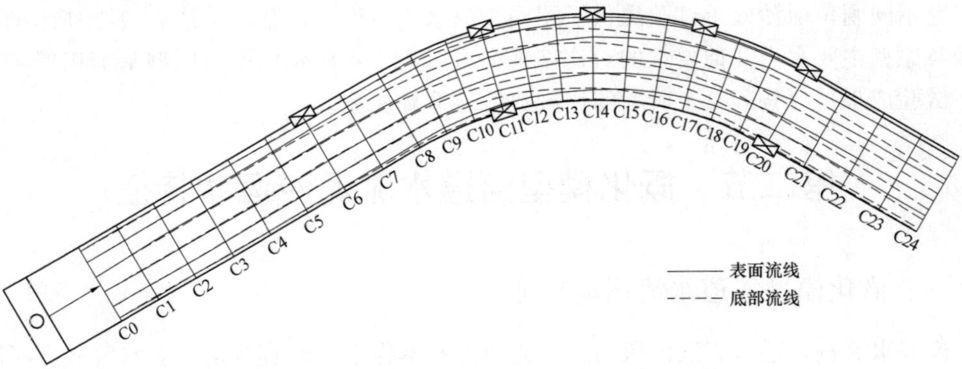

图 2-4 概化模型表面和底部流线图

(二)概化模型流速横向分布

放淤闸不引水时，在清水定床情况下，试验观测了大河单宽流量分别为 1.34 m^2/s、2.01 m^2/s 和 2.68 m^2/s 时概化模型底部和表面的流速分布。图 2-5 选绘了当大河单宽流量

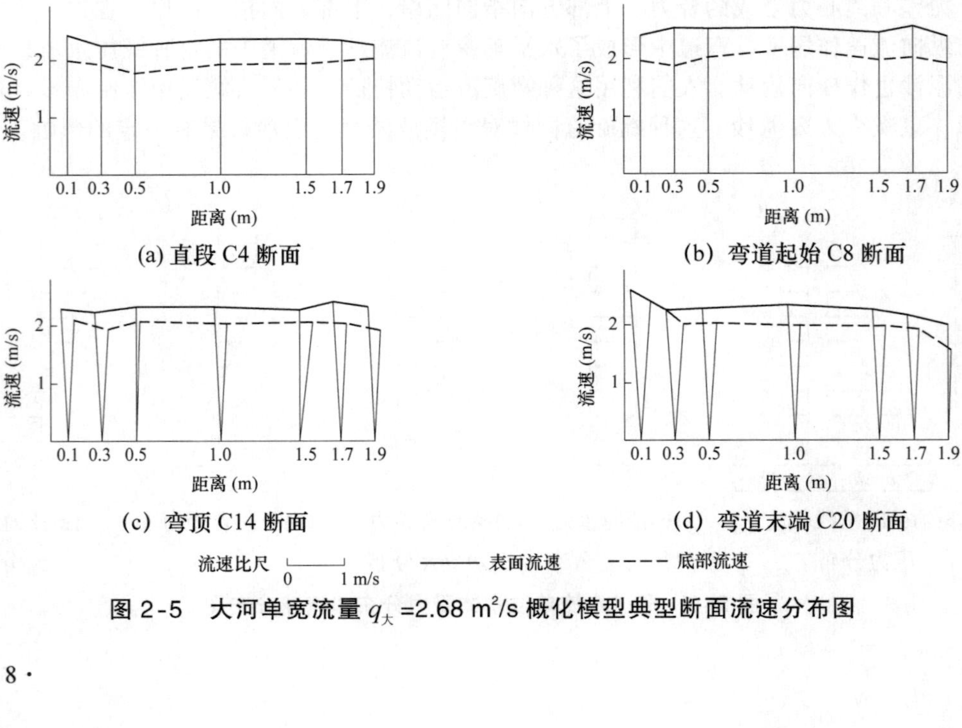

图 2-5 大河单宽流量 $q_{大}$ =2.68 m^2/s 概化模型典型断面流速分布图

为 2.68 m²/s 时，不同河段典型断面底部流速和表面流速的横向分布。图 2-6 为垂线平均流速平面分布图。由此二图中可以看出，水流在入弯前的顺直河段上，垂线平均流速沿河宽对称分布，入弯后由于水流结构变化，在弯顶前凸岸流速稍增，而凹岸流速稍减，过了弯顶，至某一位置后，又出现了相反的调整。

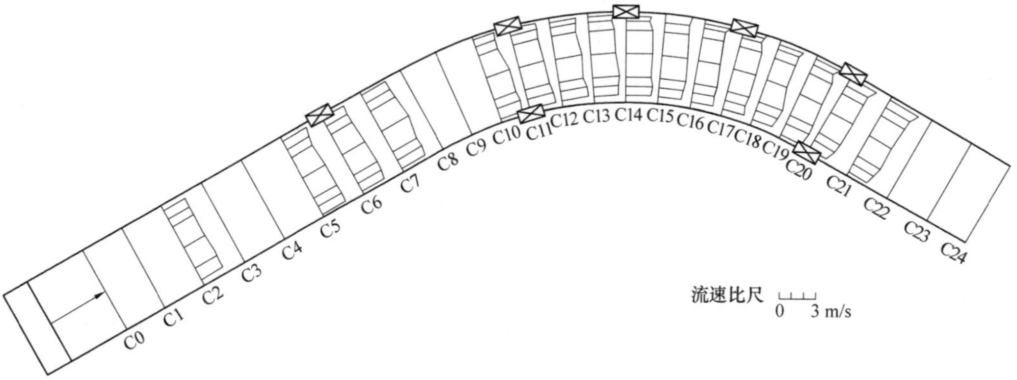

图 2-6 大河单宽流量 $q_{大}$ =2.68 m²/s 概化模型垂线平均流速平面分布图

(三)概化模型河段沿程水面高程线

在直线河段河道水流为直线均匀流流动，水流结构中，副流不明显，沿程水面高程线基本平行，等高线间距相等。水流进入弯道河段后，弯道水流在离心力作用下，产生横比降，弯道河段的水面等高线不再保持平行和等距的特点，图 2-7 绘出了单宽流量为 2.68 m²/s 的沿程水面等高线图。从图中看出，水流由直线河段进入弯道后，弯道上段横向比降不明显，弯道下段又受下游直线河段影响，横向比降又逐渐减小，最大横向比降出现在弯道中段弯顶稍下一点位置。由于受边界条件影响，岸边流速减小，根据能量守恒定律，势能增加，岸边水位高于河道中部，在弯顶河段，槽中线偏凸岸的部位，出现一个凹槽，大河单宽流量越大，上述水面等高线特点越明显。

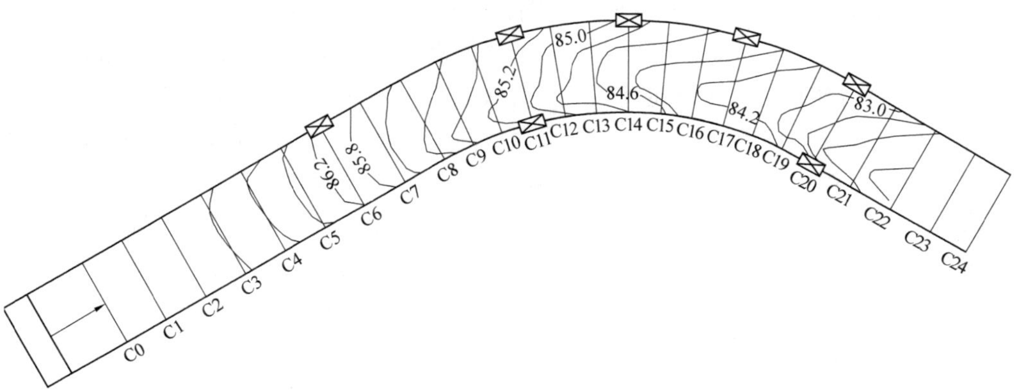

图 2-7 大河单宽流量 $q_{大}$ =2.68 m²/s 概化模型沿程水面等高线图 (单位：m)

概化模型实测底部和表面流线、流速平面和横向分布、沿程水面等高线试验成果表明，概化模型能够较好地反映原型河道的水流运动特征。

二、概化模型河道泥沙运动特征

水中泥沙被水流紊动结构中的不同尺度漩涡挟带，悬浮在水中，泥沙纵向运动速度与水流纵向流速基本一致。由于泥沙比重比水要大，在悬浮纵向运动过程中，泥沙向下沉降，有向河底集中的趋势，使得含沙量在垂线上分布不均。悬沙颗粒越粗，含沙量在垂线上分布的不均匀性越明显。但是在含沙水流中，表层和底层泥沙的运动轨迹基本与水流运动轨迹是一致的，从河底沙浪运动方向可明显表现出来。在直线河段，如不考虑泥沙在垂线上的紊动，表层和底层泥沙也可视为作直线平行运动。在含沙水流进入弯道后，在弯道螺旋流作用下，表层泥沙逐渐向凹岸运动，底层泥沙逐渐向凸岸运动，这必然对不同闸位的引沙效果产生影响。

概化模型表层(相对水深为 0.9)和底层(相对水深为 0.1)含沙量沿程横向变化如图 2-8(a) ~(c)所示，悬沙中值粒径变化如表 2-3 所示。

表 2-3　概化模型河段悬沙中值粒径沿程变化

<table>
<tr><th rowspan="2">大河单宽流量 (m^2/s)</th><th rowspan="2">大河含沙量 (kg/m^3)</th><th rowspan="2">悬沙粒径 (mm)</th><th rowspan="2">取样位置</th><th colspan="2">进口直线河段 C4 断面 d_{50}(mm)</th><th colspan="2">弯道末端 C19 断面 d_{50}(mm)</th></tr>
<tr><th>起点距 10 m 和 50 m 两处</th><th>起点距 150 m 和 190 m 两处</th><th>起点距 10 m 和 50 m 两处 (凹岸)</th><th>起点距 150 m 和 190 m 两处 (凸岸)</th></tr>
<tr><td rowspan="2">2.01</td><td rowspan="2">100</td><td rowspan="2">0.037</td><td>底部</td><td>0.032</td><td>0.029</td><td>0.030</td><td>0.037</td></tr>
<tr><td>表面</td><td>0.023</td><td>0.021</td><td>0.025</td><td>0.027</td></tr>
<tr><td rowspan="2">2.01</td><td rowspan="2">100</td><td rowspan="2">0.023</td><td>底部</td><td>—</td><td>0.019</td><td>0.020</td><td>0.024</td></tr>
<tr><td>表面</td><td>0.023</td><td>0.018</td><td>0.014</td><td>0.014</td></tr>
</table>

从图 2-8(a)~(c)中可以看出，悬沙中值粒径 0.037 mm，大河含沙量 120 kg/m^3 时，在模型进口直线河段 C4 断面，表层和底层含沙量横向分布比较均匀，底部和表面含沙量比值在 1.12 左右变化，含沙量在垂线上的分布上小下大的趋势相对比较明显。含沙水流进入弯道后，在弯道螺旋流作用下，表层泥沙向凹岸运动，底层泥沙向凸岸运动，含沙水流沿程运动过程中，凹岸含沙量有减小趋势，凸岸含沙量有增大趋势。悬沙中值粒径 0.023 mm 情况下，大河含沙量 200 kg/m^3 时，在模型进口直线河段 C4 断面，底部和表面含沙量变化不大，其比值在 1.03 左右变化，含沙量在垂线上分布趋于均匀，含沙水流进入弯道后，含沙量在横向上的分布也没有明显区别。大河含沙量 400 kg/m^3 时，C4 断面底部和表面含沙量比值略大于 1.0，含沙量在垂线上的分布和进入弯道后的横向分布更趋均匀。在大河悬沙粒径较细情况下，含沙量增大到 400 kg/m^3 后，含沙水流已进入高含沙水流范畴，流变特性发生变化，高含沙浑水可视为均质流体，底部和表面含沙量没有明显区别。

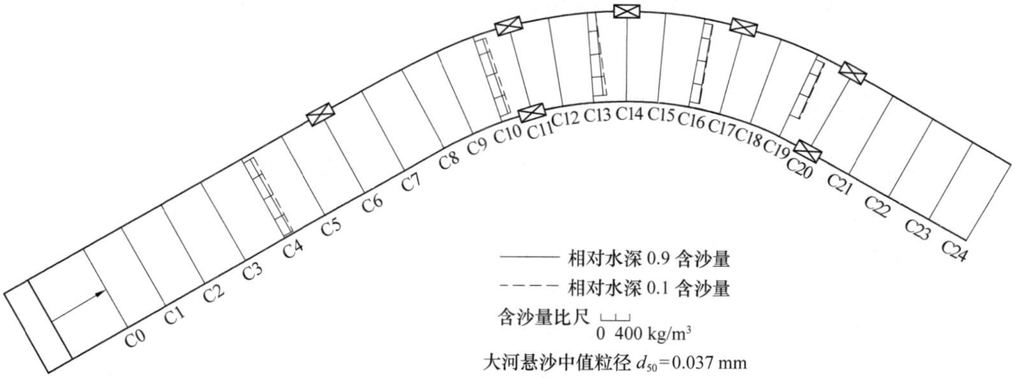

(a) $S_{大}$ =120 kg/m³

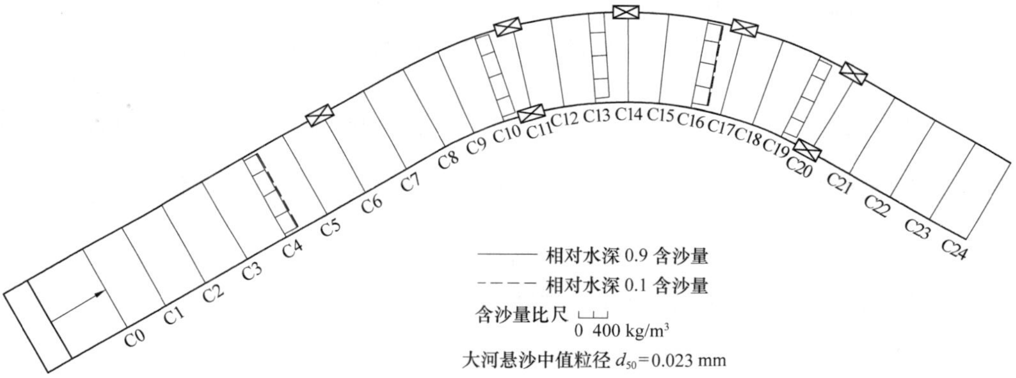

(b) $S_{大}$ =200 kg/m³

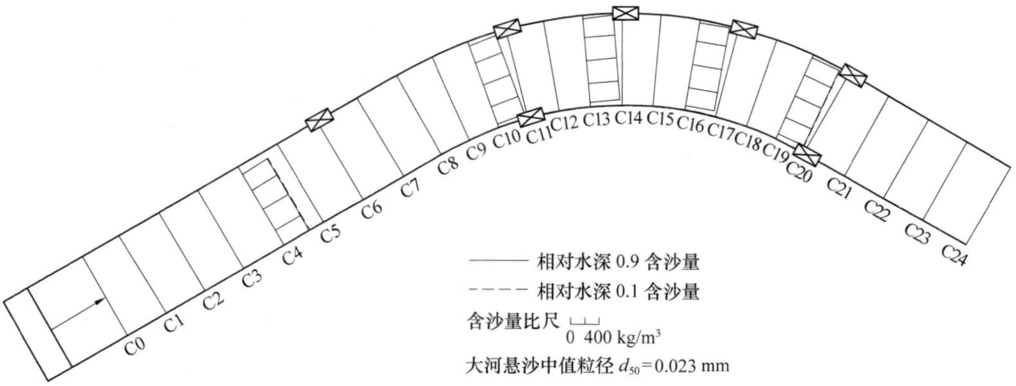

(c) $S_{大}$ =400 kg/m³

图 2-8 大河不同含沙量概化模型表层和底层含沙量沿程横向变化图

第三节　放淤闸闸前水流泥沙运动特征

一、放淤闸闸前水流运动特征

试验观测了大河单宽流量分别为 1.34 m^2/s、2.01 m^2/s 和 2.68 m^2/s，引水单宽流量比分别为 0.4、0.6、0.8 的情况下，概化弯道水槽模型各闸(见图 2-1)闸前的局部流态。

(一)直线河段放淤闸闸前水流运动特征

清水情况下实测直线河段 1#放淤闸闸前的水流流态、流速分布和水面等高线如图 2-9 所示。试验结果表明，当1#放淤闸开闸引水，水流进入放淤闸上游左岸导墙时，水流将沿导墙急剧转弯进闸，1#放淤闸闸前，在离心力 $F_r = \rho v^2 / r$ 作用下，形成一个向闸侧方向倾斜的横比降，在横比降作用下形成一个顺时针方向的进闸螺旋流。当 1#放淤闸最外侧的一股水流流至闸前右岸分水裹头后，在分水裹头分流点处，水流停滞，水位抬高，一部分水流进入放淤闸，另一部分水流又折向大河，分水裹头处水位的抬高，使进闸顺时针方向的螺旋流强度进一步加强。闸上游导墙转弯半径 r 相对较小，水流容易脱流，在脱流点下游形成一个立轴回流区。闸前横向流速分布不均匀，右岸流速大，左岸流速小。闸前边界条件变化较大，水流结构非常复杂。在闸前 200 m 处的 C4 断面，观测了底部和表面进闸水流宽度，分别为 $b_{底}$ 、$b_{表}$ 。在进闸螺旋流作用下，底表进流宽度比 $\left(\frac{b_{底}}{b_{表}}\right)_{C4} > 1$，表明直线河段 1#放淤闸进闸含沙量将大于大河含沙量。

(二)弯道河段放淤闸闸前水流运动特征

1. 弯道河段凹岸放淤闸闸前水流运动特征

凹岸以弯顶 3#放淤闸为例，3#放淤闸实测闸前水流流态、流速分布和水面等高线如图 2-10 所示。试验结果表明，3#放淤闸开闸引水时闸前表面水流质点受到两个离心力作用：一个是弯道产生的离心力 $F_R = \rho v^2 / R$；另一个是进闸水流急剧转弯产生的离心力 $F_r = \rho v^2 / r$ 。式中 v 为水流质点纵向流速，R 为弯道转弯半径，r 为放淤闸上游导墙半径，若 $R>r$，则 $F_r>F_R$，两个离心力合力 F 的方向偏离进水闸。在两个离心力作用下，形成了两个方向相反的螺旋流。在两个方向相反的螺旋流共同作用下，如果以闸前断面 C13 作为观测底部和表面进闸水流宽度的参照断面，因为 $F_r>F_R$，所以表面进流宽度要小，底部进流宽度要大，即 $\left(\frac{b_{底}}{b_{表}}\right)_{C13} > 1$。

2. 弯道河段凸岸放淤闸闸前水流运动特征

凸岸以 7#放淤闸为例。7#放淤闸位于弯道末端，闸前 C19 断面表面水流质点同样受到两个离心力作用：一个是弯道水流形成的离心力 F_R，另一个是进闸水流转弯形成的离心力 F_r，两个离心力形成的螺旋流的方向，都是顺时针方向。F_R 和 F_r 的合力为 F，合力 F 的方向偏离凸岸。7#放淤闸闸前水流运动特征不同于凹岸的 3#放淤闸，又区别于直线河段的 1#放淤闸。在两个相同方向的螺旋流作用下，参照断面选在闸前 C19 断面，底部水

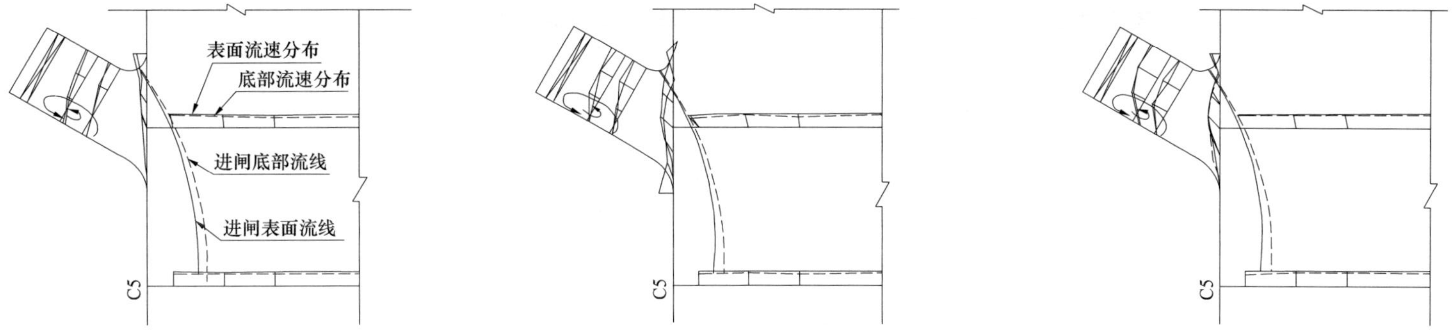

$q_{大}$=2.68 m²/s，$q_{引}/q_{大}$=0.4　　$q_{大}$=2.68 m²/s，$q_{引}/q_{大}$=0.6　　$q_{大}$=2.68 m²/s，$q_{引}/q_{大}$=0.8

(a) 闸前流态和流速分布图

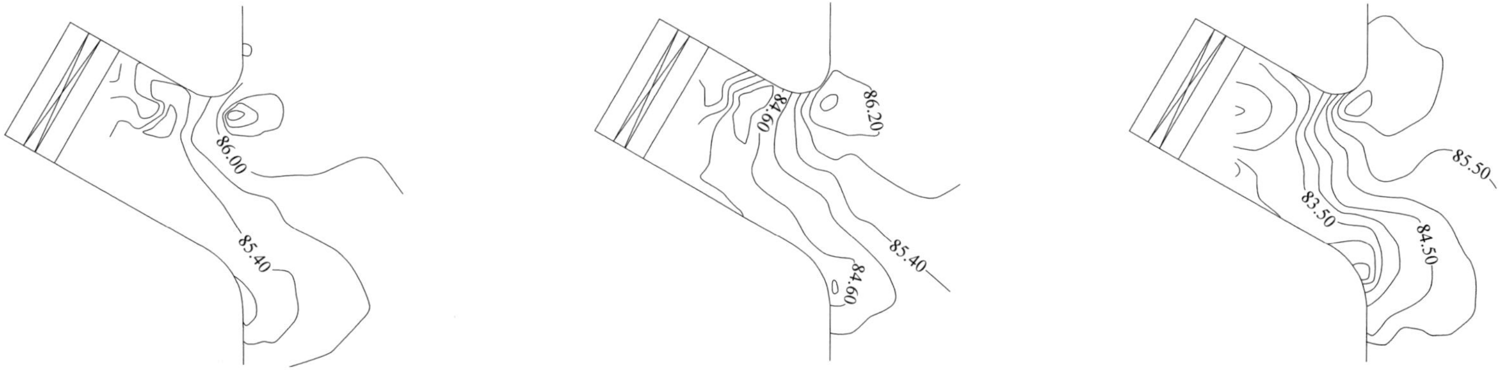

$q_{大}$=2.68 m²/s，$q_{引}/q_{大}$=0.4　　$q_{大}$=2.68 m²/s，$q_{引}/q_{大}$=0.6　　$q_{大}$=2.68 m²/s，$q_{引}/q_{大}$=0.8

(b) 闸前水面等高线图

图 2-9　直线河段 1#放淤闸闸前水流流态、流速分布及水面等高线图

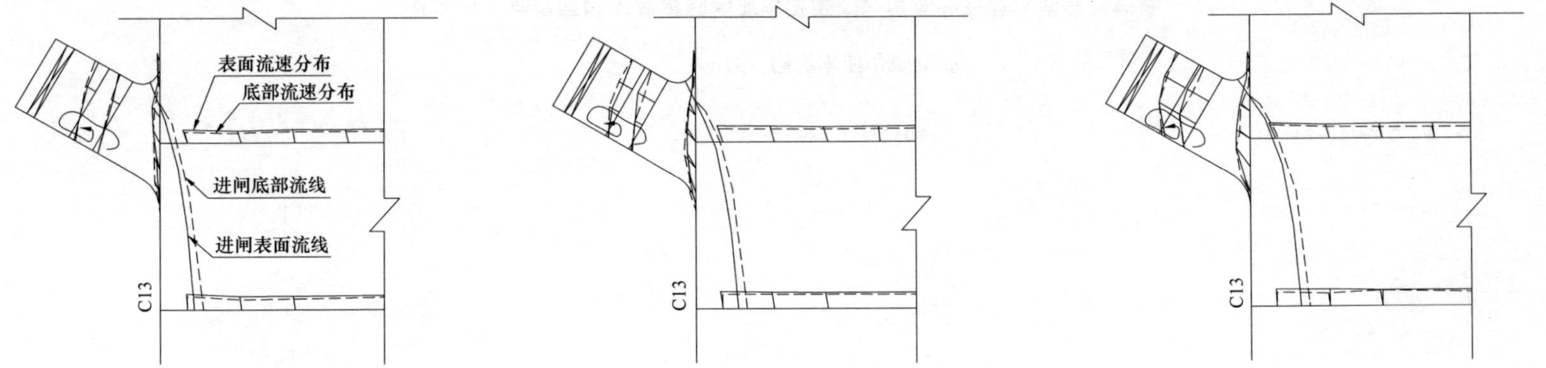

$q_{大}$=2.68 m²/s，$q_{引}/q_{大}$=0.4　　$q_{大}$=2.68 m²/s，$q_{引}/q_{大}$=0.6　　$q_{大}$=2.68 m²/s，$q_{引}/q_{大}$=0.8

(a) 闸前流态和流速分布图

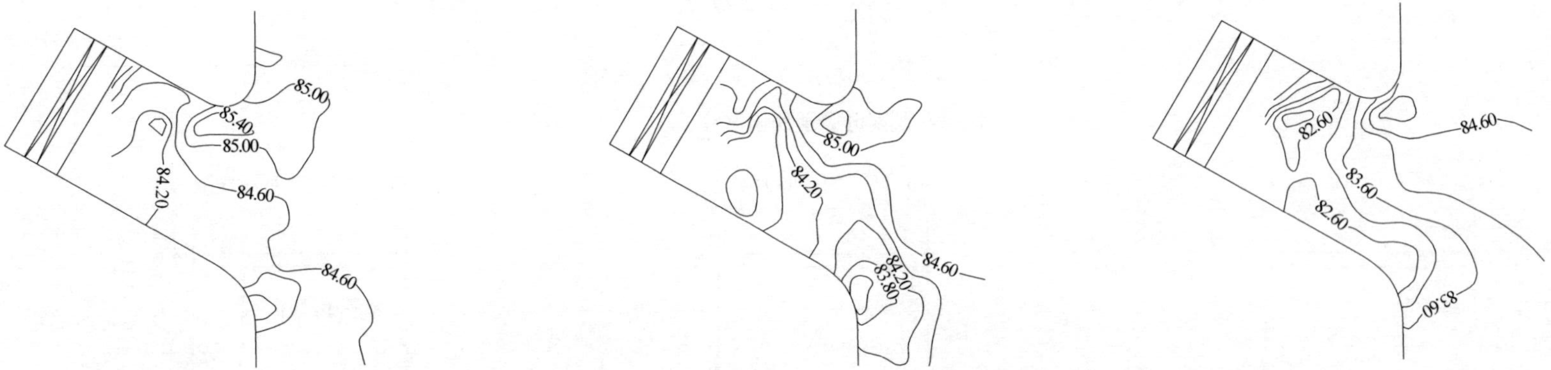

$q_{大}$=2.68 m²/s，$q_{引}/q_{大}$=0.4　　$q_{大}$=2.68 m²/s，$q_{引}/q_{大}$=0.6　　$q_{大}$=2.68 m²/s，$q_{引}/q_{大}$=0.8

(b) 闸前水面等高线图

图 2-10　弯道河段凹岸 3#放淤闸前水流流态、流速分布及水面等高线图

流进流宽度远大于表面水流进流宽度，即$\left(\dfrac{b_{底}}{b_{表}}\right)_{C19}\gg 1$。因此，凸岸放淤闸引沙效果既大于凹岸放淤闸，又大于直线段放淤闸。7[#]放淤闸实测闸前水流流态、流速分布和水面等高线如图 2-11 所示。

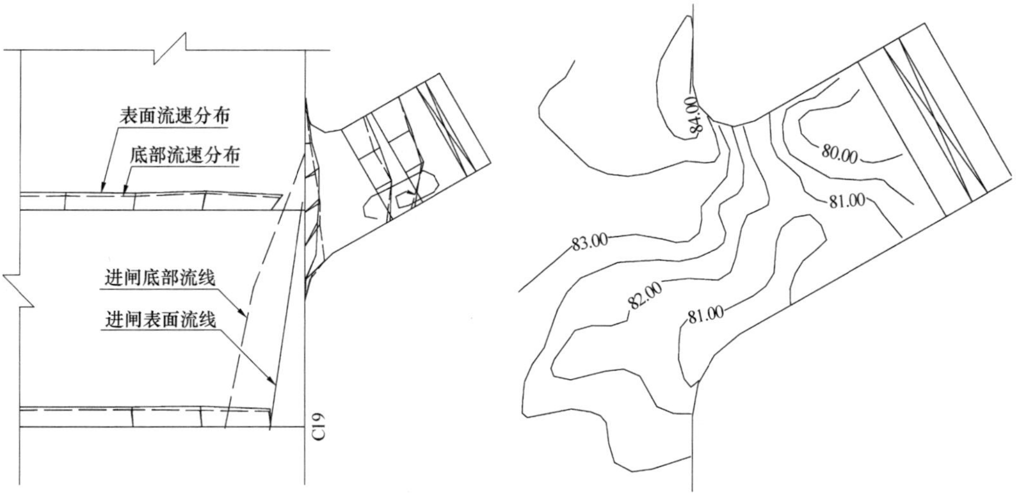

$q_{大}$=2.68 m²/s，$q_{引}/q_{大}$=0.8　　　$q_{大}$=2.68 m²/s，$q_{引}/q_{大}$=0.8

(a) 闸前流态和流速分布图　　　(b) 闸前水面等高线图

图 2-11　弯道段凸岸 7[#]放淤闸闸前水流流态、流速分布、水面等高线图

从以上观测成果可以看出，不同河段不同闸位放淤闸闸前水流流态、流速分布和水面等高线还是有一定区别的：直线河段放淤闸闸前只有一个顺时针方向螺旋流；弯道河段凹岸放淤闸闸前有两个方向相反的螺旋流；弯道河段凸岸放淤闸也有两个螺旋流，但方向相同，都是顺时针方向。弯道水流所产生的螺旋流相对进闸水流急剧转弯形成的螺旋流而言，螺旋流强度较弱。

尽管不同河段不同闸位放淤闸闸前水流结构不同，放淤闸的进流仍有一些共同的特征。闸前水流均可以分成如下 4 个流区(见图 2-12)。Ⅰ区称为进闸螺旋流行进区。该区横比降比较明显，水面向放淤闸一侧倾斜，水流有加速特点。Ⅱ区称为分水裹头滞流壅水区，进闸水流行进到分水裹头后，在分流点处水流停滞、水位抬高，一部分水流进闸，一部分水流回归大河。该区位置随不同闸位分水裹头随分流点位置不同而变化。如直线河段 1[#]闸，进闸前水流沿直线行进，分流点偏向大河一侧；凹岸 2[#]~5[#]闸，进闸前表层水流有趋向凹岸的趋势，分流点偏向放淤闸一侧；凸岸 7[#]闸，进闸前表面水流就偏离放淤闸，分流点更偏向大河一侧。Ⅲ区称为壅水螺旋流下潜区。该区水面高程比Ⅱ区低很多，形成一个很陡的水面比降，表层水流下潜，使进闸螺旋流强度进一步加强。Ⅳ区称为立轴回流区。由于进闸水流急剧转弯，闸上游导墙有脱流现象，在脱流点以下，形成一个立轴回流区，在Ⅲ区下潜水流作用下，立轴回流区必将产生大量底沙堆积。

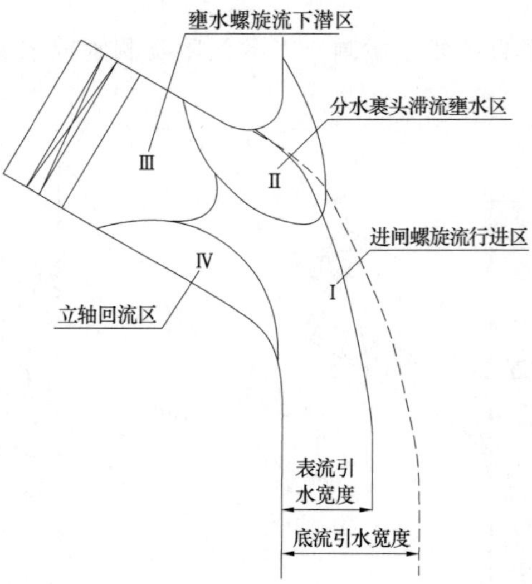

图 2-12　放淤闸闸前流态流区示意图

二、放淤闸闸前泥沙运动特征

泥沙在水中的悬浮和运动完全依靠周围水体提供能量，尽管泥沙的比重比水大 1.6 倍，理论上讲，泥沙运动要滞后于周围水体，但黄河悬沙粒径比较细，运动滞后现象不明显。试验观测到泥沙在纵向的运动轨迹与水流运动轨迹基本一致；泥沙在重力作用下沿垂线方向仍有下沉的运动趋势。在进闸螺旋流和壅水螺旋流共同作用下，放淤闸前，含沙量横向分布有一定差别，立轴回流区一侧含沙量比较大，特别是凸岸 7#闸，在大河悬沙粒径粗的情况下，含沙量横向分布的这种差别更加明显，同时，进闸悬沙中值粒径比大河中值粒径也明显粗一些，表 2-4 为大河和进闸悬沙中值粒径变化表，图 2-13 和图 2-14 选绘了大河单宽流量为 2.01 m^2/s，引水单宽流量比为 0.8，悬沙中值粒径为 0.023 mm 和 0.037 mm 时，不同河段不同闸位放淤闸闸前含沙量分布图。图 2-13、图 2-14 和表 2-4 中的数据也证实了闸前泥沙运动特征与闸前水流运动特征是一致的。

表 2-4　典型闸位大河和进闸悬沙中值粒径变化

悬沙粒径 (mm)	大河含沙量 (kg/m^3)	闸　号	大河 C4 断面 d_{50}(mm)		进闸 d_{50}(mm)	
			0.1H	0.9H	0.1H	0.9H
0.037	100	1#	0.025	0.022	0.024	0.021
		5#	0.027	0.025	0.025	0.023
		7#	0.032	0.023	0.036	0.027
0.023	100	1#	0.019	0.015	0.017	0.013
		5#	0.018	0.013	0.015	0.013
		7#	0.021	0.016	0.022	0.015

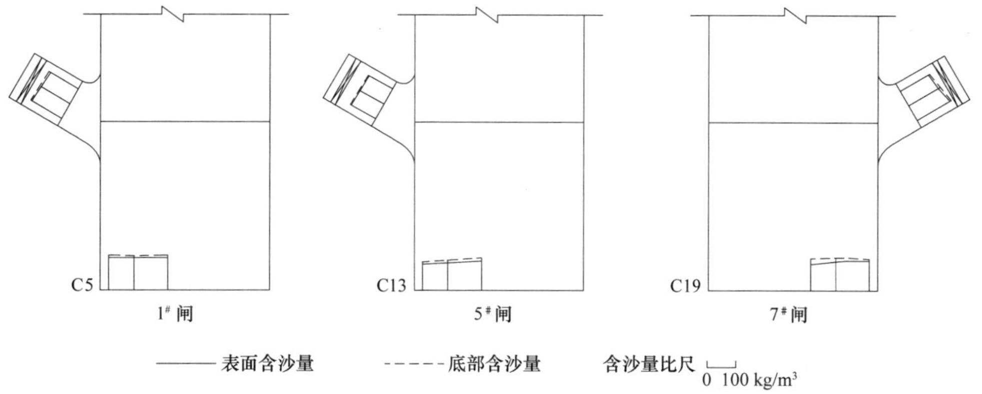

图 2-13　大河悬沙中值粒径为 0.037 mm，不同放淤闸闸前含沙量分布图

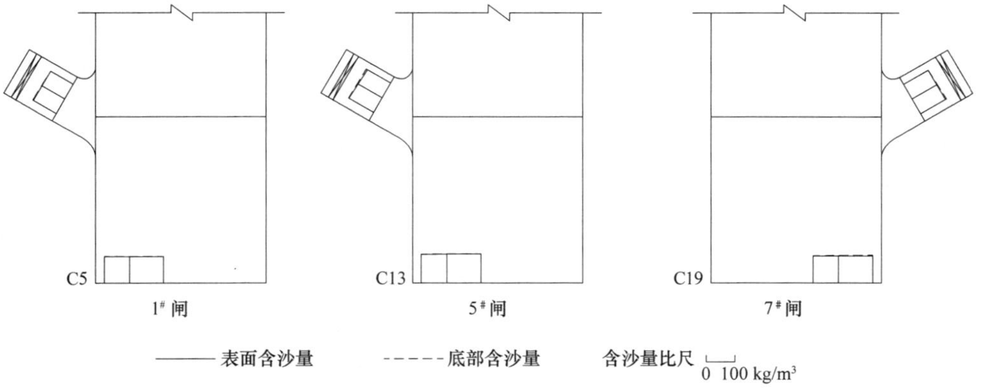

图 2-14　大河悬沙中值粒径为 0.023 mm，不同放淤闸闸前含沙量分布图

第四节　放淤闸引沙效果试验研究

概化模型试验河段共布设了 9 个放淤闸，各放淤闸闸位和引水角度如表 2-5 所示。

一、研究途径和方法

考虑到黄河悬沙粒径较细，含沙量垂线分布相对比较均匀，加之目前含沙量和悬沙粒径取样方法和量测精度所限，悬沙试验直接观测大河和进闸水流的含沙量及悬沙粒径的方法，在判断放淤闸引沙效果时，试验数值差别不大，甚至出现不规律的现象。为此，在进行悬沙试验前，先进行了清水定性试验。即根据不同闸位、不同引水角度、不同大河单宽流量、不同引水单宽流量比，选取大河某一参照断面，观测底部进闸水流宽度 $b_{底}$ 和表面进闸水流宽度 $b_{表}$，再根据底部和表面进闸水流宽度比(以后简称“底表引水宽度比”) $\eta_b = b_{底} / b_{表}$ 的大小，比较判断不同河段、不同闸位放淤闸的引沙效果，其在定性标准上和变化规律上将更加明显，然后再在清水定性试验基础之上进行悬沙引沙效果试验。

表 2-5　放淤闸闸位和引水角度

放淤闸编号	闸位河段	所在断面编号	里程(m)	位　置	闸位弯道夹角(°)	引水闸引水角(°)
1	直线河段	C6	600	左岸	—	60
2	弯道河段	C11	1 036	凹岸	15	60
3	弯道河段	C14	1 271	凹岸	30	60
4	弯道河段	C17	1 507	凹岸	45	60
5	弯道河段	C20	1 743	凹岸	60	60
6	弯道河段	C11	1 036	凸岸	15	60
7	弯道河段	C20	1 743	凸岸	60	60
8	直线河段	C6	600	左岸	—	30
9	直线河段	C6	600	左岸	—	90

二、放淤闸引沙效果清水定性试验成果

(一)不同河段不同闸位引沙效果

清水试验引沙效果是指，在放淤闸上游选定大河某一参照断面，观测进入放淤闸的底部水流宽度和表面水流宽度，根据进入放淤闸的底流和表流宽度比值η_b大小判断放淤闸引沙效果。图 2-15(a)~(c)分别为大河单宽流量为 1.34 m²/s、2.01 m²/s、2.68 m²/s，大河参照断面选择在进口直线河段 C4 断面时，不同河段、不同闸位的引沙效果。由图 2-15 中可以看出，引水角度为 60°时，不同河段不同闸位底表引流宽度比值η_b大小明显不同；大河单宽流量相同，引水单宽流量比为 0.4、0.6 和 0.8 时，不同闸位底表引水宽度比η_b的变化趋势是一致的。对于同一闸位，底表引水宽度比η_b变化范围并不是太大：直线河段 1#闸的底表引水宽度比$\eta_b>1$，变化范围在 2.3~5.0；弯道河段凹岸 2#~5#闸，底表引水宽度比$\eta_b<1$，并随闸位所处弯道夹角的增大，由 1.0 左右逐渐减小；弯道凸岸 6#闸、7#闸，在方向相同的弯道螺旋流和进闸螺旋流共同作用下，使凸岸两闸底表引水宽度比η_b增大较多，即$\eta_b\gg1$，且η_b也随闸位弯道夹角的增加而增大。不考虑引流条件，只考虑引沙效果的话，各闸引沙效果排序为：7#闸、6#闸、1#闸、2#闸、3#闸、4#闸、5#闸。

从模型河段底部和表面流线轨迹图 2-4 可以清楚地看出，河道水流进入弯道河段后，底部流线偏离凹岸，趋向凸岸；表面流线偏离凸岸，趋向凹岸。因此，选择不同大河参照断面，对同一闸位底表引水宽度比η_b是不同的。弯道河段上的 2#~7#放淤闸，大河参照断面均选定在闸前 78 m 处，弯道河段不同闸位底表引水宽度比η_b关系如图 2-16 所示。从图 2-16 中可以看出，弯道凹岸 2#~5#闸底表引水宽度比η_b基本一致。这可以从各闸闸前水流的受力情况和水流结构相同加以解释，2#~5#闸闸前水流受到两个离心力作用，各闸相应部位上，两个离心力大小和方向是相同的。因此，从理论上讲，凹岸 2#闸~5#闸，各闸底表引水宽度比η_b应该是一致的；然而实际上，上下游直线河段，对 2#闸和 5#闸底表引水宽度比η_b有一定影响。1#闸闸前水流只受到一个进闸离心力作用，1#闸的底表引水宽度比η_b要大于弯道段的 2#~5#放淤闸。凸岸 6#闸、7#闸闸前水流虽也受到两个离心力作用，但两个离心力方向都偏离凸岸，因为 6#闸、7#闸闸前两个螺旋流方向一致，所以 6#闸、7#闸的底表引水宽度比η_b不仅大于凹岸 2#~5#闸，还大于直线河段 1#闸。

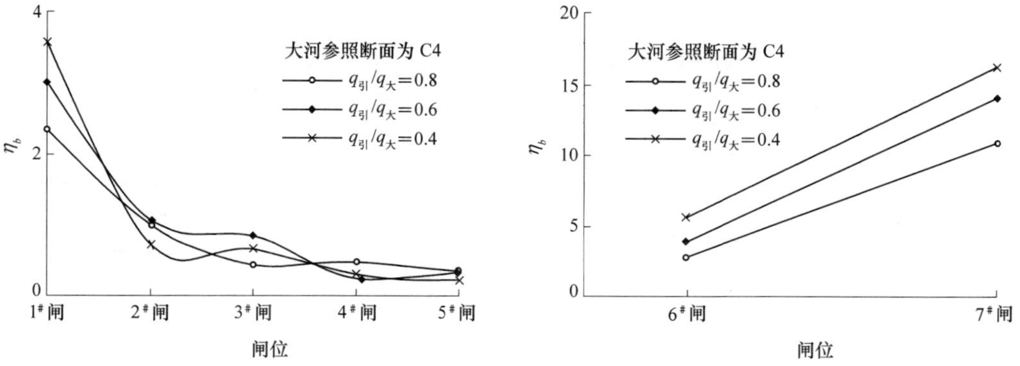

(a) $q_{大}=1.34\ \mathrm{m^2/s}$

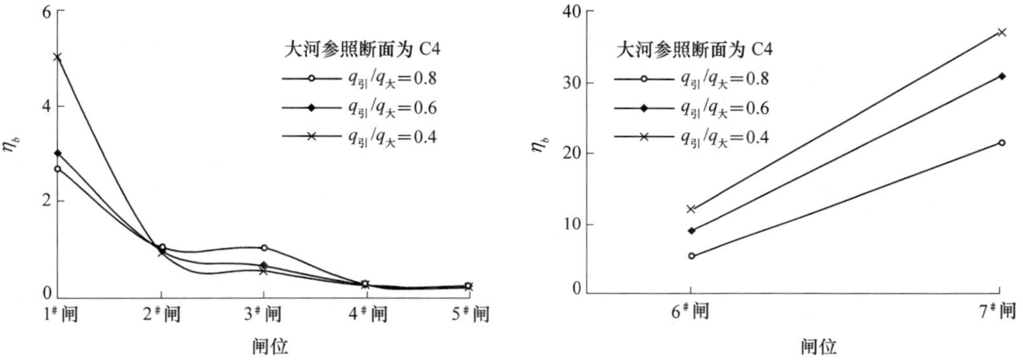

(b) $q_{大}=2.01\ \mathrm{m^2/s}$

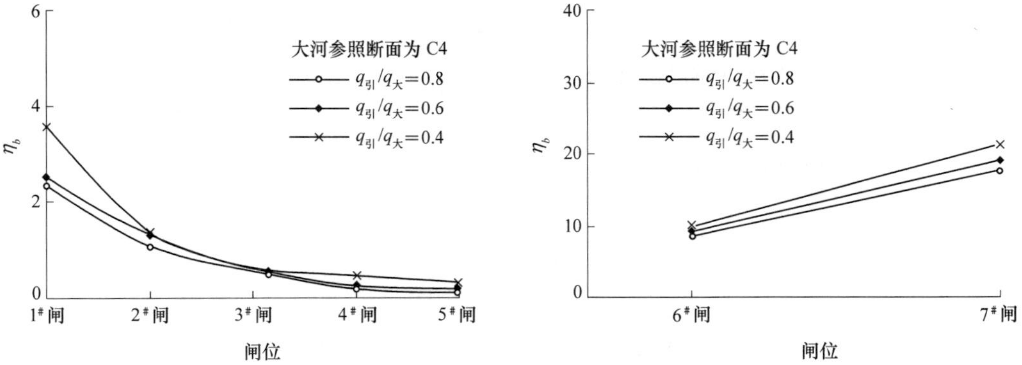

(c) $q_{大}=2.68\ \mathrm{m^2/s}$

图 2-15　大河不同单宽流量，不同闸位 η_b 关系图

需要特别指出，在对比分析不同河段不同闸位引沙效果时，大河参照断面应统一选定在模型进口直线河段的 C4 断面。对于弯道河段上的各闸位而言，在 C4 断面上所观测的底表引水宽度比 η_b，同时包含了从 C4 断面至各放淤闸之间的河段弯道螺旋流对各闸位的引沙效果影响。

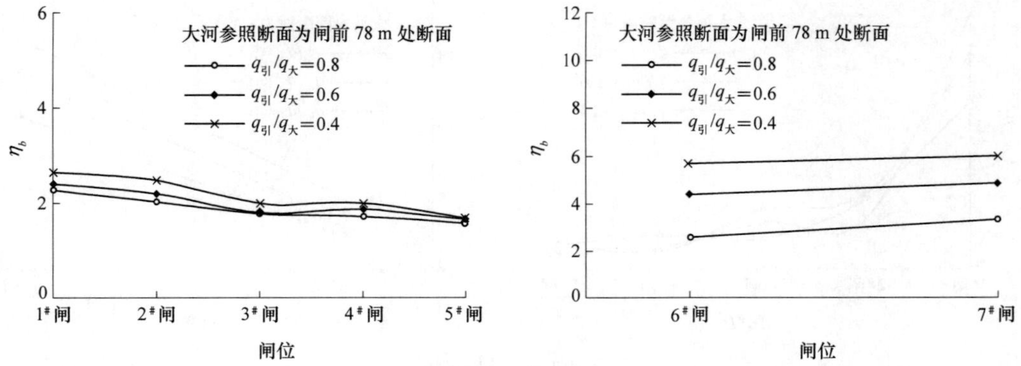

(a) $q_{大}=1.34\ m^2/s$

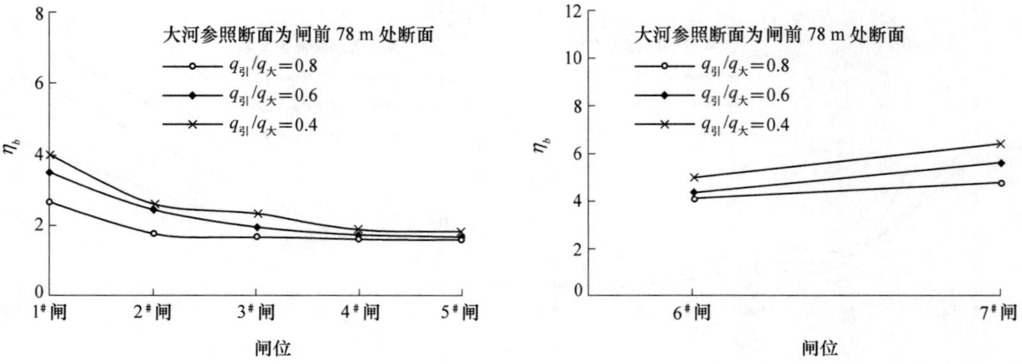

(b) $q_{大}=2.01\ m^2/s$

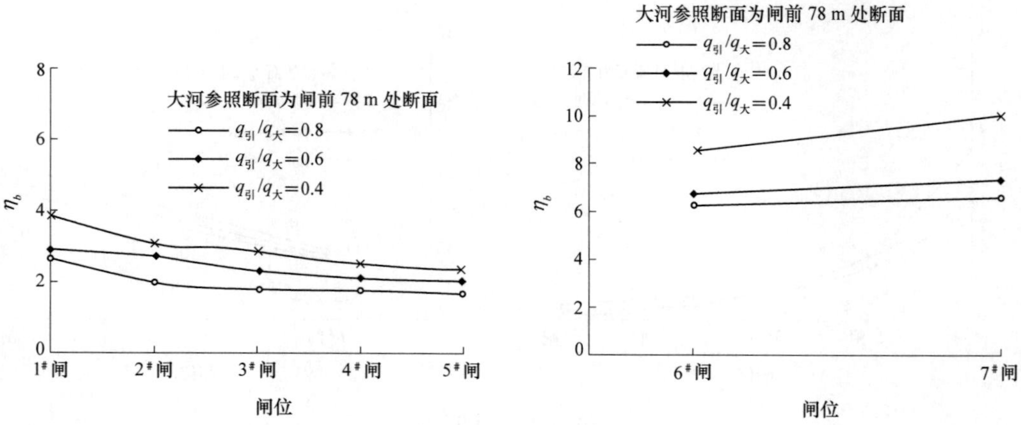

(c) $q_{大}=2.68\ m^2/s$

图2-16　大河不同单宽流量，不同闸位 η_b 关系图

(二)放淤闸不同引水角度引沙效果

在直线河段左岸 1#闸上下游布设 8#闸、9#闸，1#闸、8#闸和 9#闸的引水角度分别为 60°、30°和 90°，同样观测了各种运行状况下 1#闸、8#闸和 9#闸的底表引水宽度比 η_b，观测结果如图 2-17 所示。

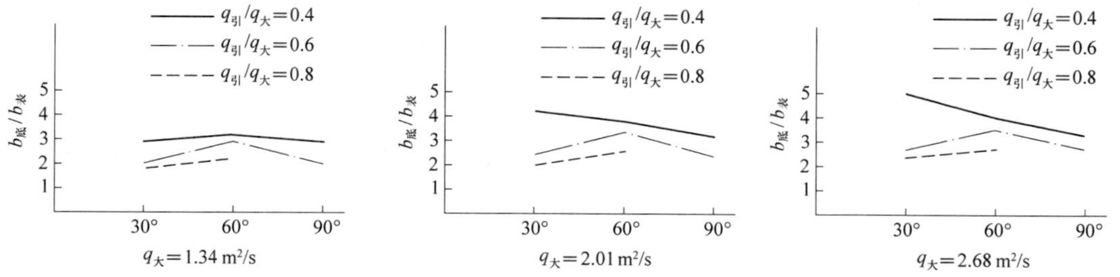

图 2-17　不同引水角度底表引水宽度比 η_b 图

观测结果表明，放淤闸不同引水角度，对引沙效果有一定影响，引水角度与底表引水宽度比η_b的关系比较复杂，在不同引水单宽流量比时，引水角度与η_b之间的变化规律是不同的。但底表引水宽度比η_b的变化范围不是太大。在设计确定放淤闸引水角度时，还需要考虑进闸水流的顺畅与否，以及闸前引水渠的长短和闸前的淤积对引水的影响。

(三)放淤闸不同大河单宽流量、不同引水单宽流量比引沙效果

大河参照断面选定在 C4 断面时,大河单宽流量$q_{大}$分别为 1.34 m^2/s、2.01 m^2/s 和 2.68 m^2/s，引水单宽流量比$\eta_q=q_{引}/q_{大}$分别为 0.4、0.6 和 0.8 时，4 个典型闸位底表引水宽度比η_b关系如图 2-18 所示。

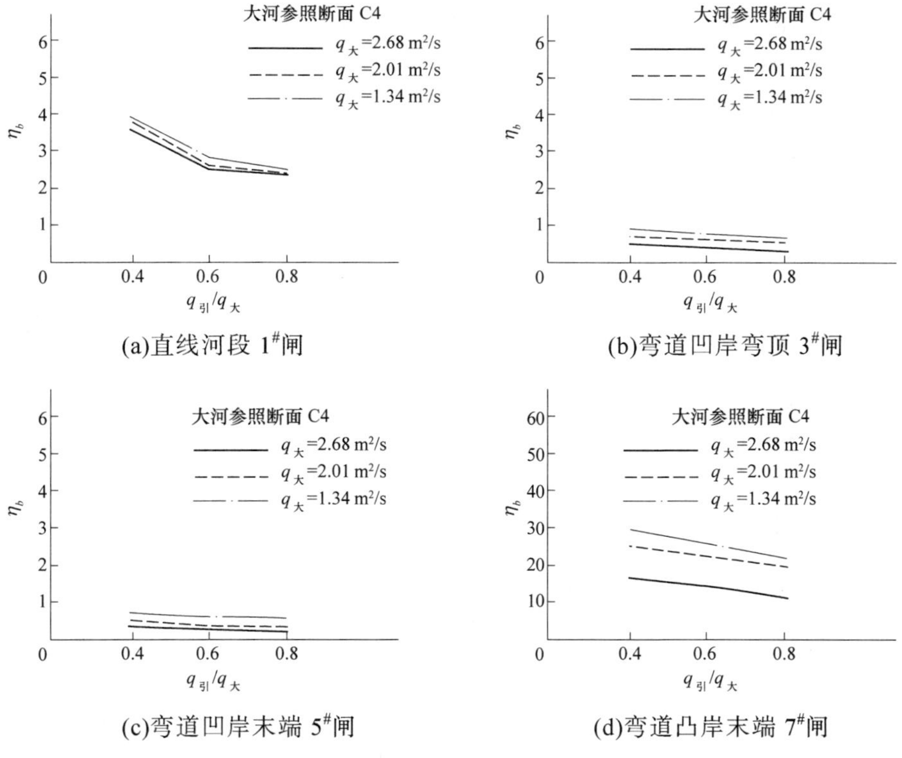

图 2-18　不同大河单宽流量不同引水单宽流量比与引沙效果关系图

从图 2-18 中可以看出试验点据有如下一些规律：①直线河段 1$^{\#}$闸，随引水单宽流量比η_q增大，底表引水宽度比η_b有减小趋势，且$\eta_b>1$，大河单宽流量对其影响不明显；②弯道凹岸弯顶 3$^{\#}$闸，随着引水单宽流量比η_q的增大，放淤闸底表引水宽度比η_b有减小趋势，且$\eta_q<1$；③弯道凹岸末端 5$^{\#}$闸，随着引水单宽流量比η_q的增大，放淤闸底表引水宽度比η_b有减小趋势，且$\eta_b<1$；④弯道凸岸末端 7$^{\#}$闸，随着引水单宽流量比η_q的增大，放淤闸底表引水宽度比η_b有减小趋势，且$\eta_b\gg1$。若不考虑引流条件，只考虑引沙效果的话，各闸引沙效果排序为：7$^{\#}$闸、1$^{\#}$闸、3$^{\#}$闸、5$^{\#}$闸。

三、放淤闸引沙效果浑水试验成果

浑水试验引沙效果包括两种含义：一是进入放淤闸沙量的多少，另一是进闸泥沙的粗细。进闸沙量的多少，是用进闸含沙量$S_{闸}$和大河含沙量$S_{大}$的比值$\eta_s=S_{闸}/S_{大}$的大小来衡量的。进闸泥沙的粗细，是用进闸悬沙中值粒径$d_{50闸}$与大河悬沙中值粒径$d_{50大}$的比值$\eta_d=d_{50闸}/d_{50大}$的大小来衡量的。

(一)不同河段不同闸位引沙效果

在大河不同来水来沙情况下，当大河悬沙处于输沙平衡状态时，试验观测了不同河段、不同闸位进闸含沙量与大河含沙量比值η_s，图 2-19 选绘了一组试验成果，选取大河单宽流量为 2.01 m^2/s，悬沙中值粒径分别为 0.037 mm、0.023 mm 和 0.031 mm，含沙量分别为 120 kg/m^3、100 kg/m^{3}和 100 kg/m^3，大河参照断面选定在模型进口直线河段 C4 断面。从图 2-19 中可以明显地看出，悬沙粒径较粗时，直线河段 1$^{\#}$闸η_s比值相对较大；凹岸 2$^{\#}$~5$^{\#}$闸随着放淤闸闸位弯道夹角的增大，η_s依次减小；凸岸 6$^{\#}$闸、7$^{\#}$闸则依次增大。悬沙粒径较细时，不同河段不同闸位η_s变化规律与粗沙规律一致，只是η_s数值变化的范围小一些。

大河参照断面选定在直线河段 C4 断面，清水试验或悬沙试验，不同河段、不同闸位引沙效果在定性标准上和变化规律上都是一致的。直线河段 1$^{\#}$闸，在清水试验时，$\eta_b>1$；在悬沙浑水试验时，$\eta_s>1$。弯道凹岸 2$^{\#}$~5$^{\#}$闸，在清水试验时，$\eta_b<1$；在悬沙试验时，$\eta_s<1$，比值η_b和η_s都随闸位弯道夹角的增大而减小。弯道凸岸 6$^{\#}$闸、7$^{\#}$闸，在清水试验时，$\eta_b>1$；在悬沙试验时，$\eta_s>1$；二者随闸位弯道夹角的增大而增大。

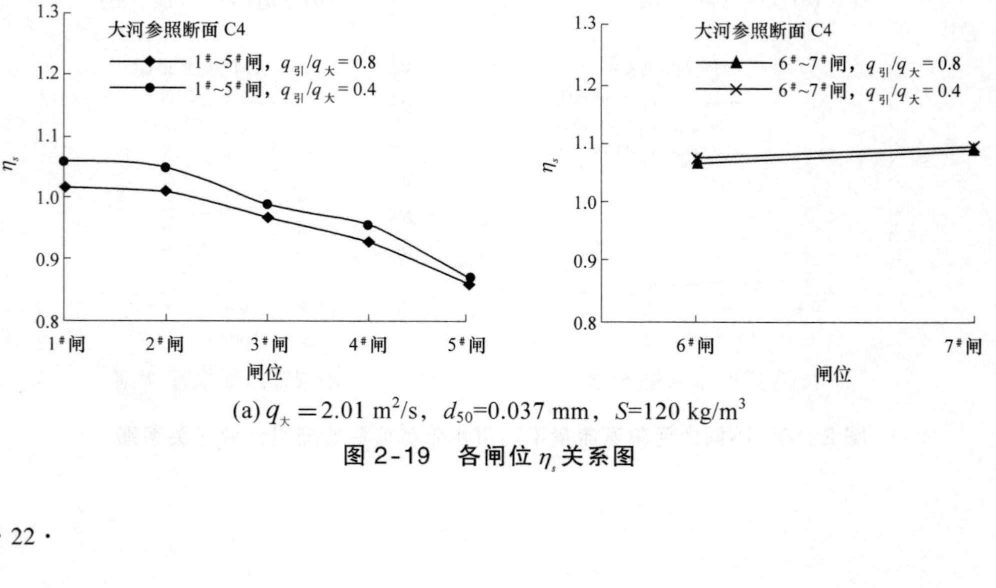

(a) $q_{大}=2.01$ m^2/s，d_{50}=0.037 mm，S=120 kg/m^3

图 2-19 各闸位η_s关系图

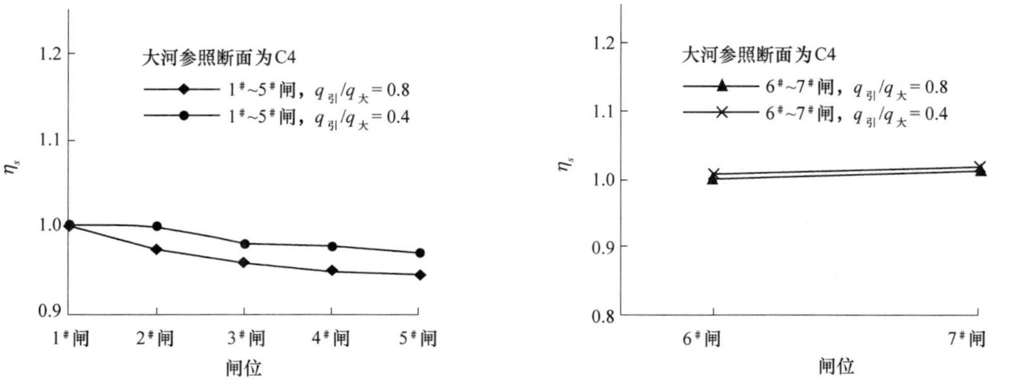

(b) $q_大=2.01\ \mathrm{m^2/s}$，d_{50}=0.023 mm，S=100 kg/m^3

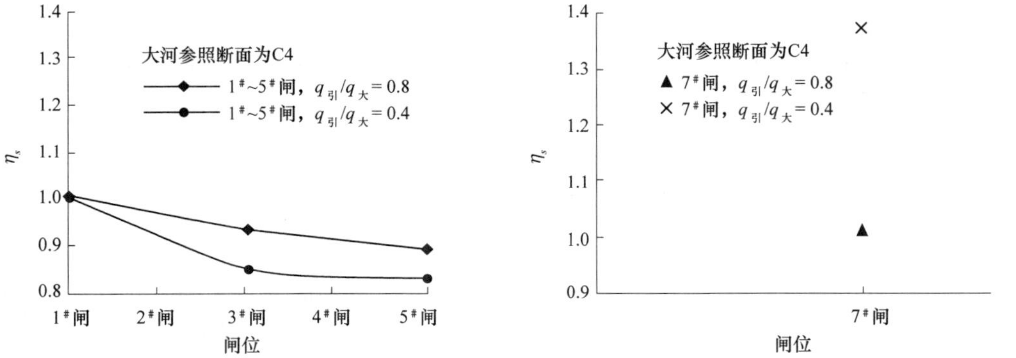

(c) $q_大=2.01\ \mathrm{m^2/s}$，d_{50}=0.031 mm，S=100 kg/m^3

续图 2-19

为了进一步论证选定不同大河参照断面对不同河段不同闸位引沙效果的影响，悬沙试验仍以清水试验选定的放淤闸前 78 m 处断面为参照断面，同样观测了不同河段不同闸位进闸含沙量与大河含沙量比值 η_s 关系(见图 2-20)。从图 2-19 与图 2-20 观测结果可以看出：①直线河段 1#闸，大河参照断面选定在进口段 C4 断面或闸前 78 m 处断面，进闸含沙量与大河含沙量比值 η_s 基本相同。②弯道河段凹岸 2#~5#闸和凸岸 6#闸、7#闸。2#~5#闸，大河参照断面选定在闸前 78 m 处时，该断面距放淤闸较近，该断面观测的泥沙要素(含沙量和中值粒径)没有计入悬沙水流由直线河段进入弯道河段后，悬沙水流在行进过程中，泥沙要素在横向上的变化调整，它没有真实反映出弯道河段各闸位的引沙效果。各闸位闸前 78 m 处大河参照断面，距放淤闸距离较近，无论凹岸 2#~5#闸或凸岸 6#闸、7#闸，进闸含沙量与大河含沙量比值变化都不可能太大，悬沙粒径越细，变化越不明显。图 2-20 试验成果进一步表明，在弯道河段凹岸和凸岸不同闸位引沙效果试验中大河参照断面应统一选在模型进口直线河段 C4 断面的正确性。

不同闸位的这种引沙效果变化规律，在放淤闸闸前水流泥沙运动特征一节中有所分析和阐述。

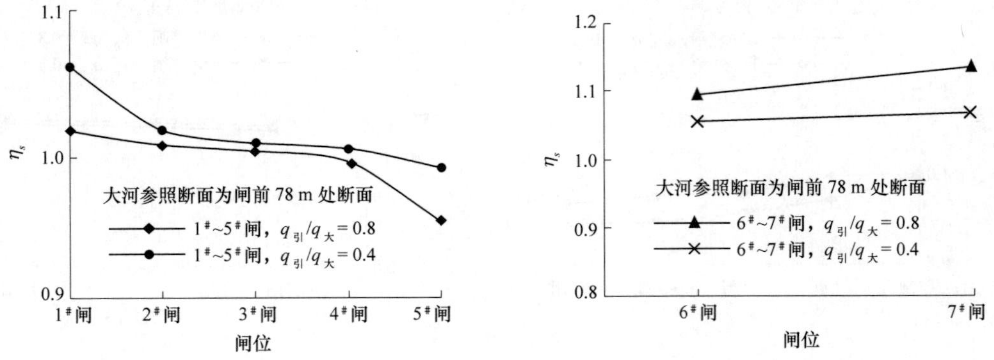

(a) $q_大=2.01\ m^2/s$，d_{50}=0.037 mm，S=120 kg/m^3

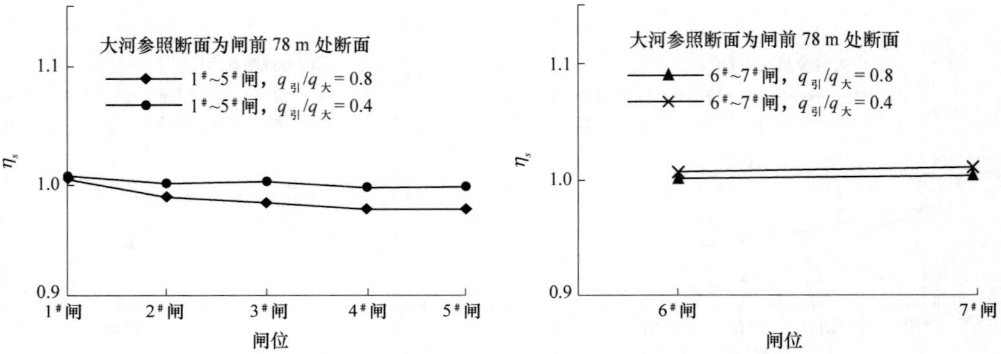

(b) $q_大=2.01\ m^2/s$，d_{50}=0.023mm，S=100 kg/m^3

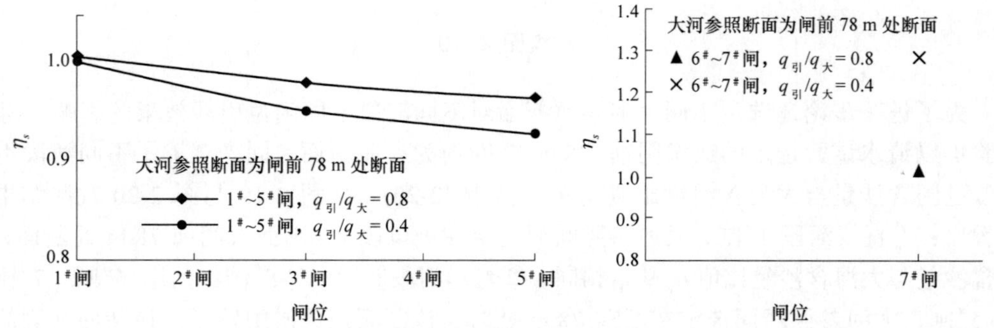

(c) $q_大=2.01\ m^2/s$，d_{50}=0.031 mm，S=100 kg/m^3

图 2-20　浑水试验各闸位 η_s 关系图

(二)放淤闸不同引水角度引沙效果

根据观测直线河段 8#闸、1#闸和 9#闸(引水角度分别为 30°、60°和 90°)进闸含沙量 $S_闸$ 和大河含沙量 $S_大$的试验结果，绘出了不同引水角度时比值 η_s 关系如图 2-21 所示。

从粗、细二组悬沙试验结果看，放淤闸引水角度不同时，进闸和大河含沙量比值 η_s 与清水试验观测的底表引水宽度比 η_b 的关系规律一致，随着引水角度的增大而略有增大，大河悬沙粒径较粗时，进闸和大河含沙量比 η_s 增大趋势稍明显一些，影响程度 5% 左右。悬沙粒径较细时，进闸和大河含沙量比 η_s 增大不明显，接近于 1，这也可以由粗细悬沙垂线含沙量分布的差异得到解释。

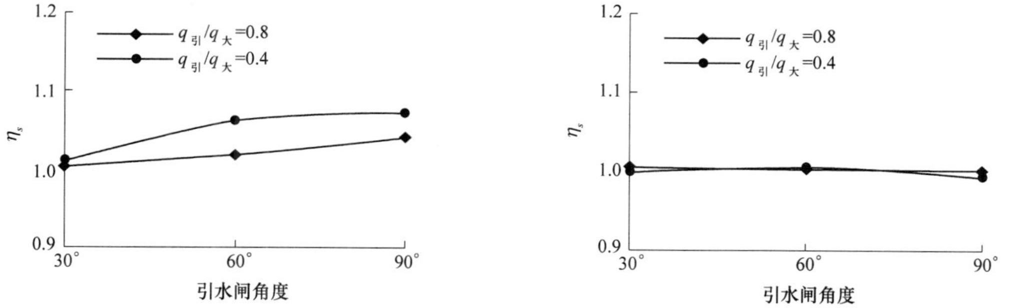

(a)d_{50}=0.037 mm，S=120 kg/m^3 直河段　　(b)d_{50}=0.023 mm，S=100 kg/m^3 直河段

图 2-21　放淤闸不同引水角度与比值 η_s 关系图

(三)大河不同悬沙粒径引沙效果

图 2-22 绘出了 1$^{\#}$~5$^{\#}$闸大河含沙量 100 kg/m^3，大河悬沙中值粒径分别为 0.037 mm 和 0.023 mm，大河参照断面为 C4 时，进闸含沙量 $S_{闸}$与大河含沙量 $S_{大}$的比值η_s关系。从图 2-22 中可以看出，悬沙粗细不同，不同闸位比值 η_s 变化规律是一致的：1$^{\#}$闸比值 $\eta_s>1$，2$^{\#}$~5$^{\#}$闸比值$\eta_s<1$，并随闸位弯道夹角增大而减小。悬沙粗细不同，含沙量垂线分布不均匀程度也不同，悬沙粒径较粗时，不同闸位进闸含沙量和大河含沙量比值η_s的变化规律更明显一些；悬沙粒径较细时，含沙量垂线分布比较均匀，不同闸位进闸含沙量和大河含沙量比值η_s的变化规律相对也就不明显。

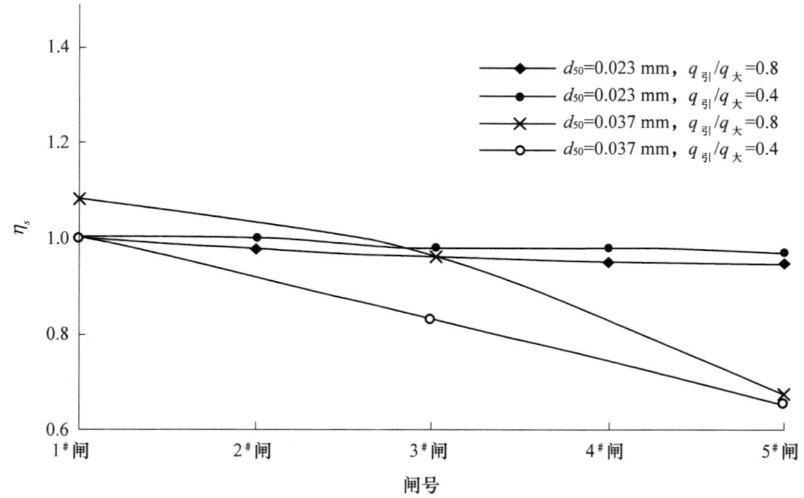

图 2-22　$q_{大}$=2.01 m^2/s，$S_{大}$=100 kg/m^{3}大河悬沙不同粒径时比值 η_s 关系图

(四)大河不同含沙量引沙效果

当大河悬沙中值粒径为 0.037 mm，单宽流量 2.01 m^2/s，引水单宽流量比η_q分别为 0.4 和 0.8 时，不同闸位进闸含沙量与大河含沙量比值η_s与大河含沙量关系如图 2-23 所示。

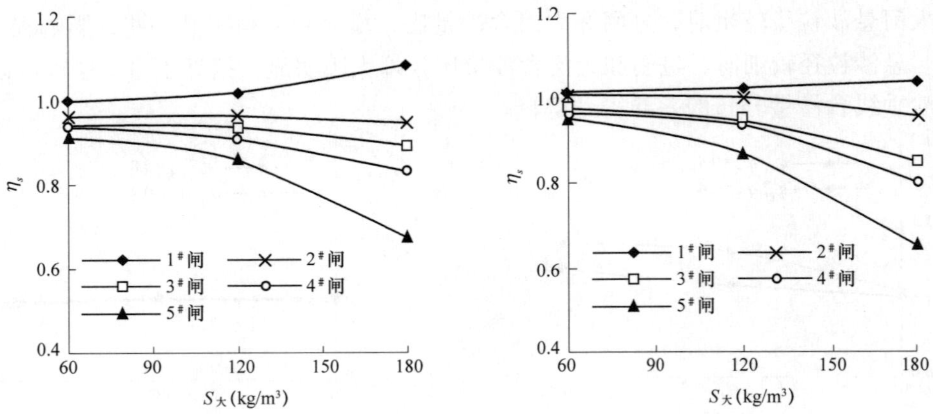

(a) η_s =0.8　　　　(b) η_s =0.4

图 2-23　$q_大$ =2.01 m²/s，d_{50}=0.037 mm 各闸位不同大河含沙量η_s关系图

由图 2-23 可以看出，大河悬沙粒径较粗时，在直线河段 1#闸，进闸含沙量与大河含沙量比值η_s，随着大河含沙量的增大，有增大的趋势。在弯道河段凹岸 2#~5#闸，对同一闸位，随着大河含沙量的增加，进闸含沙量与大河含沙量比值η_s有减小的趋势。

当大河悬沙中值粒径为 0.023 mm，单宽流量 2.01 m²/s，引水单宽流量比η_q分别为 0.4 和 0.8 时，各闸位进闸含沙量与大河含沙量比值η_s与大河含沙量关系如图 2-24 所示。由图 2-24 可以看出，大河悬沙粒径较细的情况下，含沙量垂线分布比较均匀，不同闸位进闸含沙量与大河含沙量比值η_s 随大河含沙量变化规律与图 2-23 粗沙情况下变化规律完全一致，只是变化幅度要小很多。

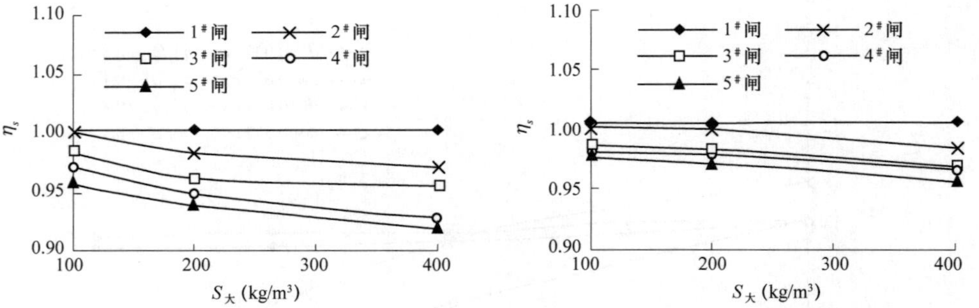

(a) η_q=0.8　　　　(b) η_q=0.4

图 2-24　$q_大$=2.01 m²/s，d_{50}=0.023 mm 各闸位大河含沙量与比值η_s关系图

(五)不同引水单宽流量比引沙效果

在上述(一)~(四)各部分中，分析了不同闸位、不同引水角度、不同悬沙粒径和不同含沙量对引沙效果的影响，在这些试验成果图中，都显示出不同引水单宽流量比η_q对引沙效果的影响，从上述的成果图中可看出，在相同的影响因素情况下，如相同闸位、相同引水角度、相同悬沙粒径和相同含沙量时，悬沙中值粒径为 0.037 mm 的粗沙情况下，引水单宽流量比η_q=0.4 的试验点据都在η_q=0.8 的试验点据上面。即在相同的影响因素下，进闸含沙量与大河含沙量比值η_s随单宽流量比η_q的增大有减小的趋势。悬沙中值粒径为

0.023 mm 的细沙情况下，减小趋势不明显。

(六)进闸含沙量和大河含沙量比值η_s与进闸悬沙粒径与大河悬沙粒径比值η_d关系

在放淤闸引沙效果悬沙试验中，在观测进闸含沙量与大河含沙量比值的同时，对1#闸、5#闸、7#闸3个典型闸位进闸悬沙粒径和大河悬沙粒径进行同步观测。尽管悬沙级配观测精度较差，但仍可以看出定性的变化规律：在悬沙粒径较粗的情况下，直线河段1#闸，当进闸含沙量与大河含沙量比值η_s大于1时，进闸悬沙粒径与大河悬沙粒径比值η_d也大于1；弯道末端凹岸5#闸，当η_s小于1时，相应η_d也小于1；弯道末端凸岸7#闸，当η_s大于1时，相应的η_d亦大于1。悬沙粒径较细的情况下，上述规律不太明显。

上述规律可以用不同河段不同闸位弯道螺旋流与进闸螺旋流强度大小和方向不同来解释。在直线河段1#闸，只有一个进闸螺旋流，底表引流宽度比$\eta_b>1$，底层水流将底层粒径较粗和含沙量较大的水流带入放淤闸，所以$\eta_s>1$，相应的$\eta_d>1$。在弯道末端凹岸5#闸，当大河参照选定进口直线河段C4断面时，水流由直线河段进入弯道河段后，在弯道螺旋流的作用下，表层水流趋向凹岸，底层水流趋向凸岸；而当水流行进到弯道末端5#闸前时，水流转弯进闸，此时进闸水流又受到进闸螺旋流的作用，螺旋流方向与弯道螺旋流方向相反，尽管进闸螺旋流强度比弯道螺旋流强度大，但进闸螺旋流作用流程较短；当大河参照断面选定在直线河段C4断面时，在该断面所观测到的进闸底部引流宽度为$b_{底}$，进闸表层引流宽度为$b_{表}$，其比值$\eta_b<1$，也就是说，大量表层水流将表层粒径较细和含沙量较小的水流带入放淤闸，所以$\eta_s<1$，相应的$\eta_d<1$。在弯道末端凸岸7#闸，进闸水流泥沙运动特征与凹岸5#闸相反，在弯道螺旋流和进闸螺旋流的共同作用下，进闸底表引流宽度比$\eta_b \gg 1$，大量底层水流将粒径较粗和含沙量较大的底部水流带入放淤闸内，所以$\eta_s>1$，相应的$\eta_d>1$并且比直线河段1#闸要大一些。

以上两个表征放淤闸引沙效果的比值η_s和η_d是相互对应一致的，即放淤闸进沙量越大，进沙粒径也越粗。

四、小结

从以上诸多影响因素对放淤闸引沙效果的清水和浑水比较试验成果，可以得出如下几点：

(1)不同河段不同闸位是决定放淤闸引沙效果的主要因素，它起着关键作用。以η_b、η_s和η_b表征引沙效果时，直线河段和弯道河段凸岸的闸位引沙效果有$(\eta_b)_{凸}>(\eta_b)_{直}>1$、$(\eta_s)_{凸}>(\eta_s)_{直}>1$和$(\eta_d)_{凸}>(\eta_d)_{直}>1$的关系；而弯道河段凹岸的闸位引沙效果有$(\eta_b)_{凹}<1$、$(\eta_s)_{凹}<1$和$(\eta_b)_{凹}<1$的关系，并随闸位所处弯道夹角的增大而逐渐减小。

(2)在直线河段闸位情况下，放淤闸的引水角度对引沙效果有一定的影响。在泥沙粒径比较粗的情况下，影响程度达5%左右；若为细颗粒泥沙就没有影响。放淤闸上游大河来水条件和放淤闸引水条件，即大河单宽流量和引水单宽流量比对引沙效果影响相对来说并不大，也不会改变其定性关系，即$(\eta_s)_{凸}>(\eta_s)_{直}>1$、$(\eta_s)_{凹}<1$。

(3)放淤闸上游大河来沙条件(悬沙粒径、含沙量)对引沙效果的影响程度远大于来水条件的影响，但同样也不会改变$(\eta_s)_{凸}>(\eta_s)_{直}>1$，$(\eta_s)_{凹}<1$的定性关系。悬沙粒径较粗的高含沙浑水，对引沙效果的影响非常明显；而悬沙粒径较细时，无论含沙量多少，对引沙效果的影响都非常小。

第五节　连伯滩放淤闸闸位选择和大河来水来沙条件对引沙效果影响分析

一、概化模型试验成果对闸位选择和调度运用的意义

连伯滩放淤放淤闸引沙效果试验，由于受技术、时间、场地等条件的限制，不可能进行整体河道模型试验。为此，概化模型，设计成部分河宽的矩形断面水槽模型，悬沙浑水模型试验也是在定床上进行的，定床试验更容易显现影响引沙效果诸因素的单独影响作用。通过对大河和放淤闸闸前水流结构、水流泥沙运动特征观测和理论分析，清水和悬沙试验成果给出了不同河段不同闸位引沙效果的定性判断标准和诸多因素对引沙效果的影响变化趋势，并为大量的试验资料和理论分析所证实，为连伯滩放淤放淤闸闸位选择和调度运用提供了科学的试验依据。

二、放淤闸河段河床演变和放淤闸引水条件分析

连伯滩放淤试验工程位于禹门口—庙前河段，属于强烈堆积型游荡河道，河道宽 4~8 km，最大河宽达 10 km，该河段多年平均比降为 5.2‱，河床质 D_{50} 一般为 0.2~0.4 mm。从长时段多年平均情况看，在一个水文年度内，小北干流河道汛期多发生淤积，非汛期多发生冲刷。汛期该河段冲淤特点是：①在一定河床边界条件下，龙门以上出现高含沙大洪水，容易产生“揭河底冲刷”，距连伯滩放淤闸上游 8 km 龙门断面，1966 年和 1970 年揭河底冲刷厚度分别为 6.8 m 和 6.7 m；②大洪水含沙量较大，滩槽均淤积；③洪峰流量较大，持续时间较长，而在含沙量较小的洪水情况下，河道就可能发生冲刷。就整个汛期而言，基本为淤积，非汛期为冲刷。

河道强烈的冲淤交替变化，必然引起河势的变化，特别是黄河出禹门口后，河宽由 100 m 以扇形骤然扩散到 4 km，在这种比降较大的堆积型游荡河段，游荡摆动频繁，摆幅很大。1991 年汛后以来主流变化如图 2-25 所示。放淤闸附近黄淤 67 断面冲淤变化如图 2-26 所示。从图 2-26 中可以清楚地看出河道强烈堆积的特点，黄淤 67 断面在 1985~1995 年 10 年期间，3 500 m 宽河槽平均淤高 1 m 以上，而且是在 3 500 m 宽的河槽内平行淤积抬高；河道中沙洲林立，汊河众多，主槽不明显，汊河消亡和发育非常迅速，加快了河道主流线的摆动频率，摆幅范围可达 3 500 m 全河宽。从 1991~2003 年河道主流线变化图(见图 2-25)中可以看出，12 年的主流线，有 7 年主流靠在东岸放淤闸附近，有 5 年摆至放淤闸对岸，主流连续靠在一岸的时间不超过 3~4 年，真可谓“三年河东，三年河西”。禹门口导弯工程修建后，1999 年、2000 年和 2001 年主流一直靠在放淤闸对岸，2002 年和 2003 年主流才靠到放淤闸一岸。按照目前河床边界条件，2004 年汛期如遇沙峰在前、洪峰在后的不利水沙条件，大河可能摆至放淤闸对岸，造成放淤闸脱流，这种河势变化应引起设计单位的高度重视。建议设计单位和两岸河务部门进行会商，对河势流路变化进行预测，制定预案，并采取有效可行的措施，确保放淤闸靠流引水。

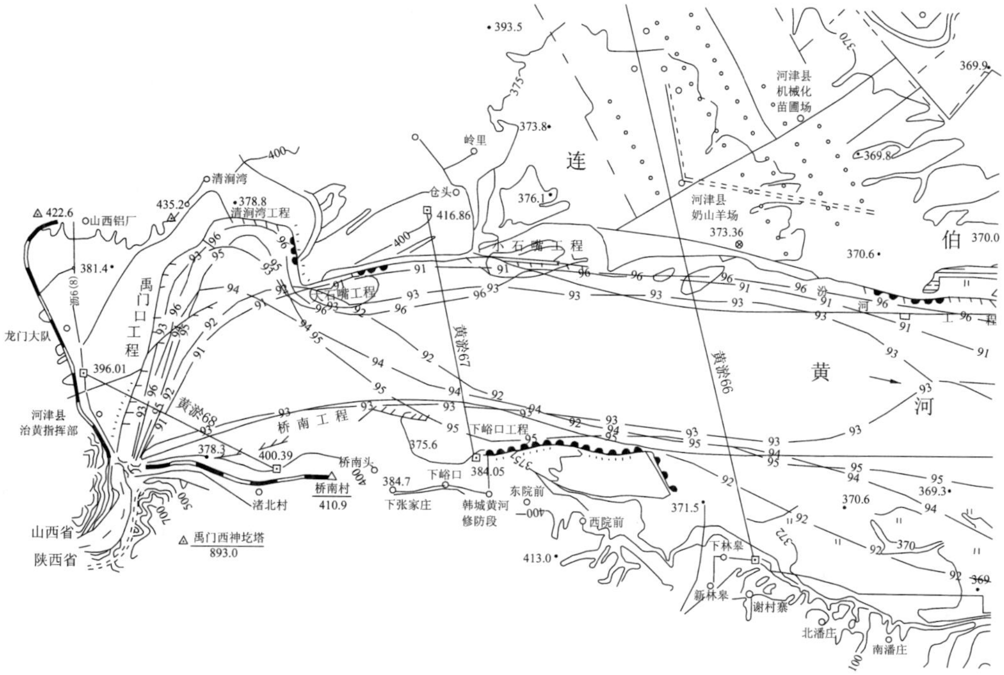

(a)1991～1996 年

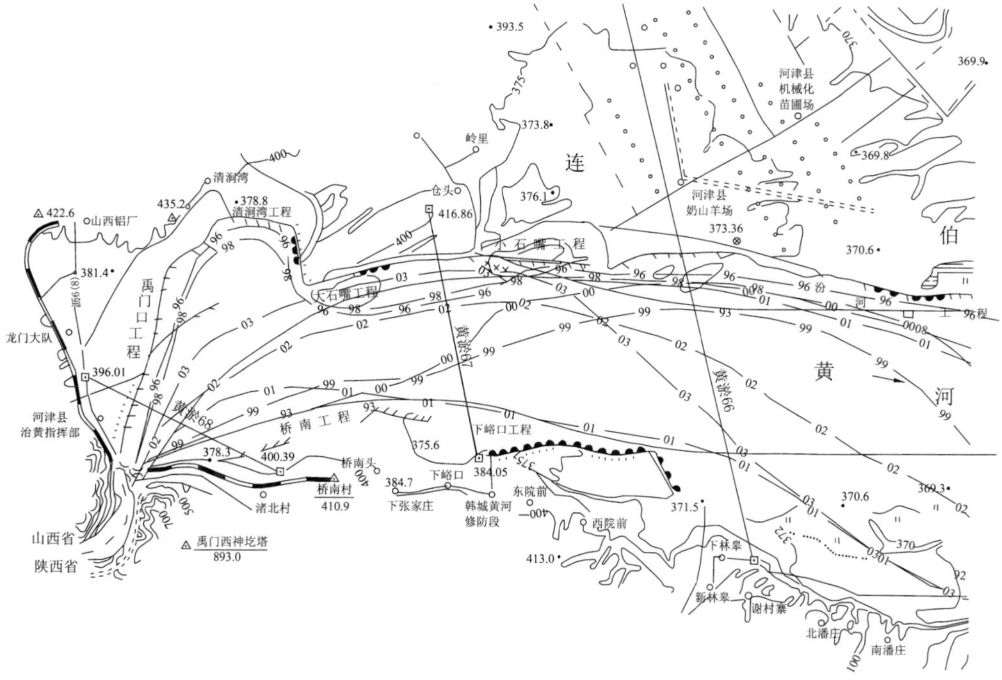

(b)1996～2003 年

图 2-25　小北干流连伯滩放淤试验工程河段河道主流线图

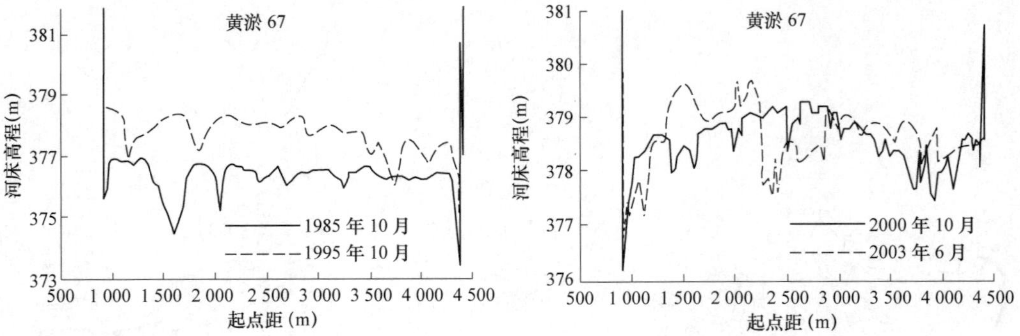

图 2-26　黄淤 67 断面冲淤变化图

三、放淤闸闸位的选择和布设

小北干流放淤试验工程为无坝式自流放淤工程，工程相对比较简单，投资省，能较快地进行放淤经验。无坝自流式引洪放淤闸闸位选择应考虑以下 3 个原则。

(一)确保放淤闸正常引水

选择放淤闸位置时，首先要考虑到放淤闸河段河床演变对放淤闸引水的影响。在汛期引洪放淤期间，应保证放淤闸一直靠流，随时开闸都能正常引洪放淤。凸岸闸位明显不能保证正常引水。弯道凹岸下段闸位，虽然引水有保证，但引沙效果较差。

(二)放淤闸有较好的引沙效果

根据概化模型引沙效果试验成果，如不考虑引水保证率，放淤闸若布设在弯道末端凸岸(如概化模型上 7#闸位)引沙效果最好，进闸含沙量与大河含沙量比值 η_s 远大于 1，进闸悬沙粒径也最粗。对于多沙河流而言，自流引水的放淤闸布设在凸岸，因为凸岸边滩消长变化迅速，引水条件很差、不可靠。放淤闸若布设在直线河段(如概化模型上 1#闸位)，进闸含沙量与大河含沙量比值 η_s 大于 1，进闸悬沙粒径也大于大河悬沙粒径。放淤闸若布设在弯道河段的凹岸上段(如概化模型上 2#闸位)，该闸位距上游直线河段较近，仍具有直线段水流泥沙运动特征，引沙效果与直线河段 1#闸比较接近；放淤闸若布设在弯道河段的凹岸下段(如概化模型上 5#闸位)，进闸含沙量与大河含沙量之比 η_s 小于 1，引沙效果明显较差。

(三)放淤闸工程布设和施工条件较好

位于弯道凸岸的 6#、7#闸位，引水条件无法保证，同时闸位远离滩边，不具备建闸条件。位于弯道凹岸上游的直线过渡河段的 1#闸位，引水条件相对有保证，引沙效果也比较好，但往往距边滩较远，没有已建工程的依托，放淤闸施工条件比较差。

根据以上 3 方面考虑，放淤闸若布设在弯道上段的凹岸，引水保证率会相对较大，放淤闸引沙数量和引沙粒径都会比大河要大，工程布设和施工条件也都比较方便，建议放淤闸闸位选择在弯道上段的凹岸，即概化模型的 2#闸位。目前，连伯滩放淤闸闸位设计选择在小石嘴工程处，根据多年主流线变化，该闸位相对比较合适。但是也需要指出，小北干流河段河道冲淤剧烈，河势摆动频繁，即使是在河势相对稳定的情况下，随上游来水来沙条件的变化，也会出现主流的“上提下挫”。

根据概化模型引沙试验结果，当引水角度为 30°~90°时，进闸含沙量与大河含沙量的比值η_s变化约为 5%，引水角度对放淤闸引沙效果影响很小，在设计放淤闸时，可以不考虑引水角度对引沙效果的影响。引水角度主要由闸位的引水条件决定，放淤闸引水角度较小时，进闸水流比较顺畅，进闸流量也相对较大；但角度较小，会使闸前引水渠道加长，放淤闸停水期间，可能会造成闸前引渠内淤积，影响开闸引水；而引水角度较大时，放淤闸进流条件较差，影响进闸引水流量。根据进闸水流条件和岸边地形及已建河道工程情况，引水角度可选择在30°~60°之间，连伯滩放淤闸引水角度约为 45°，不会影响放淤闸引沙效果。

四、大河来水来沙条件对放淤闸引沙效果的影响分析

(一)大河来流和引水流量对引沙效果的影响分析

大河单宽流量为 1.34~2.68 m²/s，引水单宽流量比为 0.4~0.8 时，对引沙效果的影响，一般不超过 3%~5%，在制定放淤工程调度预案时，可以不考虑。

(二)大河悬沙粒径对引沙效果的影响分析

大河悬沙中值粒径为 0.023 mm 时，含沙量垂线分布非常均匀，对任何闸位和任何工况引沙效果均无明显差别。大河悬沙中值粒径为 0.037 mm 时，对弯道下段闸位(如 3[#]~5[#]闸)引沙效果的影响比较明显，对 1[#]闸位和 2[#]闸位引沙效果的影响相对不明显，设计选定的连伯滩放淤闸闸位具有较好的引沙效果。

(三)大河含沙量对引沙效果的影响分析

大河悬沙中值粒径为 0.023 mm，含沙量变化在 100~400 kg/m³ 时，对任何闸位和任何工况的引沙效果均无明显差别。大河悬沙中值粒径为 0.037 mm 时，随着大河含沙量的增大，对引沙效果的影响相对明显。对直线河段 1[#]闸位，引沙效果明显增大；对弯道末端凹岸 5[#]闸位，引沙效果明显减小很多。

五、放淤闸引洪放淤时机的选择

当放淤闸闸位和放淤闸引水角度选定后，大河单宽流量和引水单宽流量比对放淤闸引沙效果的影响不大。对上游来沙而言，其影响程度更是微不足道的。在制定放淤试验工程调度运用预案时，可以不考虑其影响，这给制定调度运用预案提供了宽松的空间。

大河来沙条件，特别是大河含沙量较大和悬沙粒径较粗时，对放淤闸引沙效果的影响至关重要，制定不同来水来沙条件的调度运用预案时，应予以特别注意。根据龙门水文站预报，抓住时机，适时开闸放淤。

六、连伯滩放淤试验工程可能遇到的困难和解决措施

黄河出禹门口后，河宽骤然扩展，连伯滩放淤试验工程放淤闸就布设在该河段左岸小石嘴工程处，1999 年和 2000 年该河段主流线游荡摆动到右岸的桥南工程，2001 年主流分为两股，一股靠近左岸大石嘴工程和小石嘴工程，另一股仍靠在右岸桥南工程，2002 年和 2003 年变为一股，才靠流在左岸大石嘴工程和小石嘴工程，该河段主流摆动频繁。从图 2-25、图 2-26 中可以明显看出，该河段属于强烈堆积型游荡河道，强烈堆积型游荡河

道的3个特征表现非常明显：①河势变化很大，“三年河东、三年河西”，游荡摆动迅速，摆幅达3~3.5 km；②河道淤积严重，全部河宽范围内河床平行淤积抬高。③河道沙洲林立，汊河众多，主槽不明显，汊河消亡和发育非常迅速。在3个特征相互影响和促进的作用下，放淤闸河段成为强烈堆积的游荡型河道，比黄河下游花园口至夹河滩游荡型河段，淤积和摆动更加明显。放淤试验工程遇到的最大困难就是能否将主流稳定在左岸放淤闸位置，以确保“放淤试验工程成功”。

为了使主流稳定在左岸放淤闸，建议工程完成后，及时开闸引水，引水流量可达100 m^3/s 以上，这样有可能通过引水将主流吸引和固定在左岸放淤闸处。引出的浑水在淤区沉积后，清水又回归大河，对河道冲淤还有一定的好处。

第三章　连伯滩放淤试验工程原设计方案试验研究

第一节　原设计方案工程概况

试验工程原设计方案：输沙渠采用混凝土衬砌，渠长 2.5 km，渠底纵比降为 3‱，输沙渠底宽取 34 m，引水流量为 67 m^3/s 和 108 m^3/s 时水深分别为 1.47 m 和 1.92 m，流速分别为 1.2 m/s、1.4 m/s 左右。淤区长 8.6 km，宽 0.5~0.75 km，平均宽 0.64 km，面积约 5.5 km^2，可放淤量约 1 395 万 m^3。淤区内修建一纵向格堤，把淤区上段分作两条，格堤长为 5.1 km，为淤区总长的 60%，布置如图 3-1 所示。当引水规模在黄河流量大于等于 500 m^3/s、含沙量大于 50 kg/m^3 时，开始引水引沙；当黄河来水流量为 1 000 m^3/s 时，引水闸设计引水流量为 67 m^3/s；当黄河来水流量为 4 000 m^3/s 时，最大引水流量为 108 m^3/s。

通过实体模型试验，研究设计水沙条件下输沙渠的冲淤特性；研究在设计的淤区布置型式和边界条件下，淤区内不同断面流速、含沙量、悬沙颗粒组成的纵横向分布、水边线、主流摆动及顶冲位置等水沙运行规律；研究淤积物纵横向分布、淤积厚度、淤积量及淤积物颗粒组成和沿程分布、淤区的排沙比等放淤效果；研究淤区格堤布置型式对淤区淤积形态、淤积数量、泥沙淤积粒径的作用，寻找有利于多淤粗沙的布置型式，以指导工程设计修改与运行；研究淤区退水闸与横格堤口门的运用方式，包括闸门控制时机和控制高度等，以达到淤区淤粗排细的目的，为原型试验工程放淤提供科学依据。

第二节　模型设计及预备试验

一、模型设计

(一)相似条件

考虑到黄河小北干流的水沙特点和具体情况，并参考黄河水利科学研究院(简称黄科院)多年动床模型试验经验，按照黄河泥沙模型相似律设计，模型要满足水流重力相似、阻力相似、输沙相似、泥沙起动相似和悬移相似等条件。主要遵循以下相似条件：

水流重力相似条件

$$\lambda_v = \lambda_H^{0.5} \tag{3-1}$$

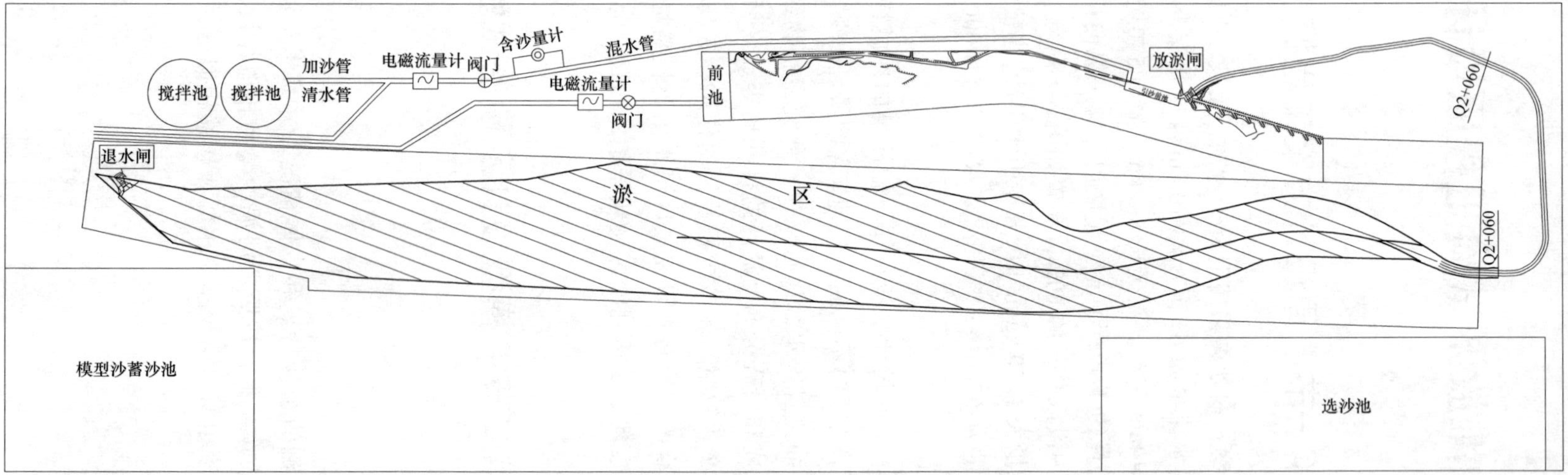

图 3-1 原设计方案淤区实体模型平面布置图

水流阻力相似条件

$$\lambda_n = \frac{\lambda_H^{2/3}}{\lambda_v}\left(\frac{\lambda_H}{\lambda_L}\right)^{0.5} \tag{3-2}$$

水流运动相似

$$\lambda_{t1} = \lambda_L / \lambda_v \tag{3-3}$$

泥沙运动相似

$$\lambda_v = \lambda_{v_c} = \lambda_{v_f} \tag{3-4}$$

泥沙沉降相似

$$\lambda_\omega = \lambda_v\left(\frac{\lambda_H}{\lambda_L}\right)^m \tag{3-5}$$

悬沙粒径比尺

$$\lambda_d = \left(\frac{\lambda_\omega \lambda_\nu}{\lambda_{\gamma_s-\gamma}}\right)^{0.5} \tag{3-6}$$

水流挟沙相似

$$\lambda_s = \lambda_{s_*} \tag{3-7}$$

河床冲淤变形相似

$$\lambda_{t_2} = \frac{\lambda_{\gamma_0}}{\lambda_s}\lambda_{t_1} \tag{3-8}$$

式中：λ_L 为水平比尺；λ_H 为垂直比尺；λ_v 为流速比尺；λ_n 为糙率比尺；λ_ω为泥沙沉速比尺；λ_d 为悬移质泥沙粒径比尺；$\lambda_{\gamma_s-\gamma}$ 为泥沙与水的容重差比尺；λ_{v_c} 、λ_{v_f} 分别为泥沙起动流速、扬动流速比尺；λ_ν 为水流运动黏滞性系数比尺；λ_s 、λ_{s_*} 分别为含沙量及水流挟沙力比尺；λ_{t_1} 为水流运动时间比尺；λ_{t_2} 为河床变形时间比尺；λ_{γ_0} 为淤积物干容重比尺。

此外，为了使模型与原型的水流流态相似，还需要满足如下两个限制条件：

(1)为保证模型水流为充分紊动，应满足流态限制条件

$$Re_m > 1\ 000 \sim 2\ 000 \tag{3-9}$$

(2)水流不受表面张力干扰，应满足表面张力限制条件

$$h_m > 1.5\ \text{cm} \tag{3-10}$$

式中：Re_m 和 h_m 分别为模型雷诺数和水深。

(二)模型几何比尺及模型沙的确定

根据试验要求及场地限制条件，确定水平比尺 λ_L=120，在确定垂向比尺时，考虑到模型水深不应过小，同时考虑糙率不宜过大和有足够的测量精度要求，选取垂直比尺 λ_H=20，几何变率 $D_t=\lambda_L/\lambda_H$=6。根据张红武提出的变态模型变率限制条件，若取相对保证

率 P_*为 0.85，则 $D_t \leqslant 0.0319B/H+0.85$，分别将淤区内代表断面 B、H 的数值代入上式，可求得 $D_t \leqslant 8.2$，大于该模型变率 6。亦即，采用变率为 6 的变态模型，可保证模型过水断面上有 85%以上的区域流速场与原型相似。根据窦国仁提出的限制模型变率的关系式

$$D_t \leqslant 1+B/20H \tag{3-11}$$

将淤区代表断面特征值代入式(3-11)，求得 $D_t \leqslant 12.6$，显然本模型所取变率满足限制条件。

1. 模型沙的选择

为了研究输沙渠输沙效果和淤区淤粗排细的效果，应选用比重和凝聚力较小的轻质沙。郑州热电厂粉煤灰的物理化学性能较为稳定，同时还具备造价低、宜选配加工等优点。该模型沙曾用来模拟三门峡、小浪底等水库以及胜利油田广北水库沉沙池等泥沙模型，取得了成功的经验。因此，可选用郑州热电厂粉煤灰作为本动床模型的模型沙。测得模型沙容重 γ_s=2.1 t/m^3，是较为理想的材料。根据郑州热电厂粉煤灰进行的沉积过程试验，干容重 γ_0=0.72 t/m^3。由天然泥沙容重为 2.65 t/m^3 可得本动床模型的容重比尺 γ_{γ_s}=2.65/2.1＝1.26，模型沙相对容重比尺 $\gamma_{\gamma_s-\gamma}$＝1.5。

2. 流速及糙率比尺

由水流重力相似条件求得 $\lambda_v=20^{0.5}=4.47$，由此求得流量比尺 $\lambda_Q=\lambda_v\lambda_H\lambda_L=10\,728$；取 $\lambda_R=\lambda_H$，由阻力相似条件求得糙率比尺 $\lambda_n=0.673$。

3. 泥沙沉降比尺选择

公式(3-5)中系数 m 的取值与泥沙悬浮指标和模型研究主要内容有关，当要求原型与模型的含沙量垂线分布的悬浮指标相等，即含沙量沿水深分布相似时，m 取 0.5；当沿程含沙量变化相似条件为主要研究内容，而允许垂线含沙量分布有些偏离时，m 取 1。由于一般沉沙池水流状态，紊动扩散作用很弱，m=1，但本次试验所研究的淤区水沙运动不同于一般沉沙池，进入淤区的含沙量较高，淤区内淤沙要求是有选择性的淤积，即一定条件要多淤沙而且要淤中值粒径大于 0.025 mm 的中粗沙，因此水流的紊动作用不可忽视，m 应介于二者之间。

根据张红武研究成果，对于$\omega/\kappa u_* \leqslant 0.15$ 的细沙，其悬移相似条件可表示为：

$$\lambda_\omega = \lambda_v \left(\frac{\lambda_H}{\lambda_L}\right)^{0.97} \exp\left[4.4\left(\frac{\omega}{\kappa u_*}\right)_p \left(\frac{\lambda_v}{\lambda_\omega}\sqrt{\frac{\lambda_H}{\lambda_L}}-1\right)\right] \tag{3-12}$$

将龙门(马王庙(二))站的泥沙因子和设计输沙渠的水力因子及计算结果列入表 3-1，求得悬浮指标$\omega/\kappa u_* < 0.15$，因此可采用式(3-12)计算泥沙的沉速比尺λ_ω。将原型资料及有关比尺代入式(3-12)，通过试算得出λ_ω的变化幅度为 0.94~1.14，平均约为 1。相当于公式(3-5)中 m 值取 0.84。表中κ及ω值的计算均考虑含沙量对它们的影响，分别采用关系式(3-13)和(3-14)计算。

$$\kappa = \kappa_0\left[1-4.2\sqrt{S_V}\left(0.365-S_V\right)\right] \tag{3-13}$$

$$\omega = \omega_{cp}\left(1-1.25S_V\right)\left(1-\frac{S_V}{2.25\sqrt{d_{50}}}\right)^{3.5} \tag{3-14}$$

表 3-1　泥沙沉速比尺计算分析

时间 (年-月-日)	d_{50} (mm)	S (kg/m^3)	S_V	ω (cm/s)	κ	u_{*1} (cm/s) h=1.47 m	u_{*2} (cm/s) h=1.92 m	$\frac{\omega}{\kappa u_{*1}}$ h=1.47 m	$\frac{\omega}{\kappa u_{*2}}$ h=1.92 m	λ_{ω_1}	λ_{ω_2}
1992-07-25	0.018	74.45	0.028 1	0.198 7	0.305	6.57	7.51	0.099	0.087	1.09	1.05
1992-07-29	0.026	211.39	0.079 8	0.166 6	0.265	6.57	7.51	0.096	0.084	1.08	1.04
1992-07-29	0.023	211.39	0.079 8	0.136 9	0.265	6.57	7.51	0.079	0.069	1.05	1.00
1992-08-29	0.03	145.27	0.054 8	0.255 9	0.278	6.57	7.51	0.140	0.123	1.18	1.10
1992-09-02	0.016	82.79	0.031 2	0.106 6	0.301	6.57	7.51	0.054	0.047	0.98	0.95
1996-07-10	0.025	80.4	0.030 3	0.100 0	0.302	6.57	7.51	0.050	0.044	0.97	0.94
1996-07-13	0.024	170.19	0.064 2	0.091 7	0.272	6.57	7.51	0.051	0.045	0.97	0.95
1996-07-15	0.031	273.48	0.103 2	0.1554	0.259	6.57	7.51	0.091	0.080	1.07	1.03
1996-07-27	0.026	106.28	0.040 1	0.123 4	0.291	6.57	7.51	0.065	0.057	1.00	0.98
1996-08-12	0.016	72.84	0.027 5	0.140 0	0.306	6.57	7.51	0.070	0.061	1.02	0.99

式(3-13)和式(3-14)中：κ_0为清水卡门常数，取为 0.4；ω_{cp}为泥沙在清水时的平均沉速；d_{50}为悬沙中径；S_V为体积含沙量。按原型水温 25℃,试验水温 15°，计 λ_v =0.78，由式(3-6)求得悬移质粒径λ_d=0.721。

4. 含沙量比尺选取

目前，关于含沙量比尺的确定一般是先选择对研究对象具有一定代表性的挟沙力公式进行估算，再结合验证试验加以调整；由于引黄灌区沉沙池引水时间均为非汛期，引水流量与含沙量较小，而小北干流淤区是汛期引水，含沙量越高越有利，设计典型年 1998 年最大含沙量约为 328 kg/m^3，对应此条件下的原型资料较少，由于时间限制，不可能进行模型验证，含沙量比尺暂根据挟沙力公式进行计算确定，模型验证放在第二阶段复演试验时进行。

根据黄科院黄河下游引黄渠系挟沙能力公式推求含沙量比尺

$$\lambda_s = \lambda_{s*} = \frac{\lambda_v^{\ 3}}{\lambda_H\ \lambda_\omega}\left(\frac{\lambda_H}{\lambda_L}\right)^{0.5} = 1.82 \tag{3-15}$$

根据麦乔威黄河流域河渠水流挟沙力公式推求含沙量比尺

$$\lambda_s = \lambda_{s*} = \left(\frac{\lambda_v^{\ 3}}{\lambda_H \lambda_\omega}\right)^{3/4}\left(\frac{\lambda_H}{\lambda_L}\right)^{1/2} = 1.25 \tag{3-16}$$

根据麦乔威黄河干支流水流挟沙力公式推求含沙量比尺

$$\lambda_s = \lambda_{s*} = \frac{\lambda_v^{\ 2.25}}{\lambda_H^{\ 0.74}\lambda_\omega^{\ 0.77}} = 3.16 \tag{3-17}$$

根据文献，含沙量比尺也可用下式初步估算

$$\lambda_s = \lambda_{s*} = 4.4 \frac{\lambda_{\gamma_s}}{\lambda_{(\gamma_s - \gamma)}} \frac{\lambda_H}{\lambda_L} \frac{\lambda_v}{\lambda_\omega} = 2.75 \tag{3-18}$$

由于水流挟沙力与河渠类型以及泥沙粗细、多少、来源等因素有关，因此根据各家公式计算得出含沙量比尺相差较大，同时含沙量比尺与所选模型沙性能也有较大关系，南京水利科学研究院(简称南科院)窦国仁在进行小浪底水库模型试验时，根据含沙量大小其比尺分别采用 0.5~4。根据以上挟沙力公式分析计算，同时考虑淤区水沙条件，初步选定含沙量比尺 λ_s=2。该含沙量比尺有待在第二阶段复演试验检验。

5. *冲淤时间比尺选取*

泥沙模型一般存在着两个时间比尺，即由水流连续相似导出的水流时间比尺 $\lambda_{t_1} = \lambda_L / \lambda_v$ 及由河床变形相似导出的冲淤时间比尺 λ_{t_2}。若两者相差较大，即存在所谓的时间变态。对于非恒定的原型状况，模型中时间变态将不能保证水力要素相似，进而还会影响泥沙运动的相似性，且河床冲淤变形也难做到严格的相似。

众所周知，当模型几何比尺确定后，水流时间比尺 λ_{t_1} 即为定值，对于本模型 λ_{t_1}=26.8。而河床冲淤变形时间比尺 λ_{t_2} 还与泥沙干容重比尺 λ_{γ_0} 及含沙量比尺 λ_s 有关。模型沙干容重根据郑州热电厂粉煤灰进行的沉积过程试验，测得模型沙初期干容重为 0.72 t/m³。而原型淤积物干容重主要依据实测资料。三门峡库区淤积物干容重受测验技术和设备条件的限制，原型资料相对较少。一般情况下，取滩地新淤表层原状土进行观测分析，仅在 1961 年用同位素法施测水下不同深度及沿程淤积物干容重。从已有的观测资料来看，对于初期干容重，主要与淤积物的粒径有关，粒径越细，干容重越小；粒径越粗，干容重越大。由于泥沙的分选作用，库区淤积物沿程逐渐变细，干容重亦随之减小。从 1961 年同位素施测的水下淤积物干容重垂线平均结果来看，黄淤 2、黄淤 31、黄淤 41、黄淤 45 断面淤积物干容重垂线平均值分别为 1.05 t/m³、1.17 t/m³ 及 1.21 t/m³、1.48 t/m³，表现为：距大坝近，淤积物粒径细，干容重小；距大坝远，淤积物粒径粗，干容重大。据程龙渊分析，黄河龙门至潼关河段初期淤积物干容重多年平均汛前为 1.62 t/m³，汛后为 1.53 t/m³。连伯滩放淤区入口，虽然属于三门峡观测的小北干流河段黄淤 67 断面附近，淤积物干容重是冲淤交替状态，但由于原型放淤区考虑汛期放淤，淤积物粒径相对较小，并且以淤积为主，因此原型放淤区初期干容重的选取不能完全与大河中的相同。根据实际引水引沙级配资料，并且考虑以淤积物大于 0.025 mm 的中粗沙为主，按实际淤积物中值粒径 0.05 mm 估算，利用文献给出淤积物初期干容重计算公式，计算出原型放淤区初期干容重为 1.41 t/m³；根据文献由室内试验资料、Tarsk 资料以及公式计算的不同淤积物粒径范围的初期干容重，原型放淤区淤积物粒径主要为 0.025~0.10 mm，初期干容重取值为 1.26~1.38 t/m³。综合以上分析，原型淤积物干容重取 1.4 t/m³，由原型及模型沙干容重可求得，λ_{γ_0}=1.4/0.72＝1.94。由式(3-8)可以求得河床变形时间比尺为 λ_{t_2}=26.00，可见 λ_{t_2} 与水流运动时间比尺较为接近，对于所要开展的非恒定淤区动床模型试验，可以避免常遇到的两个时间比尺相差甚远所带来的时间变态问题。

根据模型相似条件及所选定的模型沙，计算模型水流泥沙参数比尺见表 3-2。

表 3-2 模型比尺汇总表

相似条件	比尺名称	比尺	依据	说明
几何相似	水平比尺λ_L	120	根据场地条件	
	垂直比尺λ_H	20		
水流运动相似	流速比尺λ_v	4.47	重力相似条件式(3-1)	
	流量比尺λ_Q	10 728	$\lambda_Q=\lambda_L\ \lambda_H\ \lambda_v$	
	水流运动时间比尺λ_{t_1}	26.8	$\lambda_{t_1}=\lambda_L/\lambda_v$	
	糙率比尺λ_n	0.673	阻力相似条件式(3-2)	
悬移质及床沙运动相似	容重比尺λ_{γ_s}	1.26		
	相对容重比尺$\lambda_{(\gamma_s-\gamma)}$	1.5	$\gamma_{sm}=2.1$	模型沙为郑州热电厂煤灰
	沉速比尺λ_ω	1.0		最终由验证试验确定
	悬沙粒径比尺λ_d	0.721		
	起动流速比尺λ_{v_c}	4.47	起动相似条件	
	扬动流速比尺λ_{v_f}	4.47	扬动相似条件	$\lambda_{v_f}\approx\lambda_v$
	干容重比尺λ_{γ_0}	1.94	$\lambda_{\gamma_0}=\lambda_{\gamma_{0p}}/\lambda_{\gamma_{0m}}$	
	含沙量比尺λ_s	2		最终由验证试验确定
	冲淤时间比尺λ_{t_2}	26.0	河床变形相似条件式(3-8)	

(三)模型试验范围及平面布置

淤区实体模型范围包括：引水闸、输沙渠、淤区以及退水闸。要求模拟的原型输沙渠及放淤区长度为 12 km。试验在黄科院河工试验厅中进行。由于受试验场地的限制，模型设计中采用了“人工转折”下延的设计方法。所谓河工动床模型“人工转折”是指当试验受场地长度所限，难以按照原型河道走势布设模拟的河段时，若试验场地宽度允许，在保证模拟河段原河道水流水力要素不变的条件下，将模拟河段某一合适断面以下的河段按适当角度进行转弯布设的一种模型设计技术。在进行人工弯道导流槽的设计时，主要遵循以下几项原则：①水流横向分布均匀性原则；②上下段河道流态一致性原则；③水流边界的相对稳定性原则；④水面线同步调整原则，即上下衔接断面水位保持一固定关系；⑤固定高差原则，即转折下延接长的下段模型标高系统应比上段模型标高系统低一固定高差值，其值即是转折导流槽的阻力损失。根据上述原则与场地情况，该项模型人工转折断面选在输沙渠末端直线段，衔接断面选择在输沙渠 2+060 处，即转折后输沙渠有效长度为 0.422 km。原设计方案模型平面布置如图 3-1 所示。

1. 人工转折导流槽平面布置

根据场地情况，转折导流槽转折 162°11′。根据设计原则③，为保持上下衔接断面流场和含沙量分布场相同，消除转弯水流的影响和保持过渡河段顺直流势，在导流槽进出口各设一段直线段渠槽。

2. 人工转折导流槽比降设计

从理论上讲，设计的导流槽附加比降应能保证水流在水槽中增加的势能恰与人工转折槽所增加的水流能耗相等。人工转折槽所增加的水流能耗主要包括沿程阻力损失 h_f和槽弯局部阻力损失 h_ω，即$\Delta h_e=h_f+h_\omega$。因为人工转折对势能调整的控制方程满足均匀流方程，沿程阻力损失可由

$$h_f=JL \tag{3-19}$$

进行估算。导流槽局部阻力损失可由下式估算：

$$h_\omega=\frac{19.62l}{C^2R}(1+\frac{3}{4}\sqrt{\frac{b}{r}})\frac{v^2}{2g} \tag{3-20}$$

式中：v 为导流槽进口的断面平均流速；R 为导流槽水力半径；L 为转折导流槽总长度；l 为导流槽弯段中心弧长；J 为导流槽比降；b、r 分别为导流槽的宽度和中心半径；C 为谢才系数；g 为重力加速度。

按 Q=67 m^3/s 时输沙渠断面的水力参数(水深 1.47 m，流速 1.2 m/s)进行计算，即在导流槽上、下端输沙渠水深保持一致(流速增大约 1.2 倍)的条件下，通过试算求得导流槽模型综合糙率为 0.026 7(相当于原型综合糙率为 0.018)，纵比降为 5‰。按式(3-19)及式(3-20)计算，可求得导流槽的附加阻力损失为 0.899 m，附加比降为 1.51‰。那么，按原河段平均比降 3‰考虑，则导流槽的纵比降则应为 4.51‰。该值仅是初步估算结果，由于在计算中有参数的取值及公式计算等方面的误差，以及导流槽制作的不完全规整等问题，因此还需要进行糙率率定试验，不断调整设计比降，逐渐接近所要求的比降。综合上述，导流槽设计，比降初步定为 5‰。

(四)模型制作及量测仪器设备

引水闸与退水闸均采用有机玻璃制作，输沙渠采用水泥砂浆抹面，由于本课题主要研究淤区的淤积形态，因此淤区的初始地形按照 2003 年汛前地形塑制成定床。

模型进口流量用电磁流量计控制，用含沙量计控制模型进口含沙量。模型泥沙级配测量采用光电颗分仪，各观测断面含沙量采用比重瓶法测量，水位及水面线用精度为 0.1 mm 的测针测量，流速用探头小且灵敏度高的电阻式浑水流速仪测量，冲淤地形用黄科院研制的浑水地形自动量测仪和水准仪测量，流态观测利用人工描绘及摄像机录制结合进行。

二、预备试验

(一)糙率率定

根据试验任务要求，阻力相似是本次模型设计中的重要相似条件之一，为使模型阻力和原型达到相似，要求糙率相似。由阻力相似条件求得糙率比尺λ_n=0.673。连伯滩试验工程输沙渠采用混凝土衬砌，设计糙率为 0.017，淤区初始糙率为 0.03，由此求得输沙渠模型糙率应为 n_m=0.025，淤区模型初始糙率 n_m=0.04，模型糙率较大，需要加糙校正。

一般讲，对于定床模型密实加糙所用石子的粒径可由下式反求：

$$n=c_1d^{1/6} \tag{3-21}$$

式中：d 为颗粒直径，mm；n 为模型的糙率；c_1 为系数，不同学者根据不同的实验资料得出系数值各不相同，例如张有龄取 c_1=0.016 6；Strickler 取 c_1=0.015。根据黄河水利委

员会水利科学研究院张红武进行定床变态模型的经验，如果采用 d=0.2~20 mm 的人工碎石加糙，c_1=0.016，因而可由下式计算加糙石子的粒径：

$$d=\left(\frac{n}{0.016}\right)^6 \tag{3-22}$$

由式(3-22)求得渠道加糙粒径 d=15.48 mm；模型制作完成后，按照设计流量 108 m^3/s 进行放水，调整加糙布局，使输沙渠水面比降达到设计比降 3‱，淤区水面平均比降接近淤区地形平均比降 5‱。

(二)初始运行水面线及流速分布

淤区初始水面线、流速分布对淤区初期水沙运行规律及淤积形态影响很大。放淤试验前，需首先对淤区初始水面线和流速分布进行观测。

试验条件：2003 年实测初始地形(定床并加糙)，流量 108 m^3/s，退水闸型式及控制高程：①驼峰堰堰顶高程 369.85 m；②驼峰堰堰顶高程 369.35 m；③平底闸型，闸底板高程 368.3 m。

由淤区水面线与流速分布图(见图 3-2、图 3-3)中可以看出，各种运用情况下，淤区内水面线分布特性为上段(0+000~5+200)陡，下段(5+200~8+600)缓，上段平均水面比降接近 5.5‱，下段平均比降小于 1‱。退水闸有、无驼峰堰以及驼峰堰高低，对淤区下段水面线及流速影响较大。随着堰顶高程降低，下游段壅水影响范围减小，初始运行水位低，有利于淤区淤粗排细。

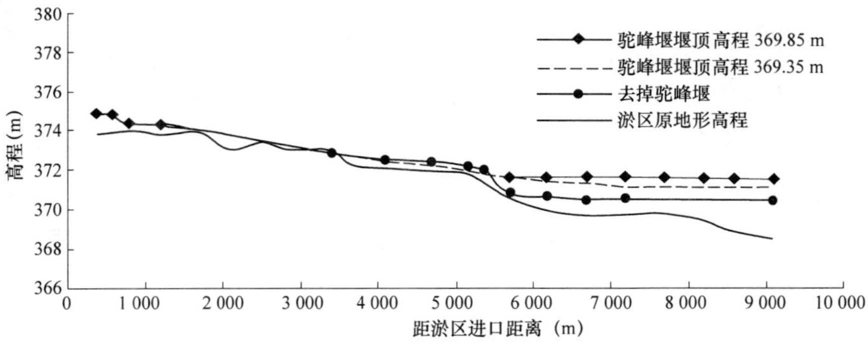

图 3-2 引水流量 108 m^3/s 淤区水面线分布图

第三节 原设计方案试验成果

一、试验水沙条件及试验概况

(一)水沙条件

实体模型试验按设计典型水沙过程(1998 年)施放，如图 3-4 所示。重复施放 2 年，共计 32 d。原型设计引水日平均流量 52~99 m^3/s，引沙日平均含沙量 51~328 kg/m^3。模型悬沙颗粒级配按照实际引水引沙平均颗粒级配组成(见图 3-5)配制，该级配中值粒径为 0.025 mm。

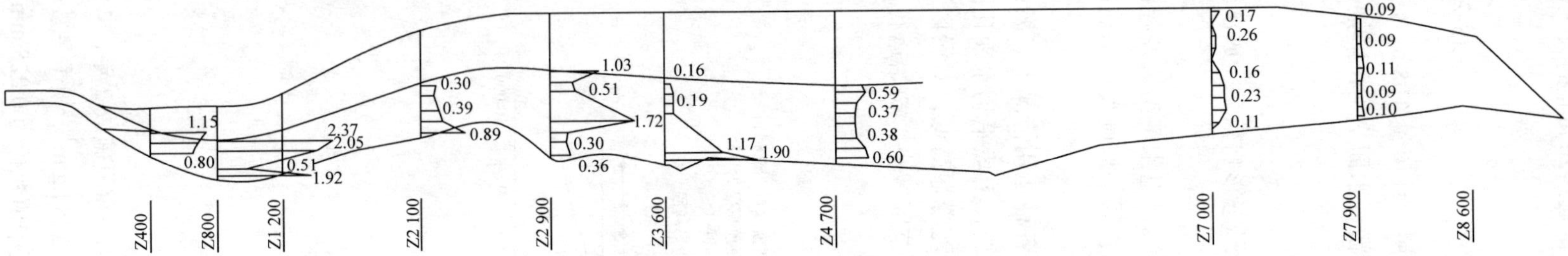

(a) Q=108 m³/s，退水闸驼峰堰堰顶高程 369.85 m

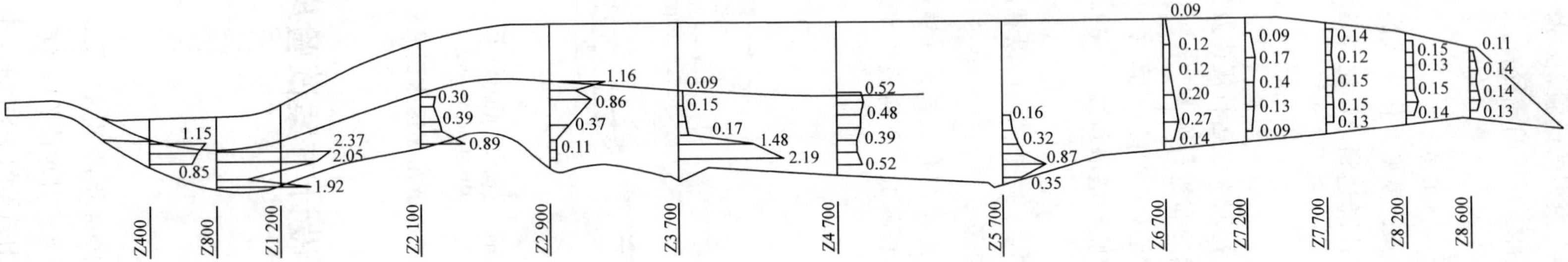

(b) Q=108 m³/s，退水闸驼峰堰堰顶高程降低0.5 m

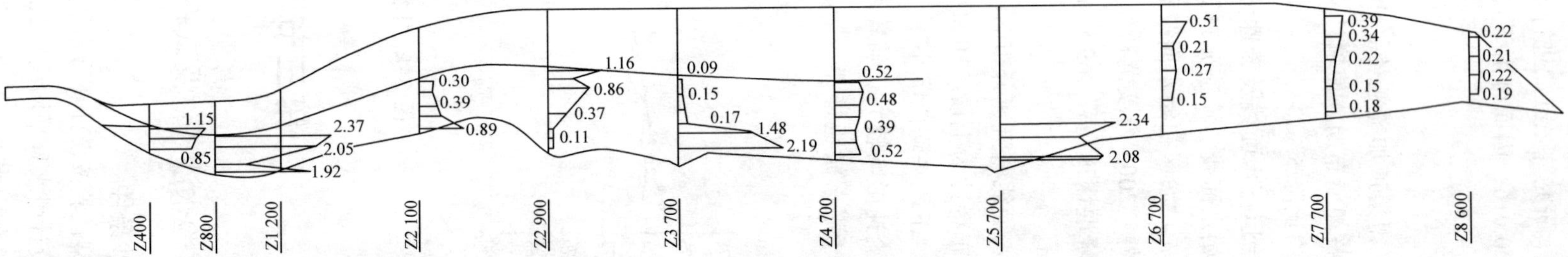

(c) Q=108 m³/s，平底闸底板高程 368.3 m(去掉驼峰堰)

图 3-3　引水流量为 108 m³/s 淤区平面流速分布图　(单位：m/s)

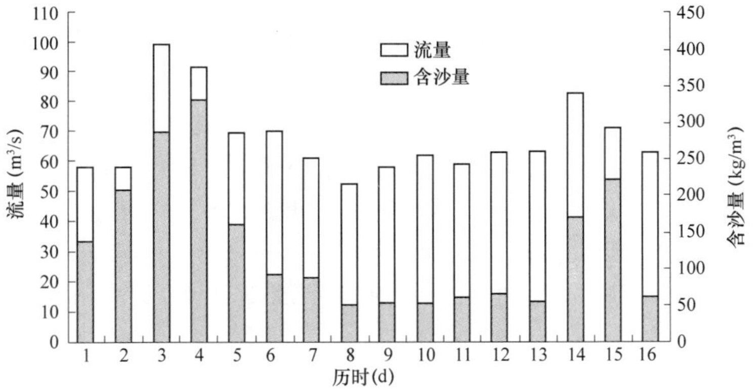

图 3-4　试验水沙系列

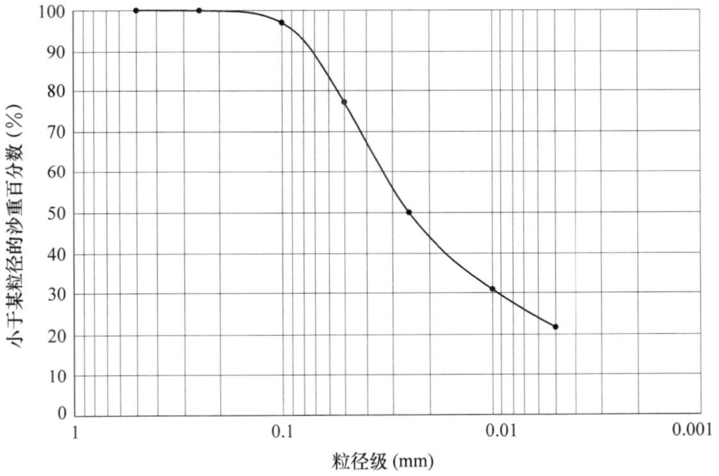

图 3-5　设计典型年 1998 年引沙平均悬沙颗粒级配曲线

(二)试验概况

输沙渠初始地形按照设计比降及断面尺寸进行制作，淤区的初始地形按照 2003 年汛前地形塑制成定床，退水闸驼峰堰高程 369.35 m。

淤区上段设一纵格堤，格堤长 5.1 km，格堤将淤区上段分成左右两条渠。放淤次序为：先淤右条渠，待右条渠淤满后，再淤左条渠。原设计方案未进行盖淤试验。

淤区淤粗排细效果控制：模型试验放淤闸引沙颗粒级配按照如图 3-5 实际引水引沙平均颗粒级配组成配制，该级配中粒径大于 0.025 mm 的占总量的 50%。根据四站(龙门、河津、洑头、华县)、潼关、三门峡站 1962~1984 年各粒径组泥沙累积沙量资料，汛期中值粒径小于 0.025 mm 的泥沙，属于悬沙中的冲泻质，这部分细颗粒泥沙基本不参加造床，该部分粒径组泥沙具有多来多排的特征。由于受试验用的光电颗分仪量测时间限制，试验无法控制粒径指标。本次放淤试验过程中，退水闸叠梁门的控制条件为：淤区排沙比(即出口含沙量与进口含沙量之比)控制在 30%~50%。

淤区的淤粗排细效果主要依靠退水闸叠梁门的加高或降低操作来实现。右条渠出口初始运行水位 370.37 m(流量 57.8 m^3/s)，随着淤积面的逐步抬高，主流沟形成，退水闸出口排沙比逐渐增大，至第 5 天退水闸出口排沙比由开始的 1.8%增大至 40%，此时开始加第一层叠梁门；随着退水闸前水位抬高，排沙比减小，待出口排沙比再增大至 30%~50%时继续加高叠梁门，右条渠共放淤 20 d，加 5 层叠梁门，高 1.5 m；第 21 天轮换淤左条渠，左条渠放淤初期，退水闸出口排沙比较小，从第 24 天开始将退水闸叠梁门降低，至第 28 天，退水闸排沙比增大至 30%~50%，开始加高叠梁门，淤至第 32 天，退水闸叠梁门高度又达到 1.5 m，闸前水位 372 m，退水闸叠梁门控制过程见图 3-6。

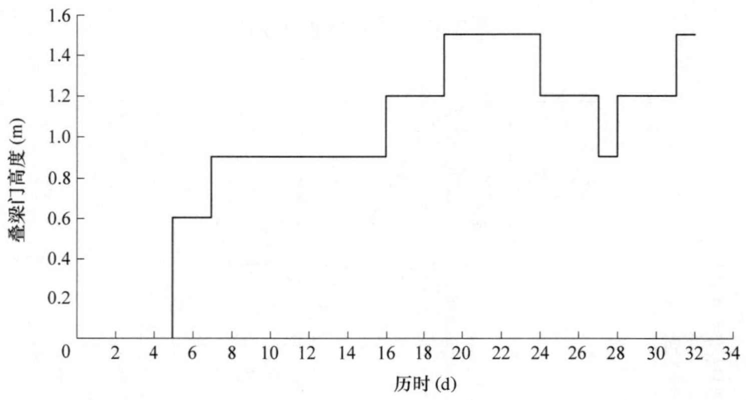

图 3-6 退水闸叠梁门控制图

二、试验结果

(一)输沙渠冲淤特性

从试验水沙过程中可以看出，前 5 天的水量占第 1 年总水量的 32.4%，但其沙量却占总沙量的 57.4%。放淤开始的前几天为高含沙水流，输沙渠第 2 天通过流量为 57.8 m^3/s，含沙量为 137 kg/m^3 时，由于流量较小含沙量较大，泥沙在渠内很快落淤，水位逐渐抬高；进入第 2 天后，通过流量为 58.2 m^3/s，但沿程水位较第 1 天升高 0~0.4 m 不等，输沙渠始端水位抬高最大；第 17 天与第 1 天进入输沙渠水沙条件一致，沿程水位升高 0.4~1.0m，如图 3-7 所示。输沙渠淤积主要出现在前 5 天高含沙水流，随着输沙渠始端淤积厚度增加，输沙渠比降自动调整，输沙渠流速增大，接近冲淤平衡时，比降达 5‱~6‱。放淤 32 d 结束后，输沙渠沿程淤积厚度 0.3~1.0 m，淤积总量约 6 万 m^3，占引沙量的 0.6%，输沙渠淤积泥沙粒径较粗，平均中值粒径约为 0.048 mm。

图 3-8 绘出了不同历时输沙渠含沙量沿程变化，从图上可以清楚地看出，不同来水来沙条件，输沙渠冲淤变化规律：第 4 天流量为 90.9 m^3/s，含沙量最大，输沙渠沿程含沙量衰减比较明显，输沙渠淤积相对也比较严重。第 24 天流量为 62 m^3/s，含沙量最小，输沙渠沿程含沙量基本没有变化，输沙渠处于冲淤平衡状态。

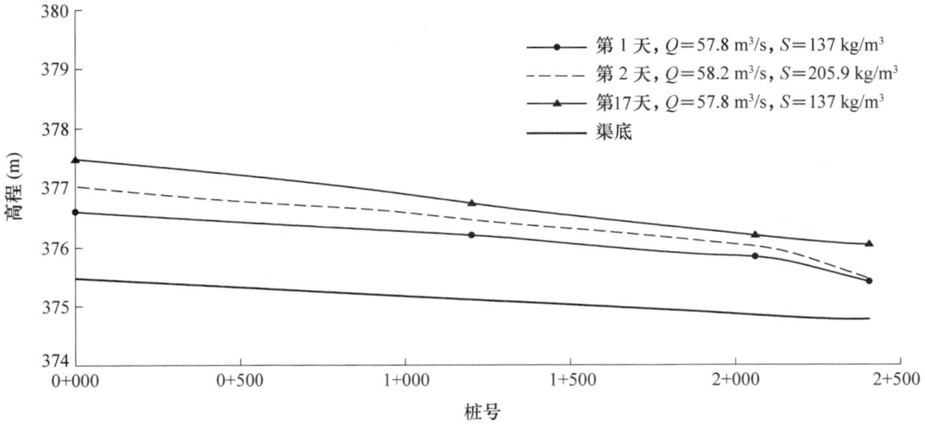

图 3-7　输沙渠沿程水面线分布图

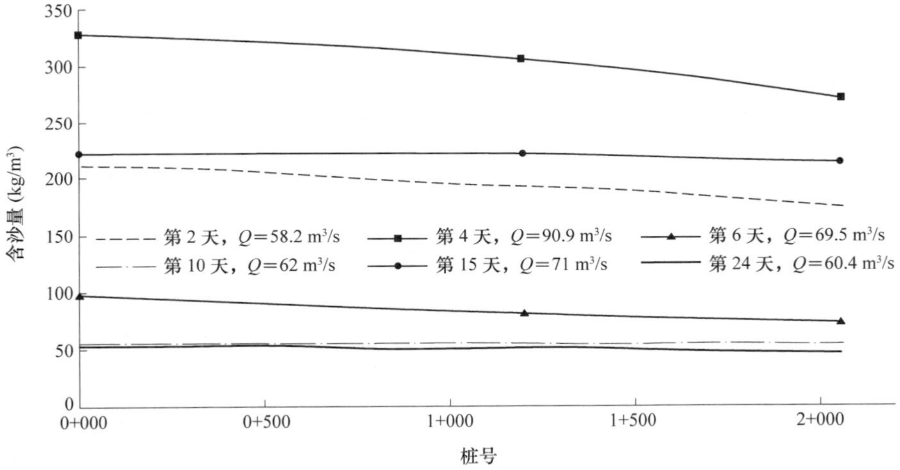

图 3-8　输沙渠含沙量沿程分布图

(二)淤区水沙运行规律及淤积效果分析

1. 淤区水沙运行规律

淤区泥沙淤积与来水来沙、初始地形、退水闸的调度运用密切相关，淤区可分为 3 段：①上段(0 ~ 5.2 km)，原始地形较陡，比降为 5‱~6‱；②中段(5.2~6.2 km)，原始地形骤降 1.2 m 左右；③下段(6.7~7.7 km)，淤区原始地形较平坦，比降约为 1‱。由于初始地形的影响，淤区上、下段水沙运行规律明显不同，淤区上段(0~5.2 km)范围内，开始水流在全断面上漫流，水流散乱，随着放淤的不断进行，许多地方出现沙洲，水流呈现出多股分流(见图 3-9)，5 d 后从上而下逐渐形成宽为 50~100 m 主流沟，淤积体从上游向下游缓慢推进(见图 3-10 和图 3-11)；而下段由于受退水闸驼峰堰影响，放淤初期，该段在较长时间内处于水深大、流速小的状况，含沙水流经此段至出口，含沙量大幅度降低，泥沙淤积面比较平坦，该段淤积则表现为自下而上溯源淤积，直至与上段淤积体衔

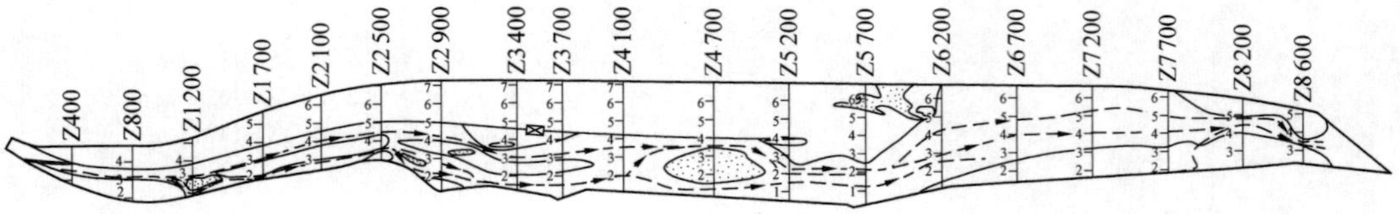

图 3-9　放淤第 3 天(Q=99.2 m^3/s，S=284.1 kg/m^3)淤区流势图

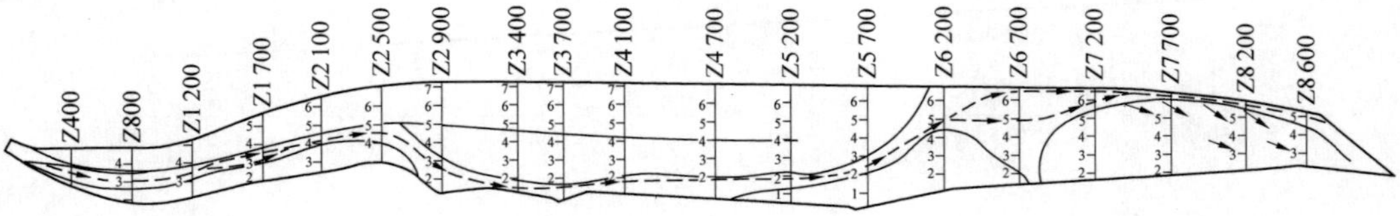

图 3-10　放淤第 6 天(Q=69.5 m^3/s，S=92.1 kg/m^3)淤区流势图

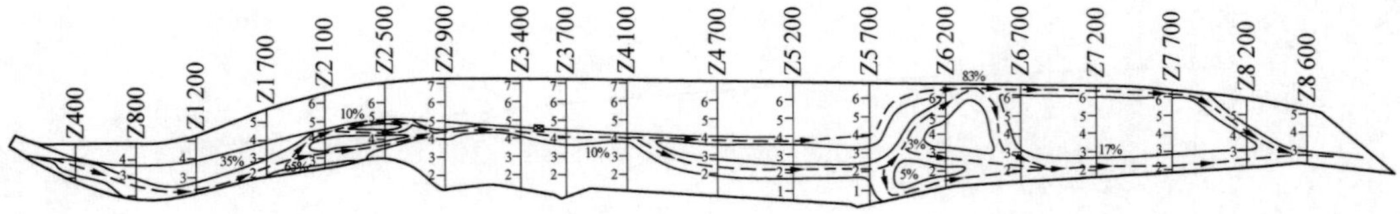

图 3-11　放淤第 20 天(Q=69.5 m^3/s，S=327.1 kg/m^3)淤区流势图

接并逐渐形成主流沟。随着淤沙的不断堆积发展及水沙条件变化，主流沟左右摆动，有时形成横河，有时绕过淤沙高滩，使泥沙横向淤积分布趋于均匀。

放淤 20 d 后，退水闸水位由 370.37 m 升至 372.0 m，淤区进口段 1+200 处水位由 374.0 m 升至 375.48 m，导致输沙渠下段水位抬高，为了保证输沙渠有一定安全超高，在格堤进口扒口改淤左条渠。左条渠放淤初始，淤区下段 5+200~8+600 沿程淤积厚度 0.5~2 m 不等，退水闸叠梁门高 1.5 m。放淤初始，淤区上段水面宽，水流散乱，淤区下段水流沿着原主流沟至退水闸(见图 3-12)，左条渠泥沙淤积主要集中在淤区上段，随放淤的不断进行，淤区上段自上向下逐渐形成主流沟与淤区下段主流沟相衔接(见图 3-13)。

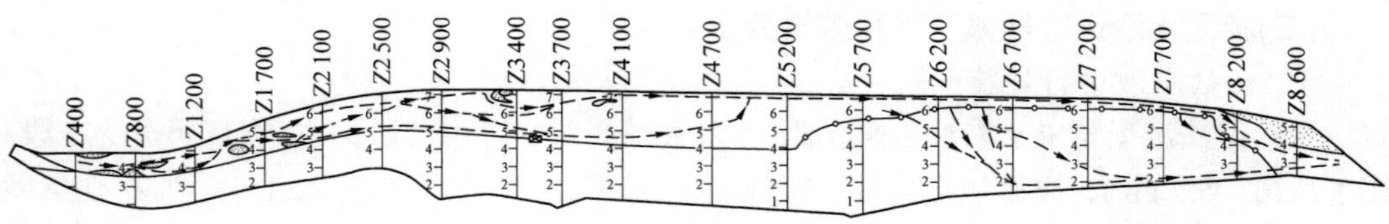

图 3-12　放淤第 21 天(Q=69.5 m^3/s，S=92.1 kg/m^3)淤区流势图

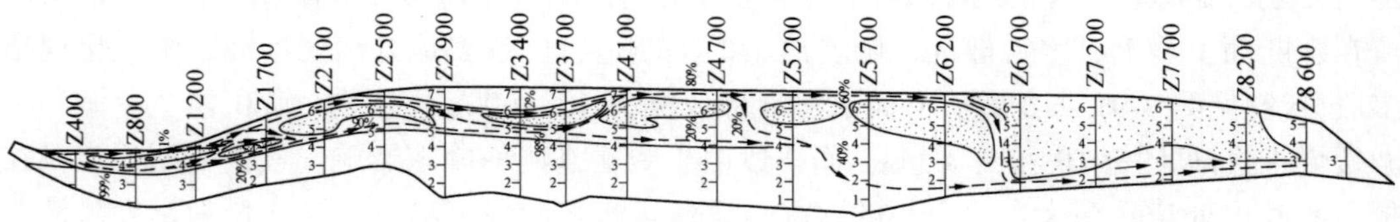

图 3-13　放淤第 32 天(Q=63.2 m^3/s，S=61.8 kg/m^3)淤区流势图

2. 淤区沿程水面比降及流速变化

综观整个试验过程的水位变化，在设计的来水来沙条件下，全淤区处于淤积状态，各流量级水位沿程逐时抬高，由于初始地形条件的差异以及退水闸的控泄作用，各段水位表现有所不同，图 3-14 和图 3-15 分别为放淤过程右条渠和左条渠水面线变化情况。从图 3-14 上可以看出，右条渠放淤过程中，淤区内上下段的水面线变化较大。放淤初期，淤区上段水面比降陡，接近初始地形比降，为 5‱~6‱；淤区下段水面线受退水闸驼峰堰壅水的影响，5.2 km 以下水面平均比降为 3‱，6.2 km 以下淤区水面接近水平，随着淤积面的抬高和主流沟的形成，下段水面线由缓逐渐变陡，淤区水面平均比降为 4.5‱。从图 3-15 可以看出，左条渠水面线变化过程与右条渠不同，左条渠放淤初期，由于受前期下段淤积体影响，其水面线上、下段陡，中段缓。随着上段淤积厚度的增加和主流沟的形成，上、下段水面比降趋于一致，左条渠结束时水面平均比降与右条渠一致，约为 4.5‱。

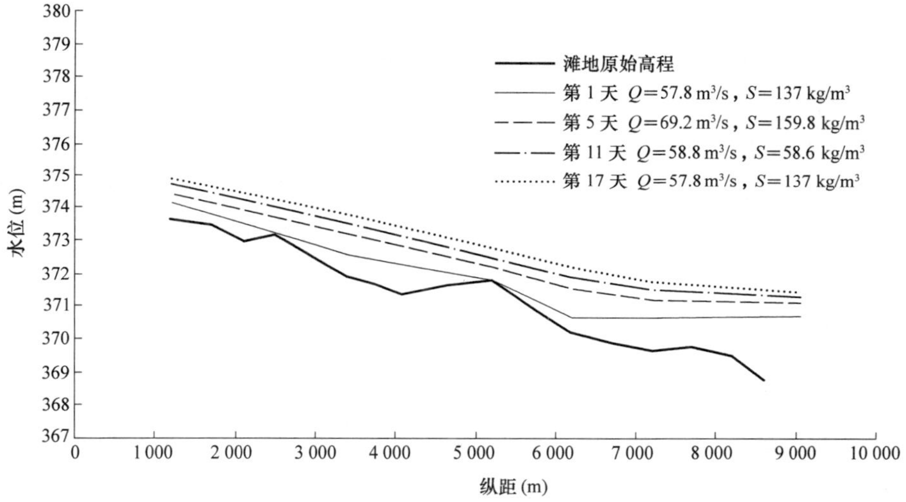

图 3-14 淤区放淤过程右条渠水面线变化

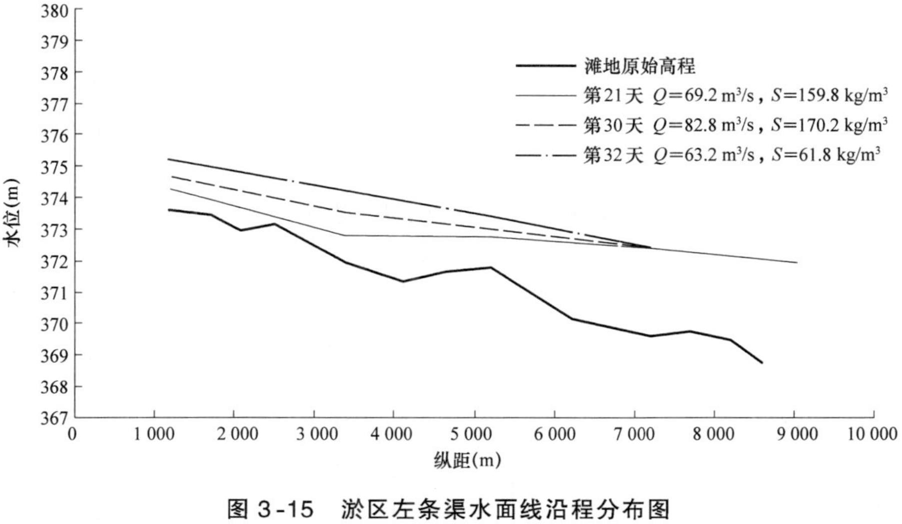

图 3-15 淤区左条渠水面线沿程分布图

放淤过程中，由于受淤区初始地形影响，沿程流速变化很大，随着淤区的淤积调整和主流沟的形成，沿程流速变化逐渐减小。淤区上段，主流沟形成后，主流最大流速都在1.5~2.0 m/s。淤区下段，在放淤初期和主流沟尚未形成时，水面比降较缓，流速较小，粗细泥沙同时落淤。在放淤中、后期，随淤积的发展，水面比降变陡，流速增大，一部分细泥沙可以排回大河。

3. 淤区沿程含沙量变化

为了实现淤粗排细的目标，利用退水闸叠梁门控制出口排沙比。在放淤过程中，沿程含沙量及出口排沙比变化比较大，见图 3-16 和表 3-3。由图 3-16 可以看出，放淤初期，高含沙水流进入淤区后，由于水流横向扩散，水面较宽，流速减小，水流挟沙能力降低，粗泥沙首先落淤，含沙量沿程递减，流至 5.2 km 后，受退水闸驼峰堰壅水的影响，水流变缓，含沙量衰减幅度明显增大，出闸含沙量非常小，排沙比小于 2%。随着淤积的发展，主流沟逐渐形成，水流集中在主流沟内，流速增大，水流挟沙能力也随之增大，泥沙被逐渐输送至下游，如图 3-16 中第 5 天，在 5.2 km 以上，含沙量沿程衰减幅度较小，在 5.2~7.2 km 段，含沙量衰减较快，7.2 km 以后含沙量沿程变化不大。第 5 天排沙比达 40%左右，开始加叠梁门，控制排沙比。随着叠梁门加高(每次 4 孔闸同时加高)，闸前水位抬升，水面比降变缓，淤区下段含沙量沿程衰减较快，排沙比随之相应减小，整个淤积过程含沙量沿程变化过程随着退水闸叠梁门高度的增减而不断急剧变化。在实施方案退水闸叠梁门调度时，改为每次 2 孔、4 孔退水闸叠梁门轮番加高。

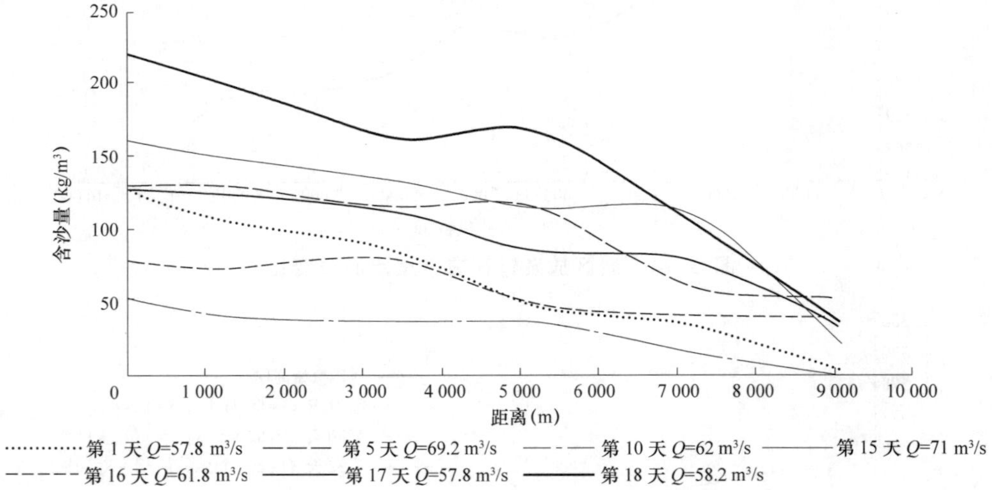

图 3-16　沿程含沙量分布图

表 3-3　淤区部分时段排沙比统计

时间	第 1 天	第 5 天	第 10 天	第 15 天	第 16 天	第 17 天	第 18 天
流量(m^3/s)	57.8	69.2	62.0	71.0	61.8	57.8	58.2
进口含沙量(kg/m^3)	126.2	129.0	51.7	160.7	79.2	126.1	220.4
出口含沙量(kg/m^3)	2.3	52.0	0.5	24.0	40.0	33.1	36.5
排沙比(%)	1.8	40.3	1.1	14.9	50.5	26.2	16.6

4. 淤区进出口悬沙级配变化

图 3-17 为淤区放淤过程中进、出口悬沙级配变化曲线。放淤初期淤区排出泥沙级配参数统计于表 3-4。从图 3-17 和表 3-4 中可以看出，放淤初期，由于退水闸驼峰堰壅水影响，淤区下段水流流速小，淤区排沙比小，排出的泥沙颗粒较细，中值粒径 d_{50} 为 0.009 mm 左右，小于 0.025 mm 泥沙占总量的 75%。放淤第 4 天随排沙比的增大，排出泥沙粒径也变粗，中值粒径增大到 0.017 mm，相应小于 0.025 mm 泥沙占总沙量百分数减小到 63%。随着淤积的不断发展，主流沟形成后，输沙力逐渐增大，出口含沙量和粒径也不断增大，如图中第 5 天出口泥沙变粗，d_{50} 增大至 0.022 mm，相应小于 0.025 mm 泥沙占总量的百分数减小至 55%。此时开始加叠梁门，当加放一层叠梁门后，出口含沙量急剧减小，排出水流挟带泥沙粒径随之变细，如图第 6 天，排出泥沙中值粒径减小到 0.012 mm。由此可见，淤区出口含沙量与级配可以通过抬高退水闸叠梁门进行控制，达到淤粗排细的目标。

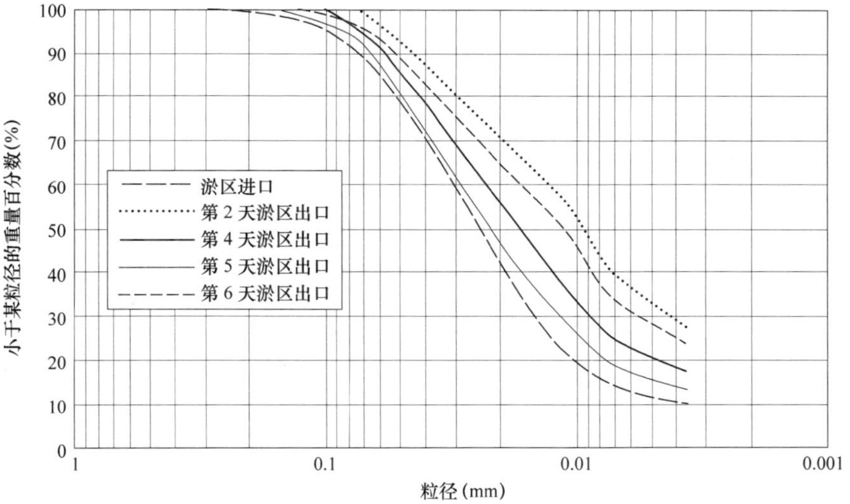

图 3-17　淤区进口与出口悬沙级配曲线

表 3-4　引沙与排出泥沙级配参数统计

项　目	引水闸引沙	淤区排出泥沙			
		第 2 天	第 4 天	第 5 天	第 6 天
中值粒径(mm)	0.025	0.009	0.017	0.022	0.012
粒径小于 0.025 mm 重量百分数(%)	50	75	63	55	71

试验结果表明，淤区运用初期，由于退水闸驼峰堰的设置，抬高了下游尾水位，淤区下段(6.2~8.6 km)水深大，流速小，排出水流挟带泥沙颗粒较细，相应排沙比也非常小，无法满足设计的淤粗排细要求，建议设计去掉驼峰堰。在该方案的试验过程中，叠梁门的加放是每层 4 孔同时增加抬高，4 孔同时加高后，退水闸闸前水位相应急剧升高 0.3 m，出口排沙比和出闸粒径也随之急剧变小和变细，影响淤粗排细的效果。

5. 淤积形态及淤积量

模型试验分别在放淤前和放淤后 3 d、24 d、32 d 停水对淤区 19 个断面进行了测量，并用断面法对淤积量进行了计算。图 3-18 绘出了一些典型断面淤积过程的套绘情况，图 3-19 和图 3-20 为放淤过程淤区纵向淤积形态变化图，图中沿程各断面淤积高程为断面平均高程。试验结果表明，淤区呈近似平行抬升的淤积形态，淤积后滩面上段比降较陡，为 5‱~6‱，下段比降因受退水闸驼峰堰壅水和叠梁门的抬升影响，较上段略缓，约为 3‱，平均淤积厚度为：上段薄，为 1~2 m；下段厚，为 2~3 m。

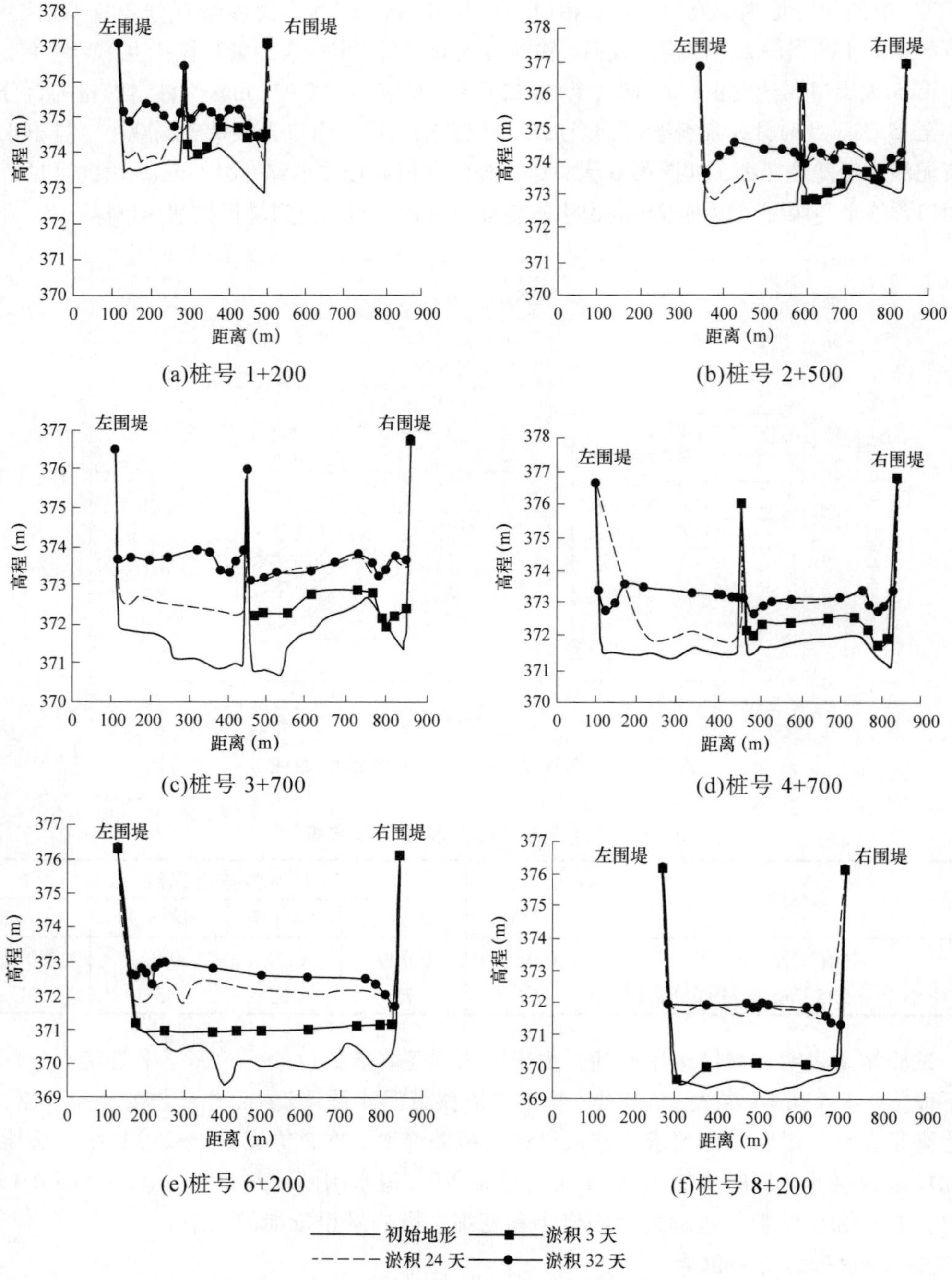

图 3-18　淤区典型断面冲淤变化图

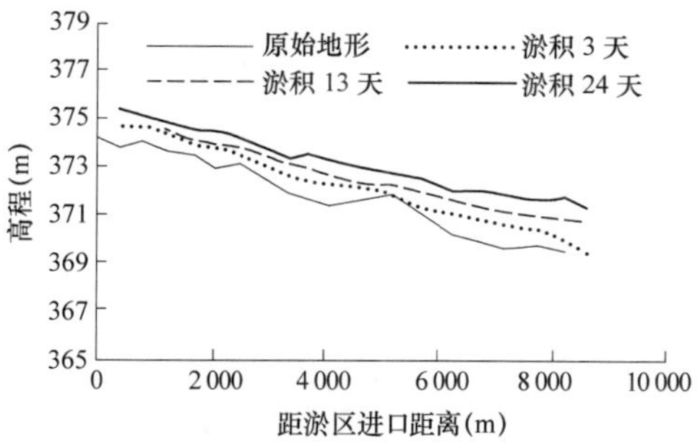

图 3-19　淤区右条渠淤积纵剖面图

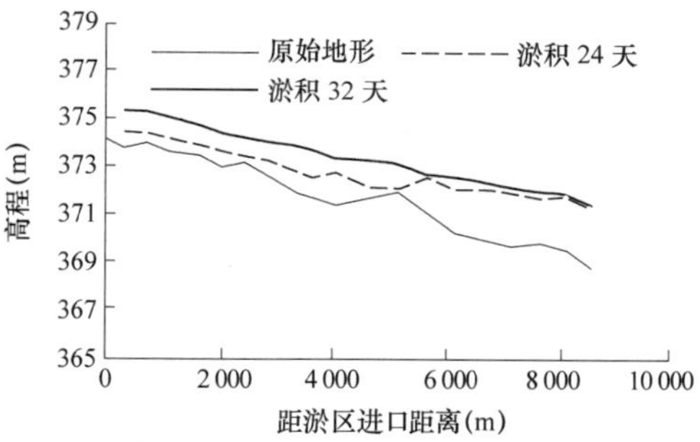

图 3-20　淤区左条渠淤积纵剖面图

从放淤时段上看，放淤结果表明，放淤初期，泥沙分别从淤区上段和淤区下段开始落淤，且下段落淤速度较快，如放淤前 3 天，35%的泥沙淤积在上段(0~5.2 km)；65%以上的泥沙淤在下段(5.7~8.6 km)。经过两个汛期，淤区共淤积泥沙 968 万 m^3，其中淤区上段(0~5.2 km)以上河段淤积量占总淤积量的 47%。

6. *淤区淤积物组成及放淤效果*

在试验过程中和淤积结束后，分别对沿程各段淤积物取样并进行颗粒分析，从淤积物中值粒径沿程变化图(见图 3-21)中可以看出，放淤初期(1~3 d)，淤区水流处于漫流状态，淤区淤积泥沙粒径滩槽粗细差别较小，受退水闸驼峰堰壅水影响，淤区下段淤积物粒径整体偏细。随着主流沟的形成，主槽流速较大，主槽淤积物粒径较滩地粗，并且随着上下游淤积面的不断抬升，较粗的泥沙逐渐向淤区下段输送，滩地和主槽的淤积物颗粒组成沿程变细的趋势不十分明显。就前 3 d 淤积物组成来看，淤区上段主槽淤积物 d_{50} 一般在 0.038~0.042 mm 之间，下段在 0.016~0.027 mm 之间；淤区上段滩地淤积物 d_{50} 一般在 0.032~0.038 mm 之间，下段在 0.013~0.022 mm 之间。就前 13 d 淤积物组成看，淤区上段主槽淤积物 d_{50} 一般在 0.047~0.05 mm 之间；滩地在 0.025~0.035 mm 之间。

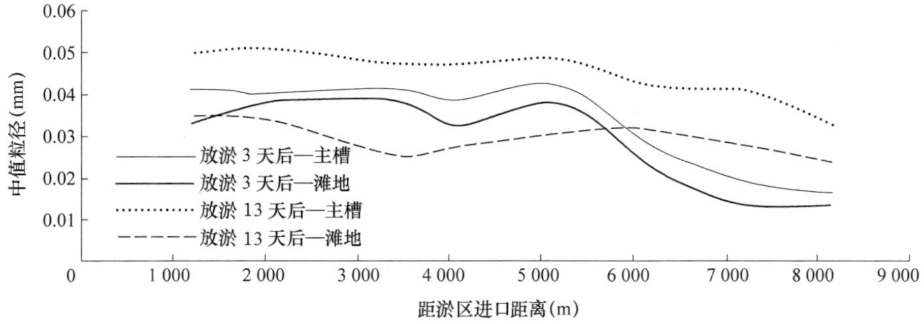

图 3-21　淤区淤积泥沙中值粒径沿程变化图

从淤积物中值粒径沿垂向分布看(见图 3-22)，上段变化较小，下段变化相对较大，下段淤积物中，表层泥沙明显较底层粗，原因是放淤初期淤区下段过水面积相对较大，流速相对较小，细颗粒泥沙淤积多，后期过水面积变小，流速增大，水流挟沙能力增强，使较多细颗粒泥沙排出淤区，在淤积物中出现表层粗的现象。图 3-23 为各断面淤积物中值粒径沿程横向分布，图中各断面曲线均为“V”字形，这与放淤过程中，主流沟靠近左右围堤或格堤行河几率多有关，由于主流沟内的流速较大，淤积物较滩地粗，即靠近左右围堤或格堤处较粗。

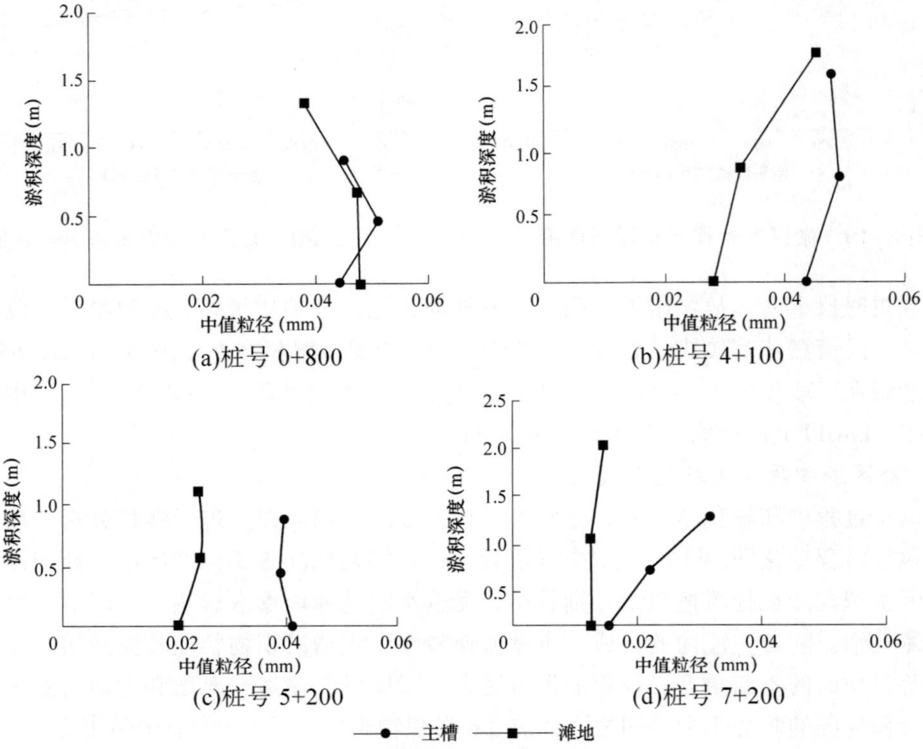

图 3-22　淤区各断面淤积物中值粒径沿垂向分布图

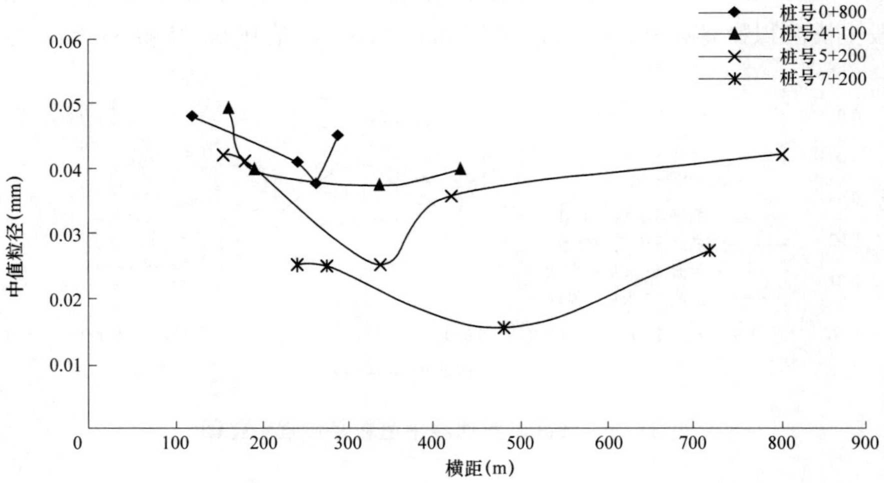

图 3-23　淤区淤积物中值粒径沿横向变化图

放淤闸设计典型年引沙级配中，粒径大于 0.05 mm 泥沙占总沙量的 20%，粒径大于 0.025 mm 泥沙占总沙量的 50%。从淤区主槽淤积物沿程垂线平均中值粒径分布图(见

图 3-24)中可以看出，在淤区上段(0~5.2 km)，主槽淤积物较粗，垂线平均中值粒径在0.03~0.05 mm 之间变化，其中粒径大于 0.025 mm 的泥沙沿程分别占总沙量 85%~59%，粒径大于 0.05 mm 的泥沙沿程分别占总沙量的 43%~23%。而淤区下段(6.2 km 以下)中值粒径在 0.018~0.023 mm 之间变化，大于 0.025 mm 的泥沙占总沙量 39%~47%，大于 0.05 mm 的泥沙占总沙量 14%~17%。淤区上段(0~5.2 km)，滩地淤积物垂线平均中值粒径在0.022~0.032 mm 之间(见图 3-25)，其中大于 0.025 mm 的泥沙沿程占 63%~45%，大于0.050 mm 的沿程占 25%~12%。而 6.2 km 以下区段淤积泥沙相对较细，中值粒径平均在0.014~0.018 mm 之间，其中大于 0.025 mm 的泥沙沿程占 36%~28%，大于 0.05 mm 不超过 10%，这与放淤初期退水闸驼峰堰壅水有关。

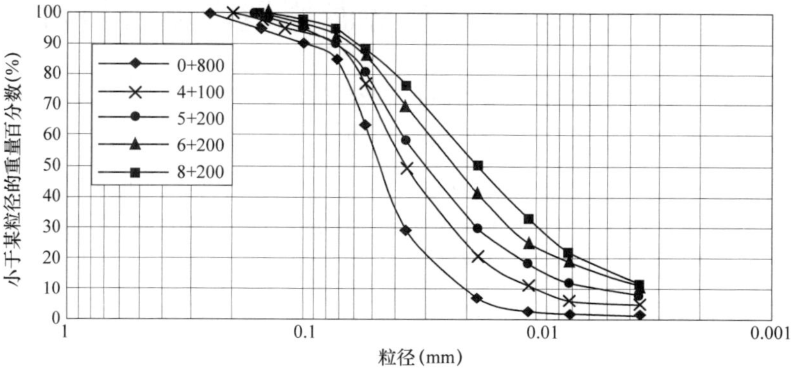

图 3-24 主槽淤积物平均颗粒级配沿程分布图

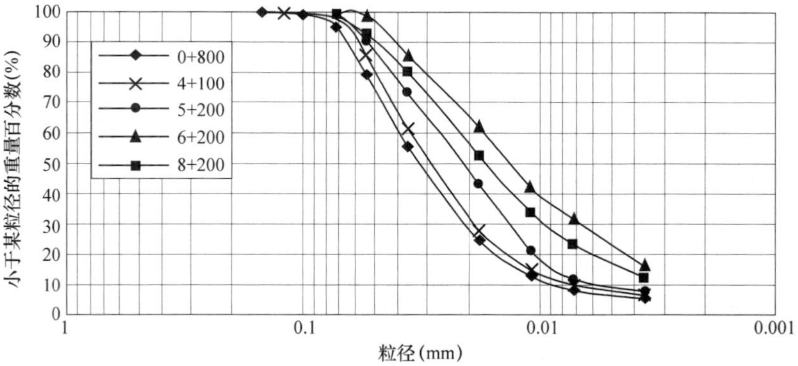

图 3-25 滩地淤积物平均颗粒级配沿程分布图

三、原设计方案试验小结

(1)原设计输沙渠比降为 3‱，比降相对较小，放淤过程中，输沙渠淤积，水位抬高，比降由原来的 3‱逐渐增大到 6‱左右。建议加大输沙渠比降。

(2)在输沙渠与淤区衔接处在放淤初始时存在一水面跌落，输沙渠将产生冲刷，建议采取有效的防护措施。

(3)淤区 0+000~5+200，原始地形较陡，比降为 5‱~6‱，5+200~5+400，原始地形骤降 1.2 m 左右，5+400~8+600 淤区原始地形较平坦，比降较缓，再加上退水闸驼峰堰的壅水，导致淤区水面比降上段陡、下段缓，不利于淤区下段初期的淤粗排细，建议去掉退水闸的驼峰堰。

(4)在原设计边界条件和试验水沙条件下，淤积物泥沙粒径沿程是上段粗、下段细；在横向分布呈现为主槽部位粗，滩地细；在垂向分布呈现为上段垂向变化较小，下段主槽部位变化相对较大，底层细表层粗。淤区上段(0~5.2 km)，淤积物泥沙中值粒径断面平均在 0.022~0.05 mm 之间，其中大于 0.025 mm 的泥沙沿程占 85%~59%，粒径大于 0.05 mm 泥沙沿程占 43%~23%。而 6.2 km 以下区段淤积泥沙相对较细，断面平均中值粒径在 0.014~0.018 mm 之间，其中大于 0.025 mm 的泥沙沿程占 36%~28%，大于 0.05 mm 沿程占 17%~3%，与淤粗排细的目标相差甚远，这与放淤初期退水闸驼峰堰壅水有关。

第四节　试验成果与十八户放淤原型观测资料对比分析

由于时间关系，连伯滩试验工程原设计方案模型未进行验证试验，为了检验模型设计和比尺选择的合理性和试验成果的可靠性，根据山东垦利县十八户放淤工程原型观测资料，结合连伯滩放淤工程淤区实体模型试验成果，对连伯滩放淤试验工程的“淤粗排细”放淤效果进行了对比分析。十八户放淤工程的目的是放淤改碱，促进农业生产；小北干流放淤工程目的是通过工程措施和科学调度达到淤粗排细的目标，减轻小浪底水库和下游河道粗泥沙淤积。虽然二者放淤的目的不同，但淤区内水沙运行规律、淤积形态以及淤积发展规律基本一致。

一、十八户放淤工程概况及放淤过程

(一)十八户放淤工程概况

十八户放淤区位于黄河河口垦利县的永丰河与黄河大堤之间，东西长 30 km，南北宽 13 km，属黄河三角洲滨海退海地区，加之海潮侵袭和海水碱影响，土地盐碱化严重，当地群众迫切希望引黄放淤，改善耕作条件。放淤工程于 1970 年汛前建成，工程建成后，1970 年、1974 年和 1975 年进行了 3 次放淤。3 次放淤水沙条件如表 3-5 所示。

表 3-5　十八户放淤工程历年放淤水沙条件

放淤年份	放淤时段(月-日)	放淤历时(d)	放淤期间大河流量(m^3/s)	引水流量(m^3/s)	引水含沙量(kg/m^3)	进闸悬沙粒径(mm)	放淤条渠
1970	08-04~08-18	15	2 180~3 610	15~201	11~95	d_{50}=0.023	第 1 条渠
	09-02~09-07	5	3 260~5 500	89~382	80~103		第 2 条渠
1974	08-06~08-07	1.1	2 600	26	83		第 3 条渠
	08-12~08-16	4	3 310	17~68	43~56		第 3 条渠
1975	07-27~08-15	16.3		160~355	37~105	d_{cp}=0.029 d_{50}=0.022	第 3 条渠

引黄闸位微弯河段的上端靠近黄河大溜处，闸前滩地相对狭窄，闸前引水渠约 500 m，设计引水放淤流量 300 m^3/s。淤区布置 4 条条渠，条渠上窄下宽。3 个大条渠内又设小纵向格堤，以利泥沙输送。十八户放淤平面布置如图 3-26 所示。

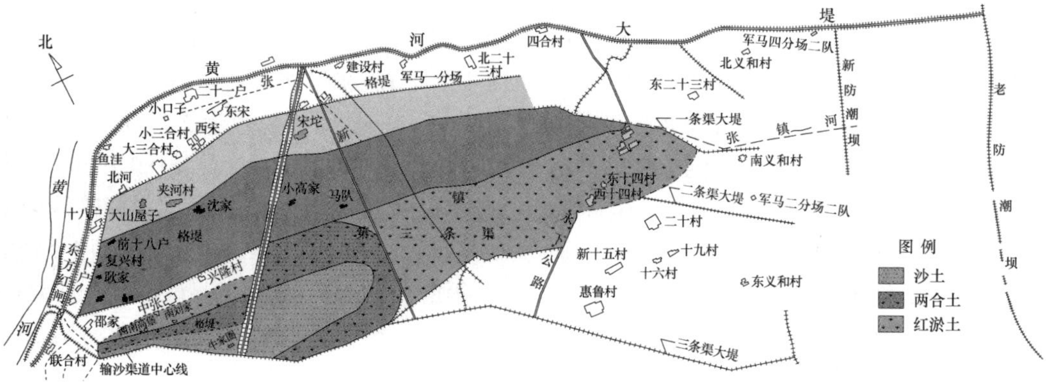

图 3-26　十八户引黄放淤工程布置及 1975 年放淤淤土分布图

(二)十八户引黄放淤工程输沙渠设计及运行

1974 年放淤时，闸前引渠较小，闸后未开挖输沙渠，闸后有一片高岗地阻水，引水闸只可以引水 20~60 m^3/s，从大河中引入的泥沙，绝大部分堆积在闸后 1.5 km 前的淤区，放淤 5~6 d 后，闸前引渠即告淤平，以至口门淤死，无法引水。

1975 年放淤时，接受 1974 年口门淤死的教训，在闸后高岗地开挖输沙渠，输沙渠长度为 3 500 m，输沙渠末端断面桩号 3+500。输沙渠设计底宽 80 m，渠底纵比降 2‱，糙率 n 取 0.014，输沙渠水深为 2 m 时的输水能力 275 m^3/s。

由于开挖了输沙渠，渠内流速较大，放淤时控制过闸流量，放淤平均流量在 200 m^3/s 以上，在整个放淤过程中，水流比较畅通，水沙不断向下游输送，避免了引水口门淤死，泥沙也可以输送到淤区末端，放淤获得成功。

放淤实践表明，引水闸后淤区地面较高时，需开挖输沙渠，输沙渠也需要具有较大输沙能力，将大河引入的泥沙输送到淤区。十八户引水闸为自流引水，引水闸运用上应控制过闸流量不宜过小，以避免引水口门不致淤死。放淤期间，对闸前引渠和输沙渠水流泥沙要素进行了观测，观测结果如表 3-6 所示。

表 3-6　闸前引水渠和闸后输沙渠水沙要素及冲刷情况

观测日期(月-日)	引水渠				输沙渠			
	观测断面桩号	实测流速(m/s)	实测含沙量(kg/m^3)	冲淤情况	观测断面桩号	实测流速(m/s)	实测含沙量(kg/m^3)	冲淤情况
07-31		1.54	56					
08-02		1.67	94	冲		2.25	115.5	冲
08-03		1.75		微冲		2.11	94.2	微冲
08-04		1.92	80	微冲		2.15	91.1	微冲
08-05		1.72	95	平衡		1.98	95.5	平衡
08-06(上午)	0–200	1.40	105	淤	2+400	2.09	84.5	淤
08-06(下午)		1.42	89.8	平衡		1.94	88.8	平衡
08-07		1.29	81.5	微淤		1.63	74.5	微淤
08-08		1.25	59.1	微冲		1.88	65.0	微冲
08-09		1.58	61.6	微淤		1.78	52.1	微淤

从 1975 年放淤期间实测资料来看，输沙渠引水流量为 160~355 m^3/s，含沙量为 52~115 kg/m^3，流速为 1.63~2.25 m/s，进闸粒径较细，平均粒径 d_{cp}=0.029 mm(d_{50}=0.022 mm)。输沙渠基本上可以保持不冲不淤的平衡状态。如 8 月 4 日(放淤第 7 天)，闸前 200 m 引渠断面，流速为 1.92 m/s，含沙量为 80 kg/m^3，闸后 2 400 m 输沙断面流速为 2.15 m/s，输沙渠含沙量由引水渠 80 kg/m^3 增加到 95.5 kg/m^3，相应悬沙平均粒径 d_{cp} 由引渠 0.029 mm 增大到 0.042 mm。引水渠和输沙渠处于微冲状态。8 月 6 日(放淤第 9 天)，引水渠和输沙渠流速分别为 1.42 m/s 和 1.94 m/s，含沙量分别为 89.8 kg/m^3 和 88.8 kg/m^3，悬沙平均粒径分别为 0.032 mm 和 0.034 mm，引水渠和输沙渠处于冲淤平衡状态。8 月 7 日(放淤第 10 天)，引水渠和输沙渠流速分别为 1.29 m/s 和 1.63 m/s，含沙量分别为 81.5 kg/m^3 和 74.5 kg/m^3，悬沙平均粒径分别为 0.037 mm 和 0.032 mm，引水渠和输沙渠处于微淤状态。十八户引渠和输沙渠实测水流和泥沙要素对小北干流连伯滩输沙渠设计，提供了可靠的依据。

(三)十八户引黄放淤工程淤区水沙运行规律

十八户引黄放淤工程淤区设计 3 个大的条渠轮换放淤，各条渠设计上窄下宽，第 2、3 条渠较窄，上段又设纵向格堤。1970 年和 1974 年 2 次放淤实测条渠的水流要素如表 3-7 所示。

从表 3-7 中看出，水流出闸进入淤区后，淤区宽度变化较大，由 509 m 逐渐展宽到 1 325 m，相应的流速、含沙量和悬沙中值粒径衰减也都比较明显。

表 3-7　淤沙条渠实测水流泥沙要素

观测日期(年-月-日)	放淤条渠	观测断面桩号	流量(m^3/s)	水面宽(m)	平均水深(m)	平均流速(m/s)	最大流速(m/s)	断面含沙量(kg/m^3)	悬沙中值粒径(mm)	说明
1970-08-09	第 1 条渠	2+000	144.9	509	0.54	0.53	1	66.5	0.015	含沙量系 8 月 10 日实测；悬沙中值粒径系 8 月 11 日实测
		8+450	209.2	1 325	0.94	0.17	0.63	25.9	0.006 7	
		20+000	164.4	2 434	0.79	0.09	0.24	0.2	＜0.005	
1974-08-14	第 3 条渠	3+000	42.63	395	0.37	0.29	0.577	17.6	＜0.005	
		3+000	50.42	396	0.464	0.27	0.574	23.3	＜0.005	

表 3-8 列出了历次放淤期间，淤沙条渠含沙量和悬沙粒径沿程衰减情况。含沙量和悬沙粒径沿程衰减情况与淤渠宽度、起始地面高程和淤积高程有关。如 1970 年 8 月 10 日(第 1 年第 1 次第 1 条渠放淤第 6 天)，淤渠 2+000、8+450 和 20+000 断面处水面宽度分别为 509 m、1 325 m 和 2 434 m。进闸(淤渠桩号 0+000)含沙量为 77.6 kg/m^3，悬沙中值粒径为 0.023 mm，放淤浑水流至 2+000 断面时，含沙量减小到 66.5 kg/m^3，悬沙中值粒径减小为 0.015 mm，也就是说进闸悬沙中只有 14%较粗泥沙落淤在闸后 2 km 渠段，因为该渠段在前 6 天淤积基础上断面流速相对较大，平均流速约 0.53 m/s，最大流速约 1.0 m/s，渠段含沙量衰减率为 5.6 kg/(m^3 · km)，放淤浑水流至淤渠 8+450 断面时，平均流速已减到 0.17 m/s，最大流速约 0.63 m/s，含沙量已减小到 25.9 kg/m^3，悬沙中值粒径已减小到 0.006 7 mm，进闸悬沙中的近 70%泥沙落淤。随着水流流程增加，含沙量逐渐

减小。淤渠下段受永下公路阻水影响，流速减小，断面平均流速仅为 0.09 m/s，最大流速为 0.24 m/s，悬沙中细颗粒也全部落淤。

表 3-8 淤沙条渠含沙量、悬沙中值粒径沿程衰减率及淤积率

观测日期(年-月-日)	放淤条渠	观测断面桩号	含沙量(kg/m^3)	悬沙中值粒径(mm)	淤积物中值粒径(mm)	沿程淤积率 $\frac{S_0-S_i}{S_0}$(%)	沿程渠段含沙量衰减率 $\frac{S_i-S_{i+1}}{L_i}$ (kg/(m³·km))
1970-08-10(第 1 次放淤第 6 天)	第 1 条渠	0+000(闸孔)	77.6	0.023	0.042 8		
		2+000	66.5	0.015	0.024 2	14.3	5.55
		4+500	49.1	0.011	0.019	36.7	6.96
		7+350	28.8	0.007	0.012 1	63.0	7.12
		8+350	25.9	0.006 7	0.008 6	66.6	2.9
		10+700	24.8	0.009	0.006 7	68.0	0.47
		13+700	11.0	0.007	0.005 5	85.6	4.6
		17+200	0.2	0.005		99.7	3.09
1970-09-04(第 2 次放淤第 2 天)	第 2 条渠	0+000(闸孔)	101.2				
		2+000	73.1			28.8	14.05
		7+000	49.5			51.1	4.72
		11+500	16.2			84.4	7.4
		16+500	9.15			91.1	1.41
		17+000	5.22			95.0	7.86
1975-08-04(放淤第 7 天)	第 3 条渠	2+400(输沙渠)	91.1	0.042			
		6+500	109			–19.6	–5.97
		12+500	43	0.017		52.8	11.1
1975-08-06(放淤第 9 天)	第 3 条渠	2+400(输沙渠)	84.5	0.034			
		6+500	109	0.037		–29.0	–8.17
		12+500	23.1	0.012		72.7	14.32
1975-08-07(放淤第 10 天)	第 3 条渠	2+400(输沙渠)	74.5	0.032			
		6+500	66.2	0.023		11	2.77
		19+500	10.47			85.9	2.53
		21+500	6.42			91.4	2.03
1975-08-13(放淤第 15 天)	第 3 条渠	1+300(输沙渠)	39.8				
		6+500	20.8			47.7	6.33
		12+500	11.9			70.1	1.48

二、放淤工程输沙渠设计和运行情况对比分析

小北干流连伯滩和河口十八户两放淤工程河段汛期多年平均水沙特征如表 3-9 所示。小

北干流连伯滩和十八户放淤工程输沙渠设计规模见表 3-10。

表 3-9　连伯滩和十八户放淤工程河段汛期多年平均水沙特征值

工程名称	汛期平均流量(m^3/s)	汛期平均含沙量(kg/m^3)	汛期悬沙平均中值粒径(mm)	汛期床沙中值粒径(mm)	大河河道比降(‱)	说明
连伯滩	1 697	48	0.033	0.245	5	1950~1984 年龙门站资料
十八户	2 424	35	0.021	0.060	1	1950~1984 年利津站资料

表 3-10　连伯滩和十八户放淤工程输沙渠设计值

工程名称	设计流量(m^3/s)	设计流速(m/s)	渠底宽(m)	边坡	渠道糙率	渠底纵比降(‱)	渠道长度(m)
连伯滩	67	1.2	34	1:2.5	0.017	3	2 500
十八户	200	1.44	80	1:3	0.014	2	3 500

从表 3-9 对比可以看出，两工程所处河段，河道特征差别很大，小北干流汛期悬沙粒径和床沙粒径较粗，大河比降相应也比较陡。河口河段汛期悬沙粒径和床沙粒径都比较细，大河比降也比较缓。由表 3-10 两放淤工程输沙渠设计值对比分析，连伯滩输沙渠设计比降偏小，输沙渠可能发生淤积，表 3-11 列出了十八户输沙渠原型观测资料和连伯滩输沙渠原设计方案实体模型观测成果，也对其有所证实，参考十八户原型放淤资料和小北干流放淤模型试验成果，小北干流连伯滩放淤试验工程实施方案设计中，输沙渠比降加大至 4‱~5‱。

表 3-11　十八户与连伯滩输沙渠水力要素及冲淤状况

工程名称	流量范围(m^3/s)	含沙量范围(kg/m^3)	流速范围(m/s)	悬沙中值粒径(mm)	放淤结束纵比降(‱)	输沙渠冲淤状态
十八户	160~355	52~115	1.63~2.25	0.023(1974 年)	2.0	微冲微淤平衡状态
连伯滩	58~99	53~328	起始 1.2~2.7 结束 1.3~3.0	0.025(1998 年)	起始：3.0 结束：5.5	初始：淤积 结束：微冲微淤平衡状态

三、两放淤工程淤沙条渠水沙运行规律对比分析

淤沙条渠水沙运行规律，主要决定于条渠布置型式和淤前的初始地形。连伯滩第 1 期原设计条渠布置型式和初始地形与十八户 1975 年第 3 条渠布置型式和初始地形都比较相

似，因此淤沙条渠水沙运行规律也基本一致。

两工程条渠上段原地形纵比降较陡，在放淤初期，水流在全断面上漫流，随着淤积发展，出现滩面，水流分为几股；随着淤积面进一步淤积抬升，形成明显的主流沟，十八户放淤工程中，按当地群众描绘这种现象的说法是：水会自己慢慢地“收拢”。水流为了适应上游来水来沙，自己塑造成主流沟，沟内水流流速较大，有很大的挟沙能力。主流沟能将上游来的大量泥沙输送到下游，更确切地说，主流沟是水流自己塑造的输沙能力很强的输沙槽。十八户淤渠内输沙槽宽约 150 m，深 2.5 m；连伯滩淤渠内输沙槽尺寸要小一些，宽约 65 m，深平均约 0.7 m，槽内最大流速超过 1.5 m/s。输沙槽在向下游输送大量泥沙过程中，自己也不断淤积抬高，两侧滩唇也在不断抬升，滩面横比降也随之增大。上游来流流量变化不大时，输沙槽也相对比较稳定。放淤结束时，淤渠上段滩面淤积比降接近平衡稳定状态，小北干流连伯滩进闸悬沙中值粒径为 0.025 mm，淤积平衡比降约为 4.8‱；十八户进闸悬沙中值粒径为 0.023 mm，淤积平衡比降约为 4.4‱。

两放淤工程淤渠下段，原始地形纵比降较缓，加之连伯滩下段受退水闸驼峰堰壅水影响，十八户下段受下游一片高地阻水影响，淤渠下段淤积比降相对平缓，尤其十八户放淤时间较短，淤渠下段淤积还未充分发展，淤积比降更缓。

从两放淤工程淤渠水沙运行观测和沿程淤积物颗分表明，淤渠纵向淤积发展，随放淤时间的推移，由上游向下游发展，放淤初期大量泥沙淤积在上段，随着输沙槽的形成，大量泥沙向下游输送，上段泥沙淤积强度减小，中、下段淤积强度增大，泥沙淤积部位逐渐向中、下段推移。

四、两放淤工程淤渠淤积形态对比分析

从上面的对比分析知道，两放淤工程淤渠布置型式、初始地形条件和淤渠水沙运行规律都非常相似，因此两淤渠淤积形态也比较相似。淤渠纵向淤积形态，与输沙渠进入淤渠水沙条件(流量、含沙量、悬沙粒径粗细)和初始原地形条件(条渠宽度、纵向坡度、阻水建筑物)密切相关。在放淤过程中，水流为了适应上游来水来沙，随时都在调整其纵比降。表 3-12 给出两放淤工程在放淤过程中纵向淤积比降的变化，图 3-27 为十八户放淤工程淤渠淤积纵剖面图。

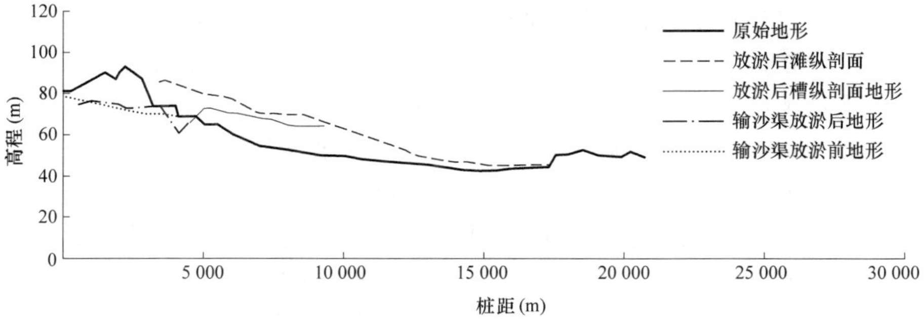

图 3-27 十八户放淤 1975 年第三条渠淤积纵剖面图

表 3-12　连伯滩与十八户淤渠淤积纵比降变化对比

工程名称		连伯滩原设计方案试验值		十八户原型观测值	
观测时段		初始	放淤 24 d	初始	放淤 17 d
淤渠纵比降(‱)	上段	5.8	5.5	3.3	3.9
	下段	1.0	3.2	0.04	1.6

对比图 3-19 和图 3-27，以及由表 3-12 可以看出两放淤工程在放淤过程中，条渠纵横剖面淤积形态及其演变过程。放淤初期，淤区上段很快形成输沙槽，滩槽比较明显，输沙槽在向下游大量输送泥沙的过程中，自己也不断淤积抬升，滩唇抬升明显，随输沙槽和滩唇的淤积抬升，滩面横比降也逐渐增加，输沙槽成为淤渠内的小“悬河”。淤渠纵向淤积发展是由上游向下游发展，放淤过程中，淤渠纵向剖面，近似平行抬升发展，从连伯滩放淤过程纵剖面资料中可以看到这种淤积发展规律表现得非常明显。十八户放淤过程中无纵剖面观测资料，但从放淤结束后的纵剖面图中也可判断出这种淤积发展规律。

五、小北干流连伯滩试验工程淤粗排细放淤效果分析

十八户引黄放淤工程的主要任务是改变淤区土地盐碱化日益严重的局面，改善淤区耕作条件，提高农业产量。小北干流放淤试验工程的目标是淤粗排细，主要拦减黄河粗泥沙，将上游来的粗泥沙拦截在淤区，对下游河道淤积危害不大的冲泻质排回大河，充分有效利用淤区淤沙库容，小北干流放淤试验工程淤区出口设有退水闸，通过控制退水闸叠梁门高度实现淤粗排细的目标。

十八户放淤工程 1970 年放淤观测资料表明，放淤第 6 天，闸后 2+000 断面处，淤沙条渠宽 509 m，淤渠平均流速 0.53 m/s，最大流速 1.0 m/s，含沙量由进闸时的 77.6 kg/m^3，减小到 66.5 kg/m^3，悬沙中值粒径由进闸时 0.023 mm，减小到 0.015 mm，淤沙中值粒径由闸后 0.042 8 mm，减小到 0.024 2 mm，也就是说在闸后 2 km 范围内，中粗沙全部落淤。淤渠末端 17+200 断面处，含沙量已减小到 0.2 kg/m^3，进闸泥沙全部落淤在条渠。十八户放淤工程经过 1970 年、1974 年和 1975 年 3 次放淤，基本达到放淤改碱效果，促进了淤区农业生产。

连伯滩原设计方案模型试验观测，淤沙条渠内形成稳定的输沙槽后，输沙槽平均流速为 1~1.5 m/s，淤积在淤区上段输沙槽内的泥沙中值粒径为 0.03~0.05 mm，滩面上的泥沙中值粒径为 0.020~0.035 mm。输沙槽没有形成前，主流区流速为 0.8 m/s 左右时，淤积在淤区上段的泥沙中值粒径为 0.030~0.040 mm。

连伯滩原设计方案，退水闸闸室内设有驼峰堰，放淤初期淤渠下段(6+200~8+600)明显壅水，水面比降小于 1‱，淤区水深 1.5~2.0 m，主流区流速 0.2~0.4 m/s，退水闸排沙比不超过 2%，大量细泥沙落淤在淤渠下段，淤粗排细效果差。经过前 5 d 大含沙量水流的淤积，淤渠下段淤积比较快，退水闸排沙比很快达 40%，第 5 天后开始利用退水闸叠梁门控制出闸排沙比，实现淤粗排细目标。放淤结束淤渠淤积物颗分结果表明，淤渠上段粒径大于 0.025 mm 泥沙占全部淤沙总沙量的 72%，粒径大于 0.05 mm 泥沙占总沙

量的 33%，该段淤粗排细的放淤效果较好；淤区下段粒径大于 0.025 mm 泥沙占总沙量约 37%，粒径大于 0.05 mm 泥沙占总沙量的 10%，该段淤粗排细的放淤效果相对较差，这与放淤初期退水闸驼峰堰的壅水有关。根据原设计方案试验结果，在实施方案设计中将退水闸驼峰堰去掉，同时，在放淤条渠布置上增加纵、横格堤，对淤粗排细放淤效果更为有利。

第五节　结　语

通过与十八户原型放淤资料对比分析，连伯滩放淤试验工程模型设计是正确的，所选用水流和泥沙要素比尺是适宜的，预报试验成果基本能反映原型水流泥沙运动规律和特征。

第四章　连伯滩放淤试验工程实施方案试验研究

第一节　实施方案工程概况及模型平面布置

为了实现淤粗排细的目的，经过黄委主任办公会多次商讨，对试验工程原设计方案进行了优化修改，即在输沙渠中增设两个不同弯曲半径的弯道，利用弯道环流特性通过凹岸表层溢流堰分选出表层细泥沙，退回原河道，以实现“淤粗沙，排细沙”的目的，相应输沙渠道的设计参数也做适当调整，渠底宽度由 34 m 减小到 20 m，渠道坡度由 3‱增大至 4‱(第 1 个弯道以上)和 5‱(第 1 个弯道以下)。第 1 个弯道曲率半径为 110 m，为渠宽的 4 倍，表层溢流堰宽度 19.86 m。第 2 个弯道曲率半径为 66 m，为渠宽的 2.5 倍，表层溢流宽度 20.01 m。两个溢流堰溢出的表层水流，由退水渠退回大河。该方案同原方案相比，取消退水闸的驼峰堰，闸底板高程降为 368.30 m。并在淤区内设置一纵一横格堤，纵格堤由原设计方案 5.1 km 加长至 8.6 km，左条渠 4.4 km 处加设横格堤，将淤区分成 3 个区：Ⅰ区包括左条渠 0~4.4 km；Ⅱ区包括右条渠 0~8.6 km；Ⅲ区包括左条渠 4.4~8.6 km 及退水渠。设计放淤顺序为Ⅰ、Ⅱ、Ⅲ区。淤区布置及模型平面图详见图 4-1、图 4-2 和图 4-3。

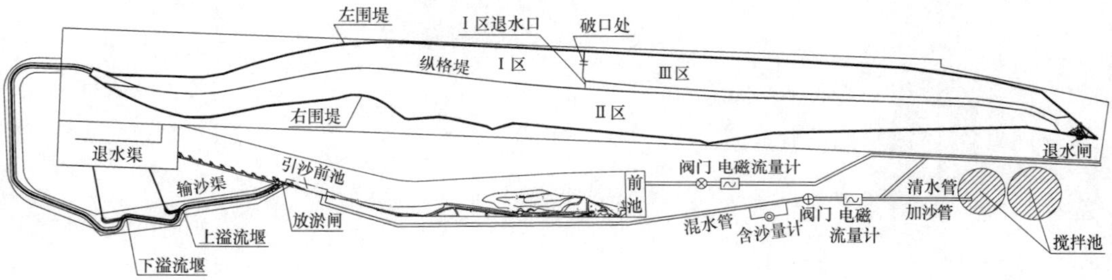

图 4-1　模型平面布置图

图 4-2　淤区模型全景

图 4-3　输沙渠及弯道溢流堰模型全景

第二节　实施方案预报试验水沙条件及试验概况

一、水沙条件

引入放淤闸的水沙条件仍采用设计典型年(1998 年)水沙过程。由于放淤闸下游消力池及输沙渠尺寸做了局部调整，放淤闸引水流量较原方案略有增加，对应含沙量与原设计相同。由于输沙渠上有两个曲率不同的弯道，两个弯道内设有两个溢流堰，在放淤过程中，溢流堰要将输沙渠渠道内的表层水流溢流出一部分，所以设计的进入淤区的水沙条件有所不同：水沙量有所减少，含沙量及悬沙粒径将有所增大，如表 4-1 所示。模型试验进入放淤闸的悬沙颗粒级配仍然按照如图 3-5 设计典型年引沙平均颗粒级配组成配制，悬沙中值粒径 0.025 mm。

表 4-1　1998 年典型年引水引沙过程及弯道溢流堰分水分沙后水沙过程

序号	日期(月-日)	连伯滩引水引沙过程		进入淤区的水沙过程	
		流量(m^3/s)	含沙量(kg/m^3)	流量(m^3/s)	含沙量(kg/m^3)
1(17)	07-06	63	137	49.4	148.6
2(18)	07-07	63	205.9	49.6	225.4
3(19)	07-13	101	284.1	77.6	310.8
4(20)	07-14	93	327.7	71.3	361.8
5(21)	07-15	73	159.8	55.4	173.4
6(22)	07-16	74	92.1	55.7	99.5
7(23)	07-17	66	88.9	51	95.2
8(24)	07-18	65	50.6	50.6	54.4
9(25)	07-02	63	52.5	49.5	55.8
10(26)	07-21	67	54	51.4	57.9
11(27)	07-22	64	58.5	49.9	62.2
12(28)	08-02	68	65.1	51.9	70
13(29)	08-03	68	56.2	52.1	60.2
14(30)	08-24	86	170.2	65	182.9
15(31)	08-25	75	221.3	56.9	240.7
16(32)	08-26	68	61.8	52	66.4
平均		72	142.4	55.6	152.7

实体模型试验按设计典型年水沙过程(1998 年)重复施放，共计 37 d。日平均流量为 63~101 m^3/s，日平均含沙量 51~328 kg/m^3。

二、地形条件及放淤顺序

输沙渠初始地形按照设计修改后的平面布置、比降及断面尺寸进行制作。溢流堰和堰后退水渠按设计图用水泥砂浆粉制，退水渠后设有量水槽量测流量。淤区的初始地形仍然按照 2003 年汛前地形，塑制成定床。

该方案取消退水闸的驼峰堰，闸底板高程降为 368.30 m。淤区纵格堤由 5.1 km 加长至 8.6 km，左条渠 4.4 km 处加设横格堤，将淤区分成 3 个区：Ⅰ区包括左条渠 0~4.4 km；Ⅱ区包括右条渠 0~8.6 km；Ⅲ区包括左条渠 4.4~8.6 km 及退水渠，详见图 4-1。设计放淤顺序为Ⅰ、Ⅱ、Ⅲ区。

三、弯道溢流堰分流控制

弯道上下溢流堰分流原型设计原则是控制堰上水深，使其为输沙渠道水深的 0.3 倍，即通过在堰顶摆放不同层数的预制混凝土块(每块厚 0.06 m)来满足堰上水深的要求。

模型是按照设计的分流比(上溢流堰平均分流 14%，下溢流堰平均分流 12%)来控制分流流量的。

四、退水口门及退水闸运用方式和调度原则

Ⅰ区的淤粗排细效果是通过控制横格堤处退水口堰高来实现的，原型上是通过加高编织袋的方式控制口门处含沙量和泥沙颗粒级配的；而Ⅱ区和Ⅲ区的淤粗排细效果是通过退水闸叠梁门加高与降低操作来实现的。

模型放淤试验过程中，退水口门编织袋和退水闸叠梁门的控制条件为：当淤区排沙比(即出口含沙量与进口含沙量之比)达到 30%~50%时，开始加高编织袋和叠梁门。

五、试验概况

在模型上Ⅰ区水沙运行控制是通过抬高 4.4 km 处口门的堰高来实现的，原型上是通过加高编织袋来控制口门前水位的。模型放淤试验过程中根据排沙比(30%~50%)分层(每层 0.2 m)模拟加高。模型上Ⅰ区共放淤 5 d，Ⅰ区放淤第 2 天排沙比已达到 40%，在退水口门处开始堆放编织袋，逐步抬高口门水位，模型上共加 10 层，约 2 m 厚。当Ⅰ区淤满使输沙渠末端水位超出设计正常水位 0.5 m 时，开始轮换至Ⅱ区放淤。模型上经过 5 d 放淤Ⅰ区淤满后，从第 6 天开始破口放淤Ⅱ区，在Ⅱ区进口与出口纵格堤破口前，试验将退水闸前Ⅲ区和退水渠出口围堵，以防Ⅱ区放淤水流以异重流的形式倒灌，淤积Ⅲ区下段。Ⅱ区共放淤 17 d(水沙系列的第 6~22 天)，该区放淤 2 d 后，退水闸排沙比达到 40%，开始加叠梁门，模型上隔孔加叠梁门，即每次加 2 孔，4 孔加平后，再加上一层。Ⅱ区放淤结束时，叠梁门共加高 3.9 m。模型试验从第 23 天开始轮换到放淤Ⅲ区，在Ⅲ区放淤前，将Ⅱ区进口封堵，并在横格堤中部破口过流，口门宽约 50 m，同时将退水闸叠梁门全部取出。该区共放淤 15 d(水沙系列的第 23~37 天)，该区放淤第 3 天，排沙比达到 40%，开始加叠梁门，叠梁门的操作与Ⅱ区一致，共加高叠梁门 4.5 m。

第三节 实施方案试验成果

一、输沙渠冲淤及弯道溢流堰分沙效果

(一)输沙渠冲淤变化

试验结果表明，在设计的水沙条件下，输沙渠的冲淤主要与淤区进口水位变化以及溢流堰的分流比有关。在放淤初期(如放水前 3 天流量 63~101 m^3/s，含沙量 137~327 kg/m^3)，由于淤区进口水位影响，输沙渠下段水面线为降水曲线，渠内水流流速相对较大，此时渠道基本不淤。随着淤区进口淤积面的抬高，渠道下段水面线由最初的降水曲线转变成壅水曲线，如图 4-4 所示。当Ⅰ区淤至设计高程时轮换到淤Ⅱ区时，输沙渠水面线又恢复至放淤初期的降落曲线，输沙渠内由淤积变为冲刷。随着Ⅱ区淤积面的抬升，渠道内又开始产生淤积。总之，在整个放淤过程中，输沙渠有冲有淤，输沙渠的冲淤与输沙渠来水来沙、输沙渠末端水面衔接曲线和淤区淤积状况密切相关。

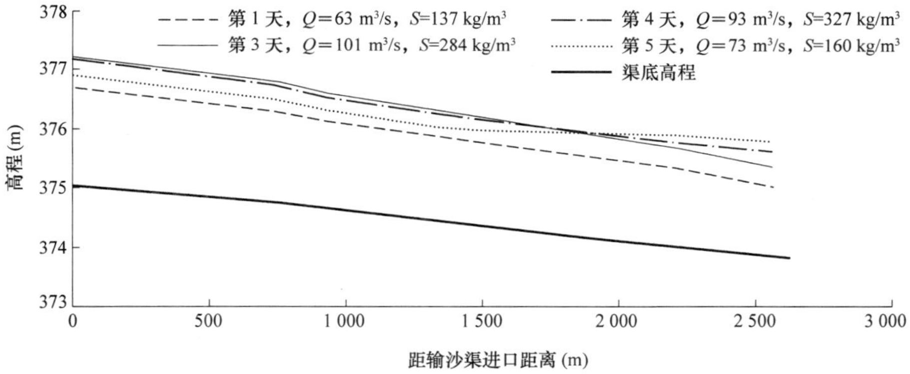

图 4-4 输沙渠沿程水面线分布图

(二)输沙渠弯道溢流堰分沙效果

1. 弯道内水沙运行规律

试验分别对两个不同曲率半径弯道水沙要素进行了观测，弯道内流速统计于表 4-2，从表 4-2 中可以看出，两个弯道垂线平均流速凹岸均大于凸岸；由于上弯道溢流堰的分流作用，进入下弯道的流速有所减小。图 4-5 和图 4-6 分别为上下两个弯道凸凹岸含沙量沿垂线分布(30 d 平均值)。由图可见，在弯道环流作用下，弯道横向输沙不平衡，弯道凸岸含沙量均大于凹岸含沙量，从含沙量垂线分布看，凹凸两岸均表现为底层大，表层小，凹岸垂线分布相对均匀。比较图 4-7 和图 4-8 可知，由于上弯道溢流堰分出水流含沙量较少，使得下弯道断面水流平均含沙量略大于上弯道断面。图 4-7 和图 4-8 分别为上下两个弯道凹凸岸泥沙级配分布情况。从悬沙颗粒组成分布看，两个弯道中，凹岸的悬沙组成均比凸岸要细。上弯道悬沙级配中，凹岸中值粒径约为 0.018 mm，小于 0.025 mm 的泥沙占 60%；凸岸中值粒径约为 0.024 mm，小于 0.025 mm 的泥沙占 51%，而下

弯道中，凹岸中值粒径约为 0.02 mm，小于 0.025 mm 的泥沙占 58%；凸岸中值粒径约为 0.026 mm，小于 0.025 mm 的泥沙占 48%。上下弯道相比，上弯道溢流堰撤出的泥沙较细，所以下弯道悬沙粒径略粗于上弯道中悬沙组成。

表 4-2　上下弯道断面垂线平均流速统计　(单位：m/s)

日期 (年-月-日)	淤区放淤 历时(d)	流量 (m^3/s)	含沙量 (kg/m^3)	断面 位置	左 (凸岸)	中	右 (凹岸)
1998-07-17	23	66	88.9	上弯道	1.38	1.82	2.02
				下弯道	0.84	1.45	1.23
1998-07-18	24	65	50.6	上弯道	1.35	1.66	1.49
				下弯道	0.51	0.82	1.18
1998-07-20	25	63	52.5	上弯道	1.07	1.4	1.37
				下弯道	0.75	1.24	1.27
1998-07-21	26	67	54	上弯道	1.25	1.65	1.81
				下弯道	0.64	1.34	1.24
1998-08-02	28	68	65.1	上弯道	1.1	1.91	2.01
				下弯道	0.89	1.74	1.71
1998-08-24	30	86	170.2	上弯道	1.97	2.58	2.33
				下弯道	1.11	2.09	2.01
1998-08-25	31	75	221.3	上弯道	1.52	2.18	2.04
				下弯道	0.87	1.68	1.57
1998-08-26	32	68	61.8	上弯道	1.33	1.54	1.59
				下弯道	0.64	1.39	1.18

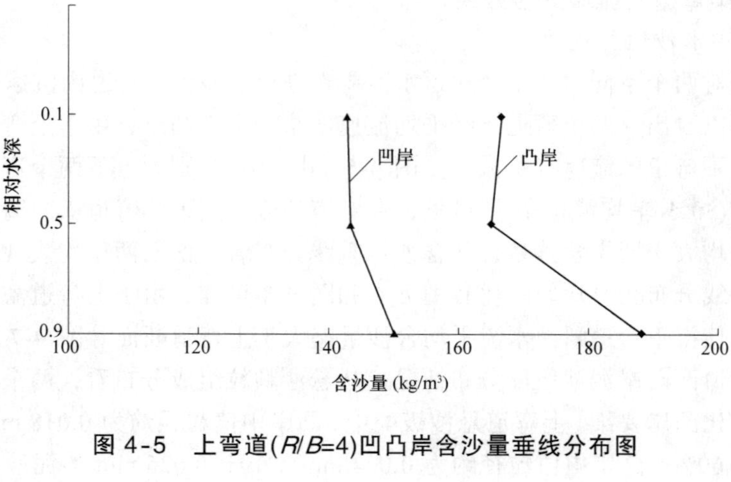

图 4-5　上弯道(R/B=4)凹凸岸含沙量垂线分布图

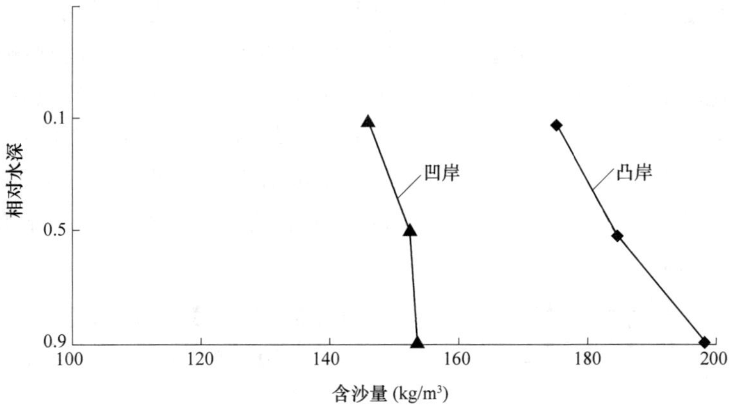

图 4-6　下弯道(*R*/*B*=2.5)凹凸岸含沙量垂线分布图

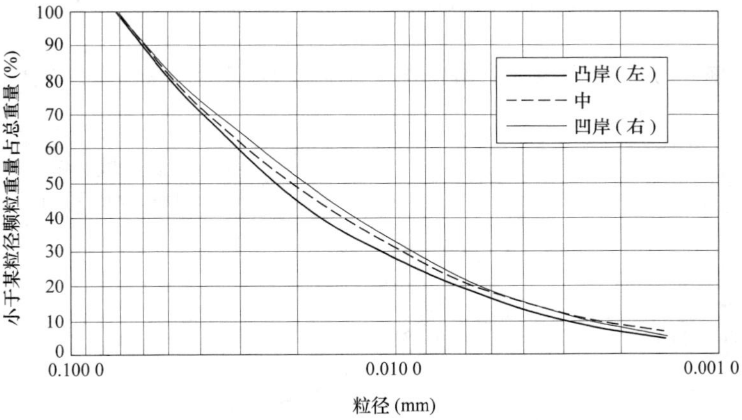

图 4-7　上弯道断面凹凸岸悬移质泥沙级配分布

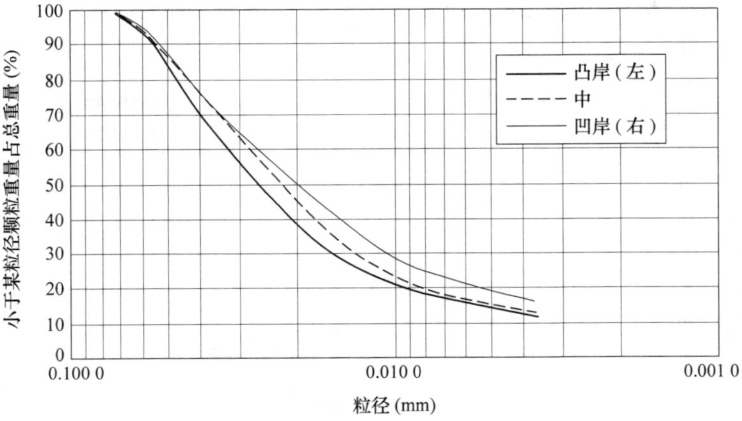

图 4-8　下弯道断面凹凸岸悬移质泥沙级配分布

2. 弯道溢流堰分沙效果

试验分别对溢流堰分出的水流含沙量以及泥沙颗粒级配进行了观测，图 4-9 为上、下溢流堰分流含沙量与分流前渠道断面平均含沙量的关系图，含沙量观测受精度限制，试验观测点据比较分散。但由图 4-9 上仍可看出明显趋势，在弯道环流作用下，弯道凹岸溢流堰表层分出水流含沙量小于渠道水流断面平均含沙量，分流含沙量较渠道含沙量平均小 10%左右。图 4-10、图 4-11 分别为上、下溢流堰分流悬沙与分流前渠道水流中悬沙的颗粒级配。由图中可以看出分出水流的悬沙粒径也略细于输沙渠内水流的悬沙组成。

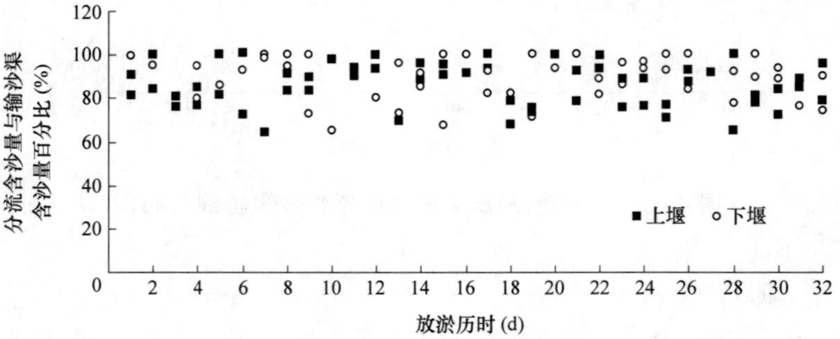

图 4-9 上、下溢流堰分流含沙量与渠道断面平均含沙量关系图

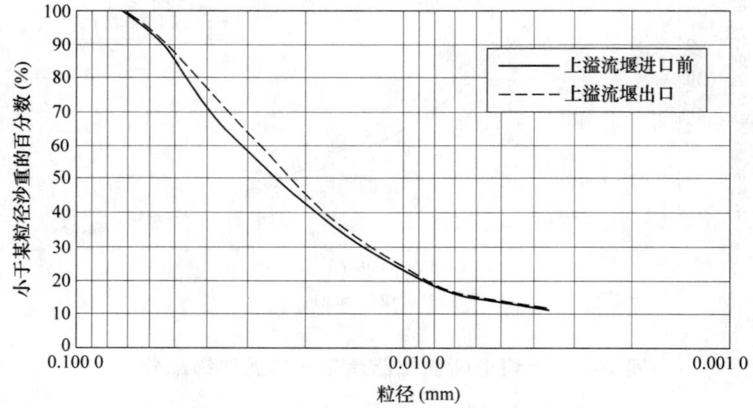

图 4-10 上溢流堰分流前与分出水流悬沙颗粒级配

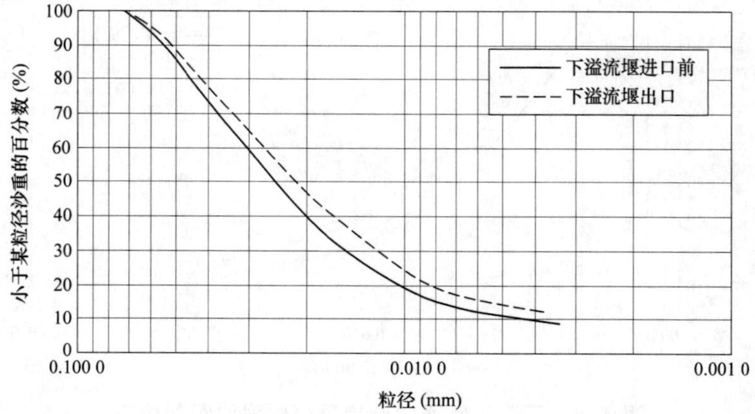

图 4-11 下溢流堰分流前与分出水流悬沙颗粒级配

二、淤区水流泥沙运行规律及放淤效果

(一)淤区水流泥沙运行规律

1. 淤区水面比降和流速变化

Ⅰ区淤积过程中，水面线变化如图 4-12 所示。从图中可以看出，第 1 天水面线受淤区初始地形影响，在 0+000~1+200 段水面较缓，水面平均比降为 3.52‱；随着淤积厚度的增加，该区段水位很快抬升，如图中第 2 天与第 1 天相比，流量都是 63 m^3/s，退水口门处水位一致，但进口水位却抬升了 0.7 m，水面平均比降增大至 5.27‱；至第 3 天水面纵比降仍然较大，随着退水口门的抬高，横格堤处水位抬升，水面比降也随之调整；至第 5 天，随着口门水位抬升，水面比降降至 3.7‱。

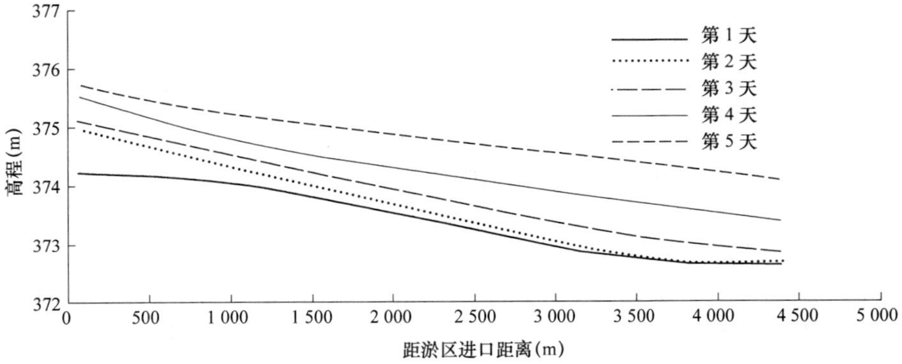

图 4-12　Ⅰ区沿程水面线历时变化图

Ⅱ区淤积过程中，水面线变化如图 4-13 所示。从图中可以看出，该区在淤积过程中，淤区水面比降上段陡、下段缓。随着退水闸叠梁门加高，退水闸闸前水位由 370.05 m 升至 373.31 m，水面纵比降逐渐变缓，平均比降由初始 5.2‱减小至 3.2‱。

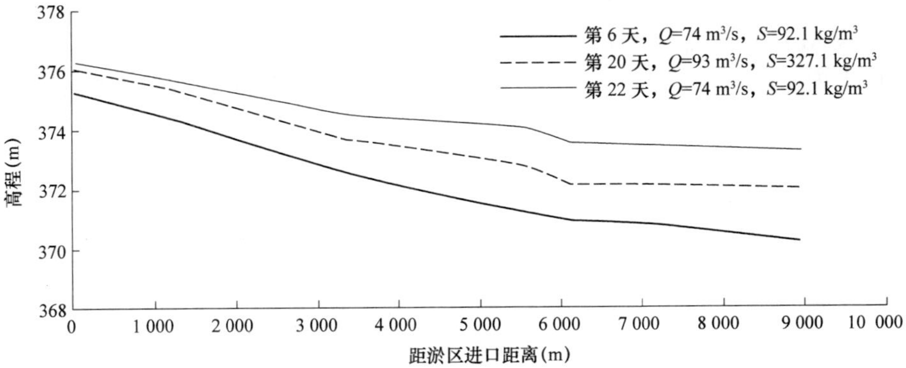

图 4-13　Ⅱ区沿程水面线历时变化图

Ⅲ区放淤初始，水流经过Ⅰ区进入Ⅲ区，在横格堤破口处水位突然降低，水位差约 0.8 m，水位差的存在使Ⅰ区产生溯源冲刷，且不断向上发展，直至淤区进口，使Ⅰ区内形成一条主流深槽，溯源冲刷将Ⅰ区淤积的一部分泥沙带至Ⅲ区。图 4-14 为淤积过程中

水面线变化图，从图中可以看出，放淤初始如图中第 24 天水面线，上段 0~4.4 km(即Ⅰ区段内)水面平均比降较陡约为 8.9‱，下段较缓水面平均比降为 3.4‱；第 28 天，溯源冲刷发展至淤区进口，淤区上段水面比降降至 6.5‱。随着Ⅲ区淤积面的不断抬升，0~4.4 km 区段内水面比降变缓，该段由冲刷又变为淤积，最终上段水面比降稳定在 5.3‱左右，下段水面随着退水闸叠梁门的抬升，比降变缓。

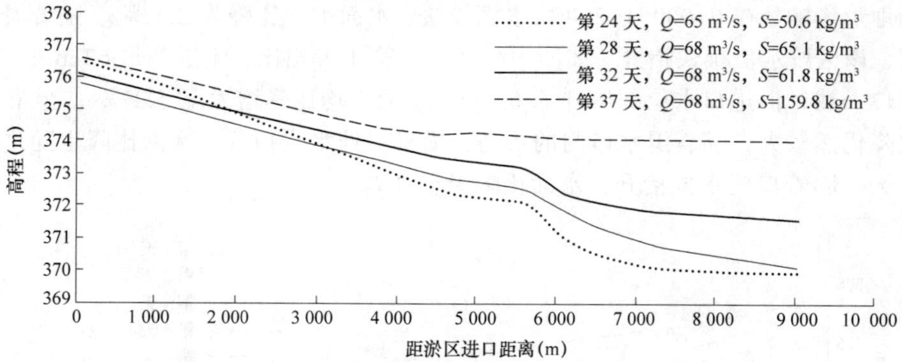

图 4-14　Ⅰ区和Ⅲ区沿程水面线历时变化图

淤区内流速变化不仅受引水引沙条件的影响，同时还受输沙渠上下两个弯道溢流分流多少及淤区边界条件的影响。在一定的水流条件下主要受淤区边界的影响。放淤初期，由于受淤区初始地形的影响，沿程流速变幅很大，随着淤区的淤积调整和主流沟的形成，沿程流速变幅逐渐减小。在Ⅰ区放淤的过程中，放淤初期，水面迅速扩散，水流散乱，流速相对较小，随着淤积的不断发展、主流沟的形成，断面平均流速逐渐增大，最大流速超过 2 m/s；淤积末期，随着尾门控制水位的不断抬升、水面比降的变缓，淤区内水流流速又有变小的趋势。在Ⅱ区和Ⅲ区的放淤过程中，断面流速也有类似的变化规律。每个淤区上段，主流沟形成后，主流沟流速在 1~2.0 m/s。淤区下段，在放淤初期和主流沟未形成前，水面比降较缓，流速较小，粗细泥沙同时落淤。

2. 水流含沙量及悬沙级配沿程变化

图 4-15 为Ⅰ区淤积过程中悬沙含沙量的沿程变化。由图可以看出，放淤第 1 天水流

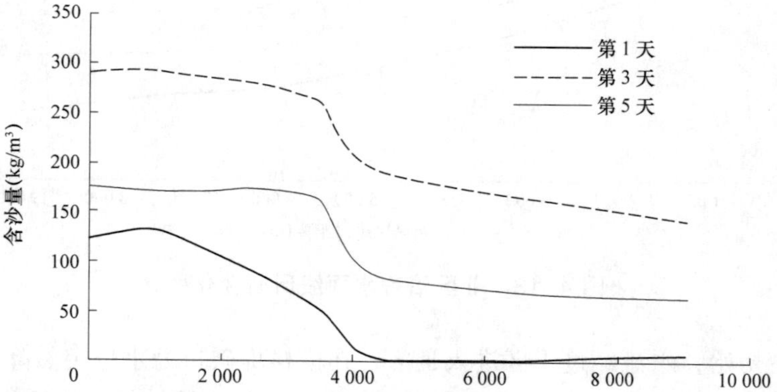

图 4-15　Ⅰ区含沙量沿程变化

含沙量沿程递减，90%的泥沙落淤在Ⅰ区，随着泥沙淤积厚度的增加，主流沟形成，到放淤第 3 天含沙量沿程变化不大，口门处排沙比增大。Ⅰ区淤积过程中，下游退水渠中，泥沙基本不落淤。

从Ⅱ区淤积过程沿程含沙量变化图(见图 4-16)中，可以看出，其含沙量的变化规律与Ⅰ区相似，初始淤积过程中，泥沙主要落淤在淤区进口附近，如水沙系列第 7 天即该区淤积第 2 天，0~3.4 km 区段含沙量沿程衰减速率大；随着淤积体向下游发展，主流沟形成，至第 12 天(该区淤积第 7 天)含沙量沿程衰减速度变慢，而后又随下游退水闸叠梁门加高、水位抬高、含沙量沿程逐渐递减，淤区淤积面逐时抬升。

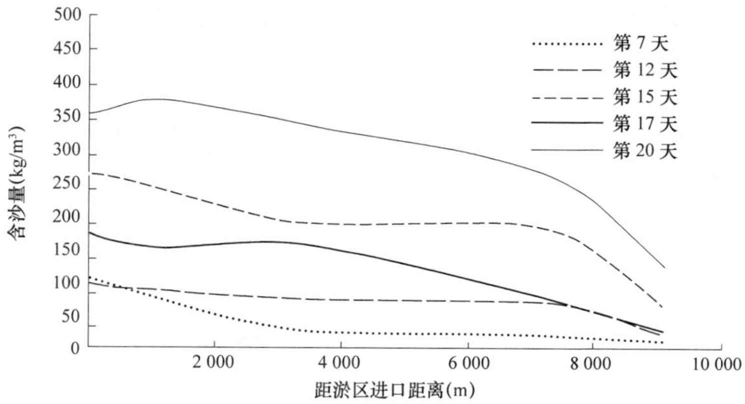

图 4-16　Ⅱ区含沙量沿程变化

Ⅲ区淤积过程中含水量沿程变化，如图 4-17 所示。其淤积规律与前两个区略有不同，其水流须经过已淤满的Ⅰ区进入Ⅲ区。初始放淤过程中的第 27 天和第 29 天，在 4.4 km 以上Ⅰ区内含沙量沿程略有增大趋势，即Ⅰ区处于冲刷状态，但当水流进入Ⅲ区后，含沙量沿程急剧降低。放淤后期，如图 4-17 所示，第 31 天，在 0~4.4 km 范围内，含沙量沿程递减，表明Ⅱ区又处于回淤状态。

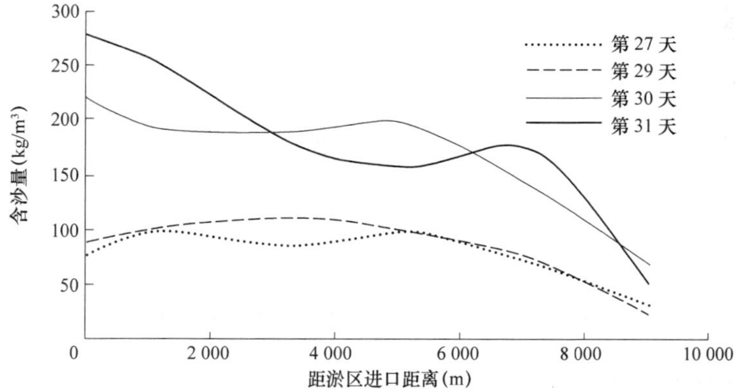

图 4-17　Ⅲ区含沙量沿程变化

图 4-18 为Ⅰ区放淤至第 3 天的悬沙级配沿程分布情况。由图中可以看出，Ⅰ区放淤

至第 3 天，在 0~3.4 km 范围内由于主流沟的形成，悬沙级配沿程变化不大，而在 3.4~4.4 km 范围内受口门处水位抬升的影响，悬沙中值粒径沿程变细。图 4-19 为Ⅱ区放淤初始第 6 天的悬沙级配沿程分布情况。由图可知，悬沙水流经过淤区后，由于较粗泥沙淤积，悬沙中值粒径从淤区进口 0.021 5 mm 减小至出口 0.013 1 mm，图 4-20 所示为放淤第 30 天，Ⅰ区、Ⅲ区悬沙级配沿程分布情况，由图中可以看出，由于泥沙分选作用，放淤至第 30 天时，水流经过Ⅰ区及Ⅲ区上段时，悬沙粒径沿程变化较小，而在 5.2 km 以下区段悬沙中的中粗泥沙大量落淤，悬沙级配沿程发生较大变化，淤区出口悬沙中值粒径变细。比较图 4-18 和图 4-19 与图 4-20 可知，Ⅰ区长度较短，淤区长度只有 4.4 km，在相同排沙比条件下，Ⅰ区排出的泥沙较Ⅱ区、Ⅲ区排出的相对要粗一些。

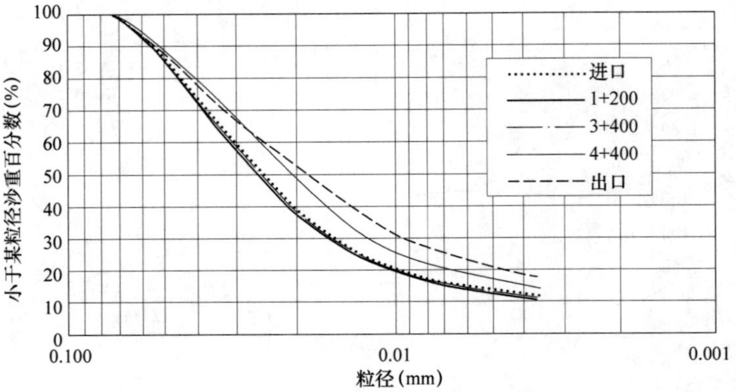

图 4-18　Ⅰ区第 3 天悬沙级配沿程变化

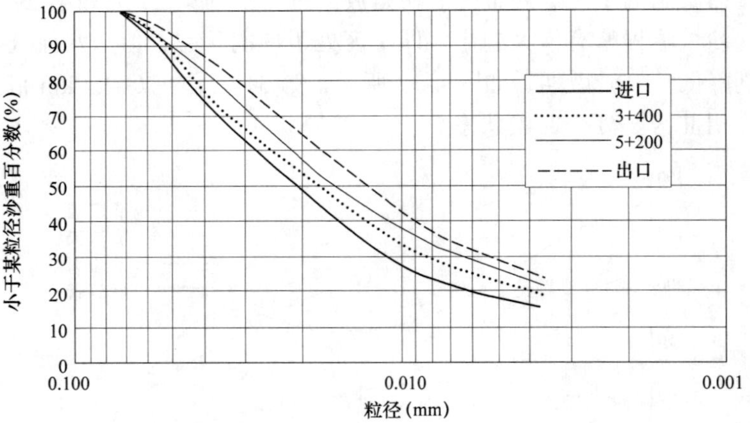

图 4-19　Ⅱ区第 6 天悬沙级配沿程变化

3. 淤区流势与主槽演变

Ⅰ区放淤初始，由输沙渠进入淤区水流基本是漫流，水流散乱，水面很宽，水流基本在格堤和围堤之间流动。随着放淤的不断进行，从上而下逐渐形成主流沟，淤积体从上游向下游缓慢推进。Ⅰ区末端(桩号 3+200~4+200)地势低洼，加之受横堤口门壅水的

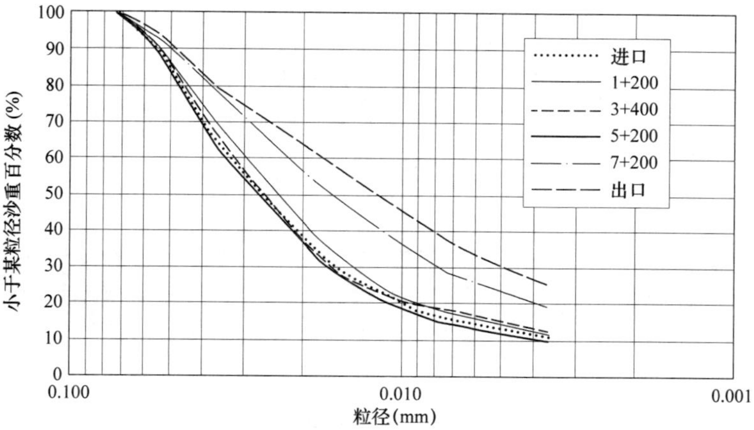

图 4-20　Ⅰ、Ⅲ区第 30 天悬沙级配沿程变化

影响，Ⅰ区的末端的淤积有从下游向上游溯源淤积发展的趋势，但淤积发展速度要慢于从上游向下游的沿程淤积发展速度。当淤积物达到一定厚度之后，逐渐形成主流沟，主流沟形成之后，滩槽相对比较稳定。后期淤区末端，受退水口门的控制影响，主流沟不明显。Ⅰ区初始和结束时流势如图 4-21 所示。

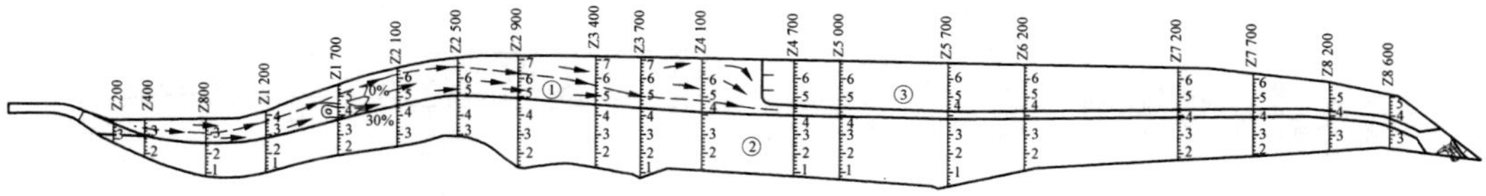

(a)放淤初始

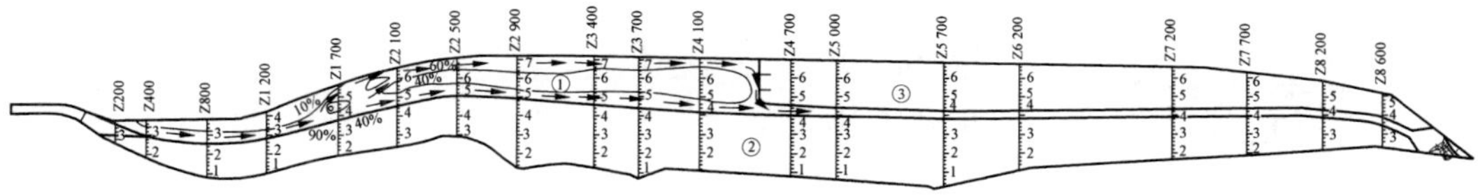

(b)放淤结束

图 4-21　Ⅰ区放淤过程流势变化图

Ⅱ区放淤时，流势变化与Ⅰ区基本相似，水流进入淤区后，初始基本呈漫流，水流散乱，水面很宽，局部区段还出现了急流状态。随着放淤的进行，通过淤区淤积调整，Ⅱ区从上而下逐渐形成主流沟。在设计的来水来沙条件下，主流沟宽度一般在 50~100 m 之间，沟内流速一般较大，最大达到 2.5 m/s 左右。主流沟有很强的输沙能力，能将大量泥沙输送到下游。流量较小时，水流主要在主流沟内行走，存在明显的滩槽差，遇到大流量或高含沙水流时，水流漫滩，大量泥沙在滩地淤积，出现明显的滩唇和横比降，滩地和主槽同时淤积抬高。随着淤积体不断向下游推进，主流沟的长度也向下游延伸，直到淤积后期。淤区末端，受退水闸叠梁闸的控制影响，主流沟不甚明显(见图 4-22)。

扒开横格堤放淤Ⅲ区时，在横格堤扒口处，出现 0.8 m 左右的落差，在淤满的

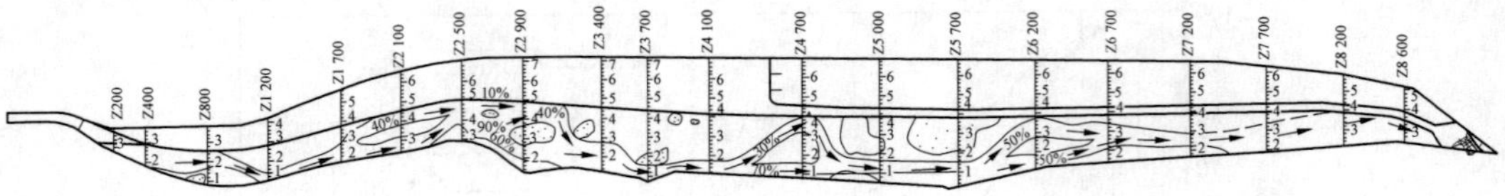

(a)放淤初始

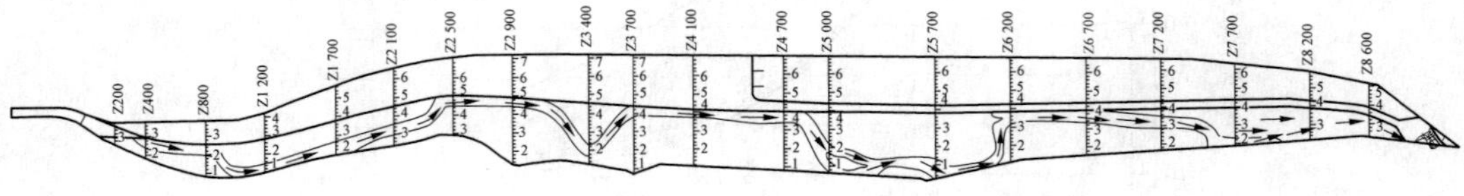

(b)放淤结束

图 4-22　Ⅱ区放淤过程流势变化图

Ⅰ区内发生自下而上的溯源冲刷：首先以冲沟为主，拉出一条沟槽，然后展宽，宽度一般在 30~80 m 之间。在溯源冲刷过程中，局部发生冲刷跌坎，最大流速达 3.0 m/s 左右。受进口水沙条件和入流位置的影响，主流沟也随之摆动，随着主流顶冲点的下挫，转弯处的滩地也发生冲刷，局部河段出现横河或斜河(见图 4-23)。当Ⅲ区淤积到一定程度后，Ⅰ区内再开始回淤，直至Ⅰ区和Ⅲ区全部淤满。

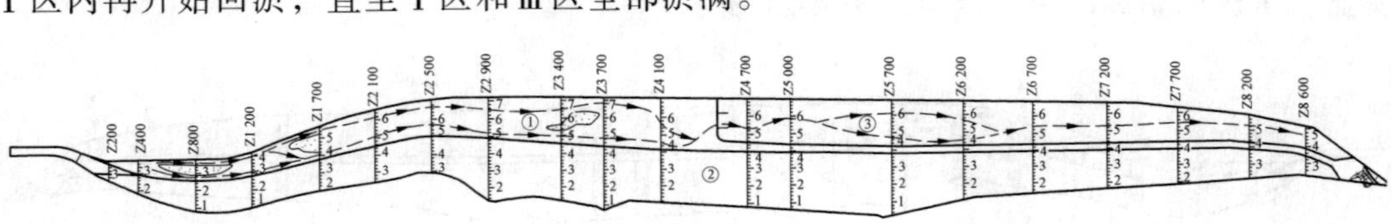

(a)放淤初始

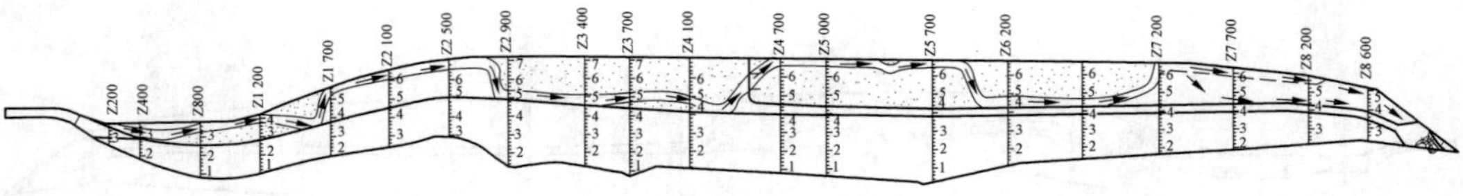

(b)放淤结束

图 4-23　Ⅲ区放淤过程流势变化图

由于实体模型初始地形为定床，放淤初始冲刷受到一定影响，多数情况下主流沟靠纵格堤或围堤，原型工程格堤和围堤都未加保护，放淤过程中，应注意顺堤水流的冲刷和横河的顶冲、淘刷等情况。

(二)放淤效果

1．*淤积形态及淤积量*

按照 1998 年典型水沙过程施放 2 年零 5 天，停水后对淤区 19 个断面进行了测量，并采用断面法对Ⅰ、Ⅱ、Ⅲ3 个区的淤积量分别进行了计算，结果见表 4-3~表 4-5。淤区淤积总量约为 1 176.5 万 m^3。其中，Ⅰ、Ⅱ、Ⅲ3 个区的淤积量分别占总量的 17%、48%、35%。图 4-24 绘出了一些典型断面放淤前后的断面套绘情况。图 4-25 为淤区左条渠(Ⅰ区和Ⅲ区)纵向淤积形态图。图 4-26 为淤区右条渠(Ⅱ区)纵向淤积形态图。从图 4-25 和图 4-26

中可以看出，整个淤区最终淤积形态为带状分布，淤区淤积厚度沿程增加。淤区上段平均淤积厚度为 2~2.5 m，淤积面平均比降约为 5.3‱；下段平均淤积厚度为 2.5~3.5 m，淤积面平均比降约为 3.2‱，在 6.2 km 以上存在着明显的滩槽现象，滩槽高差约 0.5~1 m；在 6.2 km 以下，受退水闸叠梁门抬升的影响，滩槽不明显。淤区上下段平均比降约为 4.4‱。

表 4-3　Ⅰ区淤积量计算结果

断面名称	距淤区进口距离(m)	淤积量(万 m^3)	累计淤积量(万 m^3)
ZW0+000	0	0	0
ZW0+400	400	7.2	7.2
ZW0+800	800	10.9	18.1
ZW1+200	1 200	12.5	30.6
ZW1+700	1 700	17.5	48.1
ZW2+100	2 100	19.5	67.6
ZW2+500	2 500	23.0	90.6
ZW2+900	2 900	24.0	114.6
ZW3+400	3 400	30.0	144.6
ZW3+700	3 700	22.5	167.1
ZW4+100	4 100	33.4	200.5

表 4-4　Ⅱ区淤积量计算结果

断面名称	距淤区进口距离(m)	淤积量(万 m^3)	累计淤积量(万 m^3)
ZW0+000	0	0.0	0
ZW0+400	400	14.7	14.7
ZW0+800	800	19.3	34.0
ZW1+200	1 200	12.5	46.5
ZW1+700	1 700	17.3	63.8
ZW2+100	2 100	17.2	81.0
ZW2+500	2 500	16.8	97.8
ZW2+900	2 900	22.4	120.2
ZW3+400	3 400	41.0	161.2
ZW3+700	3 700	26.8	188.0
ZW4+100	4 100	38.5	226.5
ZW4+700	4 700	51.0	277.5
ZW5+200	5 200	33.0	310.5
ZW5+700	5 700	42.5	353.0
ZW6+200	6 200	52.5	405.5
ZW6+700	6 700	43.1	448.6
ZW7+200	7 200	36.3	484.9
ZW7+700	7 700	32.9	517.8
ZW8+200	8 200	29.3	547.1
ZW8+600	8 600	19.7	566.8

表 4-5　Ⅲ区淤积量计算结果

断面名称	距淤区进口距离(m)	淤积量(万 m^3)	累计淤积量(万 m^3)
ZW4+100	4 100	0.0	0.0
ZW4+700	4 700	44.4	44.4
ZW5+200	5 200	40.3	84.7
ZW5+700	5 700	34.4	119.1
ZW6+200	6 200	39.8	158.9
ZW6+700	6 700	52.4	211.3
ZW7+200	7 200	64.8	276.1
ZW7+700	7 700	58.6	334.7
ZW8+200	8 200	42.0	376.7
ZW8+600	8 600	32.5	409.2

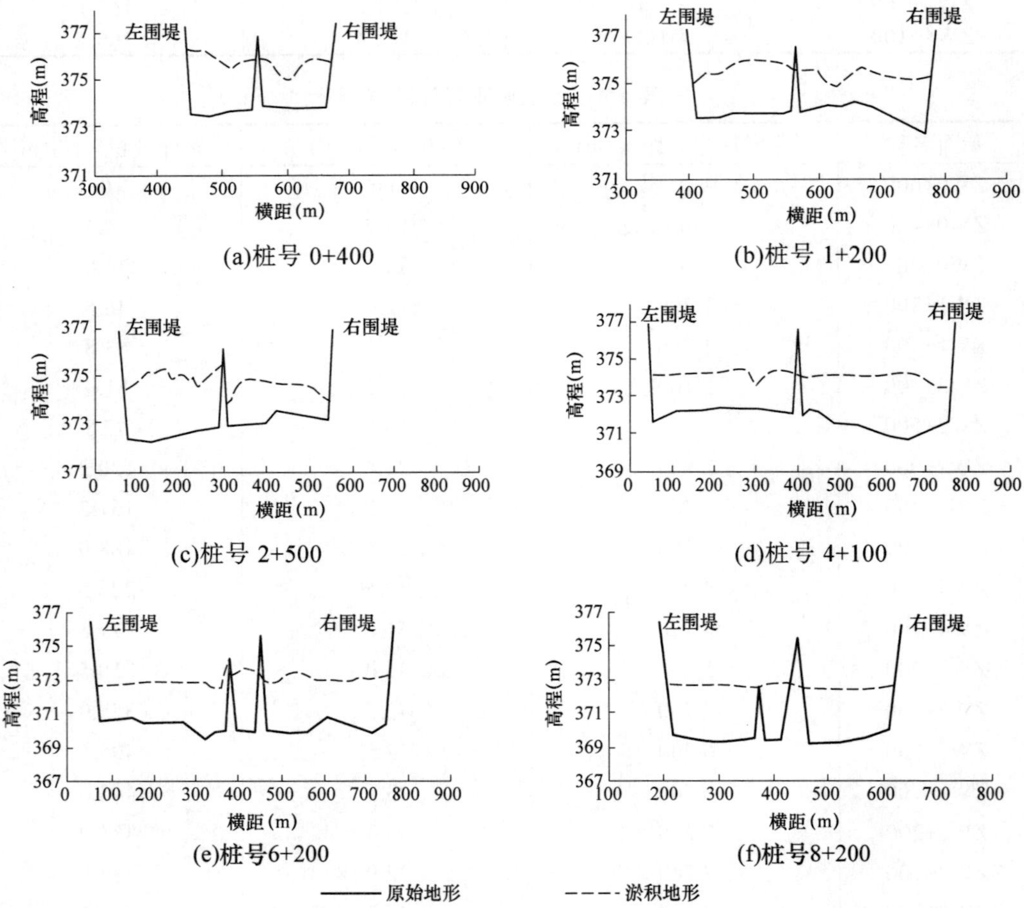

图 4-24　淤区典型断面淤积形态图

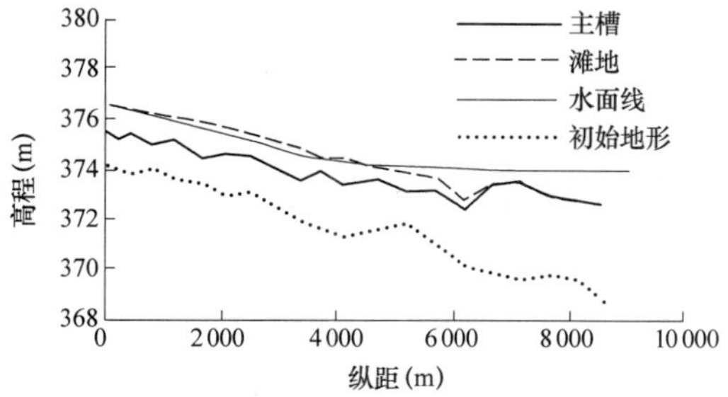

图 4-25　淤区左条渠 Ⅰ 区和 Ⅲ 区纵向淤积形态图

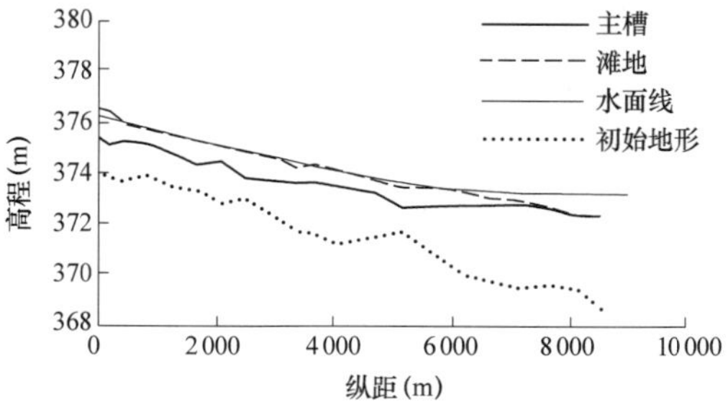

图 4-26　淤区右条渠 Ⅱ 区纵向淤积形态图

2. 淤积物颗粒组成

全部放淤结束之后(不包括盖淤)，对淤区不同部位的淤积物进行取样分析，图 4-27 和图 4-28 分别为左右条渠淤积物中值粒径沿程分布。由两图中可以看出，由于泥沙的分选作用，淤积物中值粒径无论主槽或滩地都基本呈沿程变细的趋势，且槽内淤积物粒径比滩地淤积物要粗，左、右条渠主槽内由进口附近的 0.040~0.050 mm，递减到出口附近的 0.018~0.020 mm；滩地由进口附近的 0.030~0.040 mm，递减到出口附近的 0.015~0.018 mm。从淤积物中值粒径的横向分布图(见图 4-29)进一步可以看出，淤积物中值粒径的沿程减小和滩槽粗细的不同。

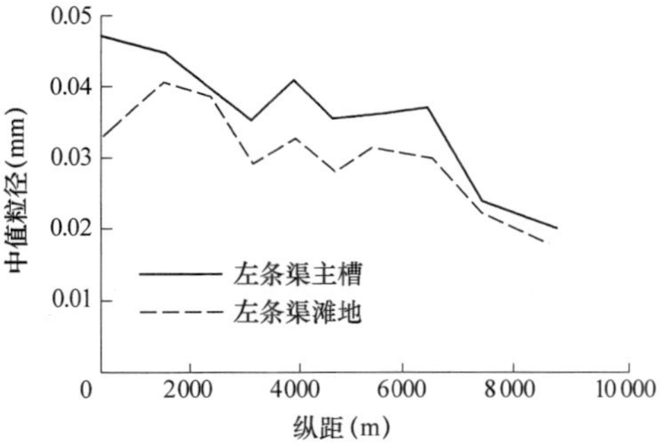

图 4-27　左条渠淤积泥沙中值粒径沿程分布

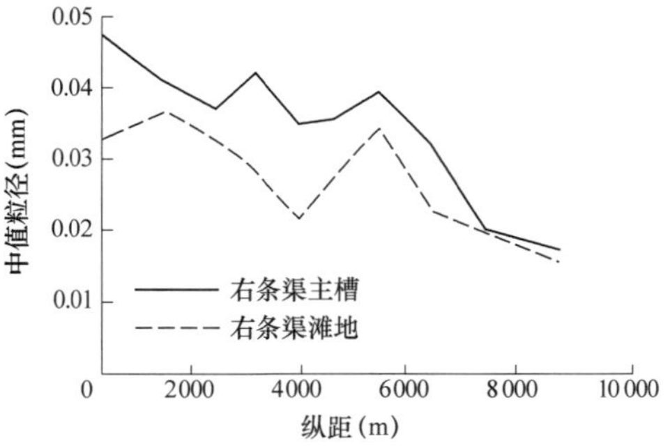

图 4-28　右条渠淤积泥沙中值粒径沿程分布

图 4-30、图 4-31 为右条渠主槽和滩地淤积物颗粒级配沿程变化图。由两图中可以看出，右条渠中 6.2 km 以上，主槽淤积物大于 0.050 mm 的占 45%~18%，小于 0.025 mm 的泥沙占 12%~50%；滩地淤积物大于 0.050 mm 的占 27%~16%，小于 0.025 mm 的泥沙占 31%~49%。淤区末端 8+600 附近淤积物颗粒组成较细，主槽和滩地泥沙级配差别不大，大于 0.050 mm 的占 10%左右，小于 0.025 mm 的泥沙占 60%左右。

图 4-32、图 4-33 为左条渠 Ⅰ 和 Ⅲ 区主槽和滩地淤积物级配沿程变化图。由两图中可以看出，左条渠中 6.2 km 以上，主槽淤积物大于 0.050 mm 的占 45%~24%，小于 0.025 mm 的泥沙占 13%~30%；滩地淤积物大于 0.050 mm 的占 29%~18%，小于 0.025 mm 的泥沙占 25%~42%，淤区末端 8+600 附近淤积物颗粒组成与右条渠的基本相同。

3. 放淤效果分析

为了进一步对放淤效果进行分析，我们采用输沙率法对淤区的淤积量以及粗细泥沙

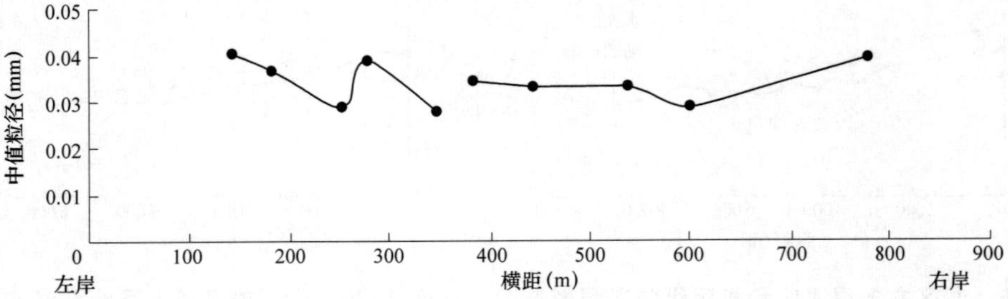

(a)2+100 断面

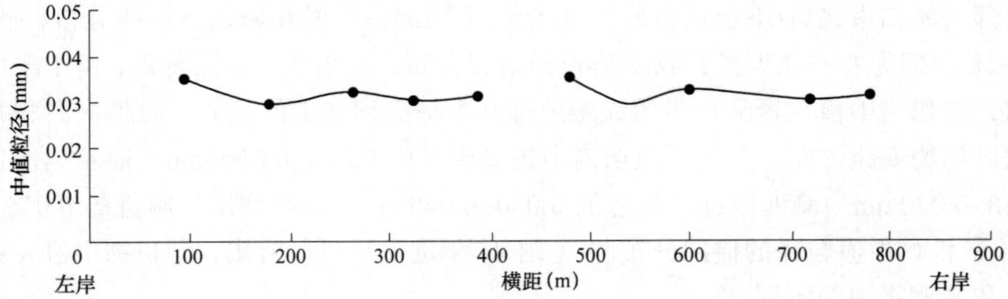

(b)4+400 断面

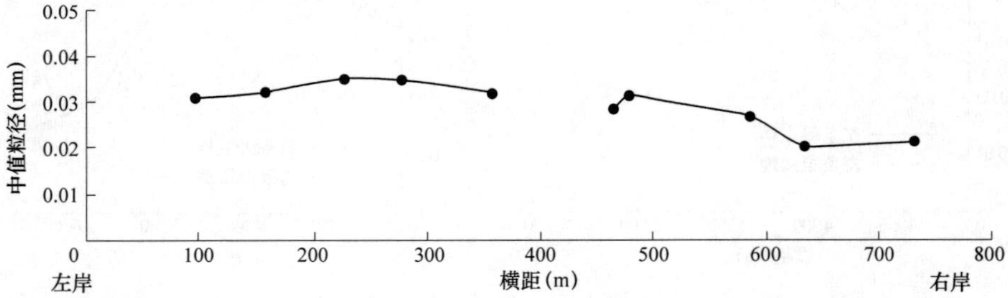

(c)6+200 断面

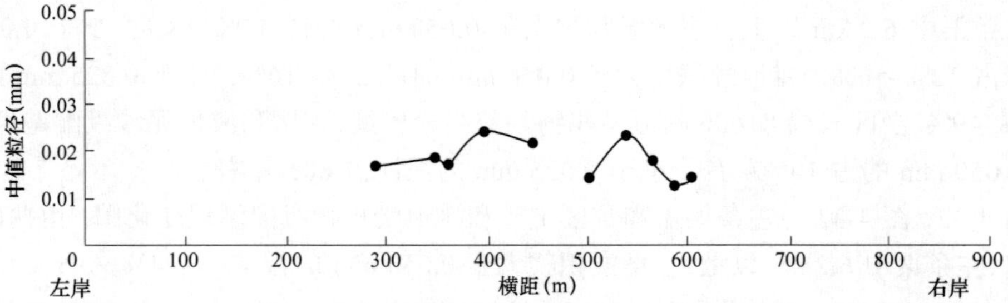

(d)8+600 断面

图 4-29　淤区典型断面淤积泥沙中值粒径横向分布

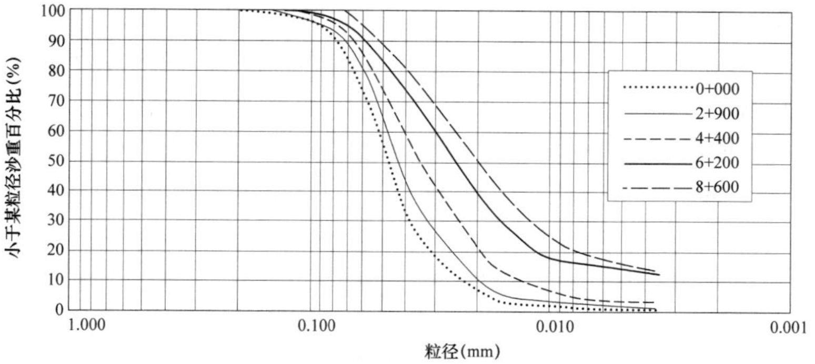

图 4-30　右条渠主槽淤积物颗粒级配沿程分布

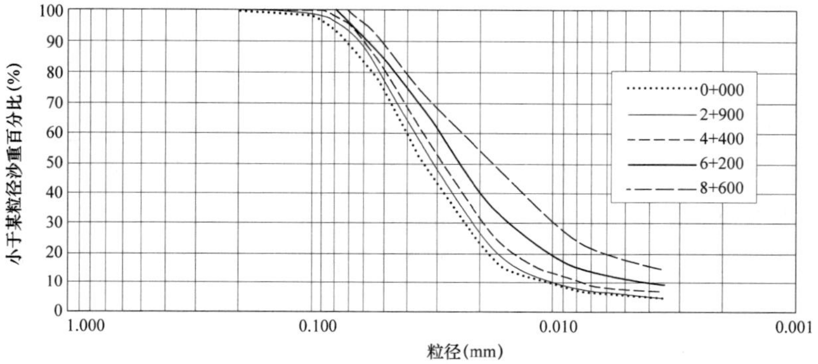

图 4-31　右条渠滩地淤积物颗粒级配沿程分布

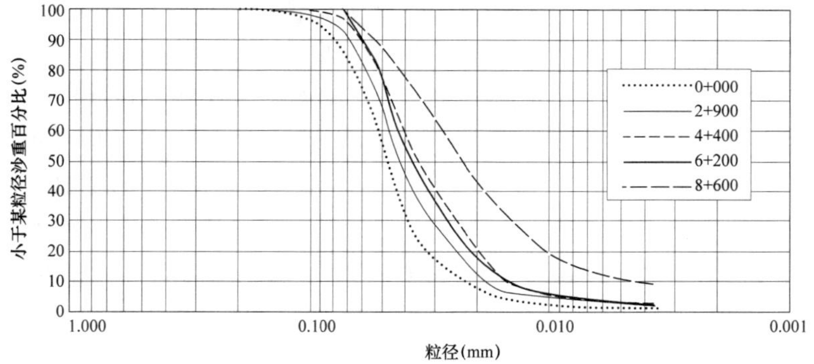

图 4-32　左条渠主槽淤积物颗粒级配沿程分布

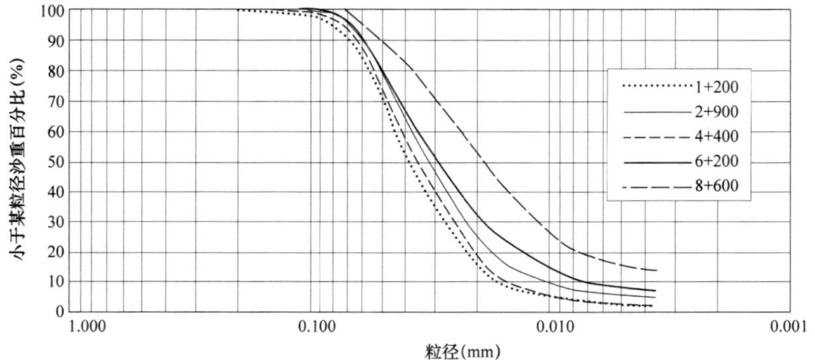

图 4-33　左条渠滩地淤积物颗粒级配沿程分布

含量等进行计算，结果见表 4-6。由表 4-6 可以看出，经过 37 d 放淤，模型上共淤积泥沙 2 146 万 t，全沙淤积比达到 66%；大于 0.05 mm 的粗泥沙约 536 万 t，占淤积总量的 25%，大于 0.05 mm 粗泥沙淤积比达 83%，也就是说进入淤区的粗泥沙，4/5 以上淤积在淤区内；小于 0.025 mm 的较细泥沙约 867 万 t，占淤积总量的 40%，小于 0.025 mm 泥沙淤积比达 54%。退水闸全沙排沙比为 34%，小于 0.025 mm 的细沙排沙比为 46%，也就是说，进入淤区的细沙将近 1/2 淤积在淤区内。如果提高退水闸的排沙比，淤区的放淤效果可以得到进一步提高，“淤粗排细”的放淤目标是能够实现的。

表 4-6　放淤效果统计

项目	＜0.025 mm	0.025~0.05 mm	＞0.05 mm	全沙
进入淤区(万 t)	1 620.20	972.12	648.08	3 240.40
淤区淤积(万 t)	866.75	742.92	536.42	2 146.09
淤积比(%)	53.50	76.42	82.77	66.23
占淤积量(%)	40.39	34.62	24.99	100.00

从目前的试验结果来看，淤区淤积物粒径横向分布明显不均匀，主流沟内淤积物较滩地淤积物粗。试验观测到淤区主流沟宽度为 50~100 m，远小于条渠宽度，即缩窄条渠宽度有利于淤粗排细。建议对淤区条渠长度和宽度(即淤区布置型式)放淤效果进一步进行试验研究。

三、淤区盖淤试验

据人民胜利渠资料，对高产农田取土样分析，土壤颗粒平均粒径为 0.024~0.032 mm。为满足耕种要求，盖淤泥沙粒径不能过粗。考虑到黄河汛期存在着细沙时期，如 1998 年 7 月 15~22 日，龙门水文站实测悬沙中值粒径约为 0.007~0.018 mm。根据预报，放淤闸要有选择地适时开闸盖淤。在盖淤后期，退水闸叠梁门逐渐抬升过程中，水面比降较小，主流沟不明显，而且主流沟最大流速不超过 1.0 m/s，淤积面比较平坦，滩槽均淤。受时间限制，模型试验仅按照设计条件进行了一组盖淤试验，放淤闸流量控制在 50 m^3/s，含沙量 50 kg/m^3，悬沙中值粒径 0.017 mm；退水闸前水位通过叠梁门控制在 374.41 m；左、右条渠同时引水放淤，当输沙渠水位超过设计水位 0.5 m 时停止盖淤。图 4-34 为盖

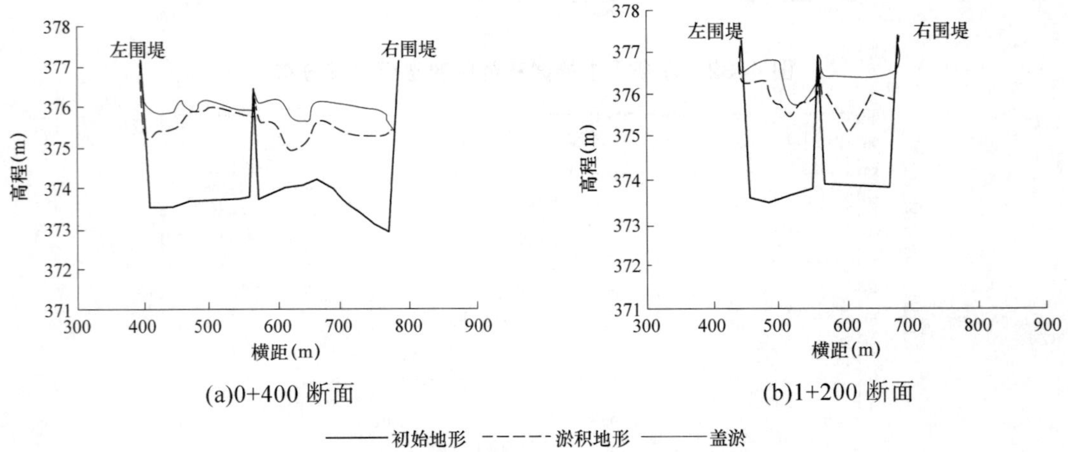

(a)0+400 断面　　(b)1+200 断面

——初始地形　- - - - - 淤积地形　——盖淤

图 4-34　盖淤后淤区典型横剖面图

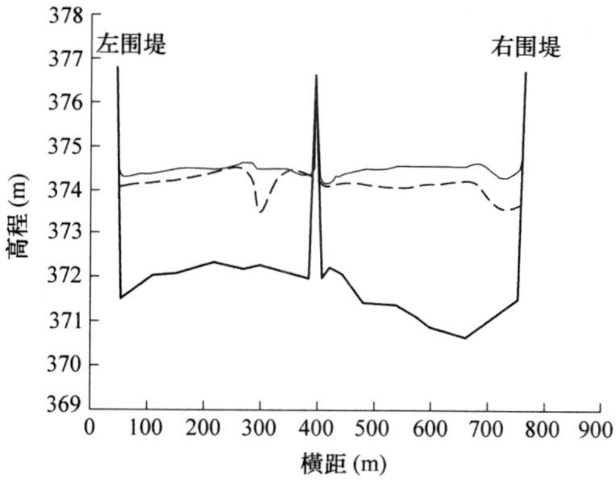

(c)2+500 断面

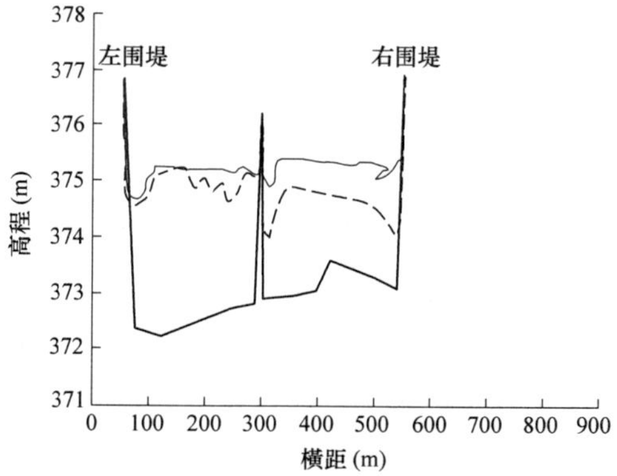

(d)4+100 断面

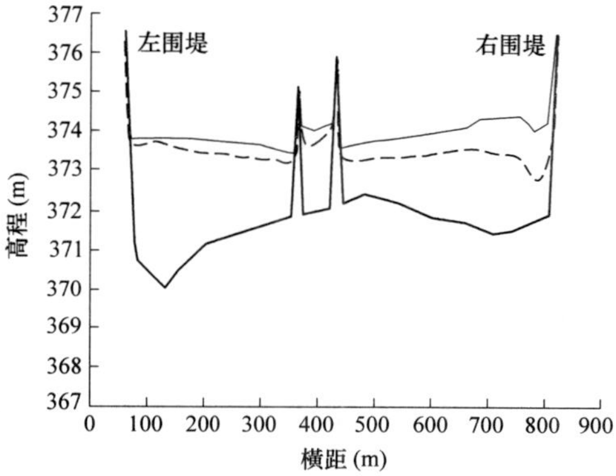

(e)5+200 断面

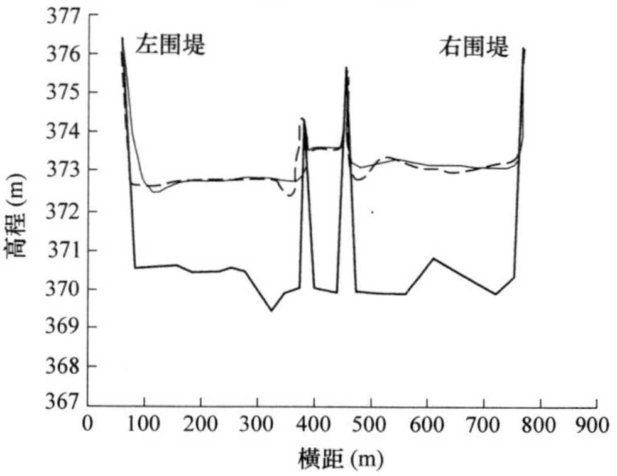

(f)6+200 断面

续图 4-34

淤后淤区典型横断面图。从图中可以看出，由于淤区下段水深较大，泥沙仅输移至 5.2 km 处。淤区上段 0~5.2 km 范围内，盖淤厚度为 0.2~0.5 m，中值粒径为 0.01~0.025 mm，平均粒径为 0.014~0.036 mm(见图 4-35)，基本可以满足耕种要求；淤区下段 5.2~8.6 km，落淤很少，但在放淤过程中，由于该段淤积泥沙比较细，中值粒径也在 0.01~0.025 mm 范围内，同样可以满足耕作要求。淤区盖淤后，可防止大风期引起尘沙扬起，控制沙尘暴产生。

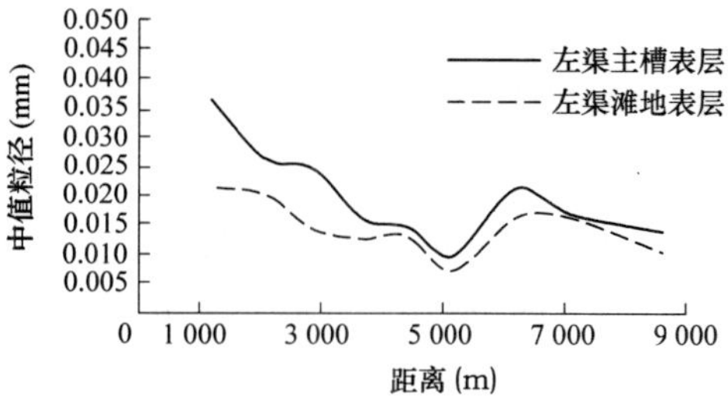

(a)左渠

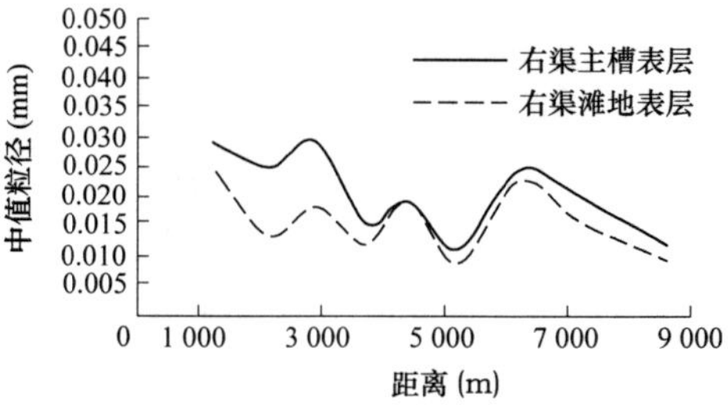

(b)右渠

图 4-35　淤区盖淤后表层泥沙中值粒径沿程分布

第四节　结语和建议

一、结语

(1)在分析黄河下游引黄灌区和山东十八户放淤等有关的原型资料的基础上，考虑到黄河小北干流的水沙特点和具体情况，并参考黄科院多年动床模型试验经验，按照黄河泥沙模型相似律，以模型能满足水流重力相似、阻力相似、输沙相似、泥沙起动相似和悬移相似等为条件，完成了小北干流连伯滩放淤试验工程淤区实体模型设计、制作和试验。

(2)淤区原设计方案模型试验结果表明，原设计的输沙渠比降较小，输沙渠会发生淤积；原设计方案退水闸闸室设有驼峰堰，抬高了淤区末端起始水位，不利于淤区初期下段的淤粗排细。实施方案据此做了相应的修改。

(3)实施方案试验结果表明，输沙渠比降增大后，在不受淤区淤积面影响的条件下，输沙渠有淤有冲，冲淤基本平衡；在淤区进口淤积面抬升到一定高度后，引起输沙渠末端水位升高，输沙渠内产生淤积，沿程水位抬升。

(4)输沙渠上设置两个弯道溢流堰，在弯道环流作用下，横向输沙不平衡，凸岸含沙量均大于凹岸含沙量；在含沙量垂线分布上，两岸均表现为底层大，表层小，凹岸垂线分布相对均匀。在悬沙颗粒级配上，凸岸略粗于凹岸；溢流堰分出的水流含沙量略小于堰上游渠道内断面平均含沙量，悬沙级配组成也略细。

(5)在设计边界和水沙条件下，放淤 2 年零 5 天，淤区淤积总量约为 1 176.5 万 m^3。其中Ⅰ、Ⅱ、Ⅲ3 个区的淤积量分别占总量的 17%、48%、35%。淤区最终淤积形态均为条带状分布，淤积厚度沿程增加，上段平均淤积厚度为 2~2.5 m，淤积面平均比降约为 5.3‱；下段平均淤积厚度为 2.5~3.5 m，淤积面平均比降下段约为 3.2‱，全淤区平均比降约为 4.4‱。

(6)试验结果表明，淤积物中值粒径无论主槽或滩地都基本呈沿程变细的趋势，且槽内淤积物比滩地淤积物要粗。

在设计水沙条件下(引沙中值粒径 0.025 mm，其中粒径 0.05 mm 占总量 20%)，右条渠(Ⅱ区)6.2 km 以上，主槽淤积物大于 0.050 mm 的占总量的百分数沿程变化在 45%~18%之间，小于 0.025 mm 的泥沙沿程变化在 12%~50%之间；滩地淤积物大于 0.050 mm 的泥沙沿程变化在 27%~16%之间，小于 0.025 mm 的泥沙沿程变化在 31%~49%之间。淤区末端 8+600 附近淤积物颗粒组成较细。

左条渠(Ⅰ区和Ⅲ区)6.2 km 以上，主槽淤积物大于 0.050 mm 的沿程变化在 45%~24%之间，小于 0.025 mm 的泥沙沿程变化在 13%~30%之间；滩地淤积物大于 0.050 mm 的泥沙沿程变化在 29%~18%之间，小于 0.025 mm 的泥沙沿程变化在 25%~42%之间。淤区末端 8+600 附近淤积物颗粒组成与右条渠的基本相同，颗粒组成较细。

(7)经过 37 d 的放淤，全沙淤积比达到 66%，大于 0.05 mm 的粗泥沙约占淤积总量的 25%，淤积比达 83%，也就是说，进入淤区的粗泥沙有 4/5 以上淤积在淤区内。小于

0.025 mm 的细泥沙约占淤积总量的 41%，小于 0.025 mm 的泥沙淤积比达 54%。退水闸全沙排沙比为 34%，小于 0.025 mm 的细沙排沙比为 46%，也就是说，进入淤区的细沙将近 1/2 淤积在淤区内。如果提高退水闸排沙比，淤区的放淤效果可以得到进一步提高，“淤粗排细”放淤目标是能够实现的。

(8)模型盖淤试验，放淤闸流量控制在 50 m^3/s，含沙量 50 kg/m^3，悬沙中值粒径 0.017 mm；闸前水位通过退水闸叠梁门控制在 374.41 m；左、右条渠同时引水盖淤，当输沙渠水位超过设计水位 0.5 m 时停止盖淤。淤区上段 0~5.2 km 范围内，泥沙盖淤厚度为 0.2~0.5 m 不等，中值粒径为 0.01~0.025 mm，基本满足耕种要求；淤区下段 5.2~8.6 km，基本不落淤，但是由于放淤时淤区下段淤积物粒径偏细，也基本可以满足耕种要求。

(9)模型设计所选取含沙量比尺及泥沙沉速比尺，由于缺乏原型资料进行验证，有待在复演试验中进一步研究。试验主要成果如输沙渠输沙能力和冲淤变化、淤区水沙运行规律和淤积形态等方面，与十八户放淤工程原型实测资料比较接近，试验成果是可信的。

二、建议

(1)试验表明，在弯道环流作用下，横向输沙不平衡。但由于模型变率(e=6)的影响，模型弯道水流泥沙因素纵横向分布变形，建议做正态弯道悬沙模型，研究弯道溢流堰实际分沙效果。

(2)连伯滩放淤试验工程淤区布置型式采用了一纵和一横格堤将淤区分成 3 个区，每条条渠平均宽度约 300 m，淤区淤积主流沟宽度为 50~100 m，即缩窄条渠宽度有利于淤粗排细，建议对淤区条渠长度和宽度(即淤区布置型式)放淤效果进一步进行试验研究。

(3)淤区退水调度控制：实体模型试验过程中，淤区退水控制指标是按照淤区排沙比进行控制的。试验结果表明，排沙比指标按照 30%~50%进行控制偏低，淤粗排细放淤效果较差。建议原型放淤时，要提高排沙比指标，同时对退出淤区的水流泥沙颗粒级配进行监测控制。

(4)根据实体模型试验初步成果分析，对淤区运用方式，包括弯道溢流堰控制、淤区进、退水口门以及退水闸叠梁门的操作等有如下初步认识，供原型试验工程调度实施时参考。

①设计弯道溢流堰的分流流量是通过在堰顶摆放不同层数的预制混凝土块(每块尺寸为 0.5 m×0.3 m×0.06 m)实施的。在堆放混凝土块时，要保持上溢流堰的分流流量不超过引水流量的 14%，下溢流堰的分流流量不超过引水流量的 10%。分流流量过大，容易造成下段输沙渠的淤积，分出的水流中粗沙相对较多。

②试验量测溢流堰堰顶流速较大，一般为 1.5~2 m/s，堰顶堆放混凝土预制块时，建议采取固定措施，以防被冲走。

③随着淤区进口淤积面的抬高，相应输沙渠末端水位升高，当输沙渠末端水位超过设计的正常水位时，将引起输沙渠泥沙淤积，两个溢流堰进口水位也相应抬高，上下堰顶也需要相应抬高，保持原设计溢流比。原设计混凝土块可能不够用，建议筹备足够的编织袋以应急。

④为了达到淤粗排细的目的，退水闸加叠梁门时，应隔孔加叠梁门，4 孔加平后，

再加上一层，以免退水闸消能出现问题。

⑤Ⅰ区淤至设计高程后，轮换至Ⅱ区放淤时，在Ⅱ区进口与出口纵格堤破口前，应将退水闸前Ⅲ区和退水渠出口围堵至一定高程，以免水流倒灌入Ⅲ区，不利于淤粗排细。

⑥Ⅲ区放淤前，最好先将Ⅱ区进口封堵。

(5)在淤区淤积过程中，主流沟左右摆动，或靠左右围提、或靠中间纵格堤，主流顶冲部位最大流速在 2 m/s 左右，原型放淤过程中要密切关注主流摆动及其顶冲位置，以防围格堤出险。

(6)根据以上综合分析，建议淤区的放淤次序按Ⅰ、Ⅲ、Ⅱ的顺序进行调度放淤，减少淤区进口和出口处扒、堵口次数，便于原型实际操作运用，并减少工程费用，同时还有利于Ⅰ、Ⅲ淤区及时盖淤还耕。

第五章 连伯滩放淤试验工程2004年放淤复演试验研究

第一节 原型放淤及模型设计情况

黄河水利委员会于2004年实施了黄河小北干流放淤试验工程。该试验工程于2004年6月建成，根据黄河中游来水情况，7月26日16时黄河小北干流放淤试验正式启动，从7月26日放淤闸首次开启至8月26日结束，先后进行了6轮放淤试验，放淤历时约300 h，共引水6 465万m^3，引沙627万t。为解决小北干流放淤淤粗排细的关键技术问题，深化对多沙河流水流泥沙运行规律的认识，并为2005年放淤工程的设计和今后大规模放淤提供技术支持，我们进行了黄河小北干流连伯滩放淤实体模型复演试验。通过在实体模型上复演放淤试验，一方面，验证了输沙渠的冲淤特性和淤区的放淤效果，检验了放淤模型设计的合理性以及试验成果的准确性，进一步提高了淤区实体模型试验的模拟技术；另一方面，在模型放淤试验中还可补充观测原型放淤试验中难以观测和采集到的资料，通过对取得的试验数据进行综合分析、互为验证补充，进一步探索淤区布置型式与运行方式，为以后放淤提供技术支持。2004年原型放淤次序为：Ⅰ区、Ⅲ区。

该项试验是在黄河小北干流放淤试验工程实施方案实体模型上开展的，模型平面比尺为1∶120，垂直比尺为1∶20；模型沙仍然采用郑州热电厂粉煤灰。

复演试验淤区初始地形是按照试验工程放淤前的初始地形重新进行塑制的，包括修建左右围堤与纵格堤时在淤区取土后留下的沟槽，以及在Ⅰ区、Ⅲ区靠左围堤修建的6条小丁坝等。模型量测断面位置调整至原型相应位置，量测断面布置如图5-1所示，

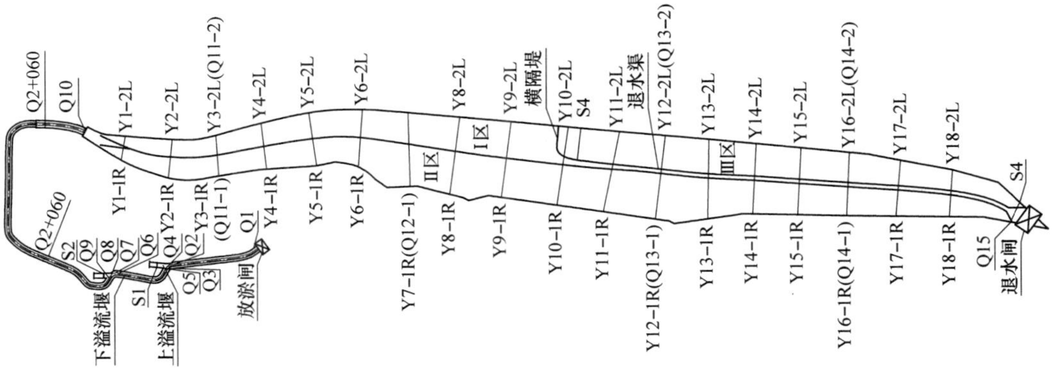

图5-1 模型量测断面布置图

淤区进口、出口分别由 Q10、Q15 断面控制，淤区内布设 4 个水流断面 Q11~Q14，4 个水沙断面 S1~S4(S1 布置在输沙渠上弯道溢流堰后退水渠；S2 布置在输沙渠下弯道溢流堰后退水渠；Ⅰ区放淤时 S4 布置在Ⅰ区退水口下，Ⅱ、Ⅲ区放淤时 S4 布置在退水闸口；S3 布置在放淤闸上游黄河小石嘴处)，18 个测淤断面 Y1~Y18。

第二节　引水引沙条件及溢流堰、横格堤口门和退水闸控制

试验水沙条件采用2004年汛期放淤闸实际引水引沙过程加以概化(见图5-2~图5-4)。原型放淤过程中最大引水流量为 92 m^3/s，最大含沙量 524 kg/m^3，放淤过程中，为了抢险需要放淤闸流量最小控制在 10 m^3/s 左右。模型共概化为 16 个流量级，概化的总原则是保持水沙总量不变，含沙量、流量以及泥沙粒径的概化同步。

原型放淤过程中，两个溢流堰调度指标是：通过在堰顶摆放不同层数的预制混凝土块(每块厚 0.06 m)，及时调整溢流堰顶高程，使堰上水深保持在 0.3H(H 为堰前水深)。原型实际放淤过程中，在前 2 轮放淤试验运行过程中，溢流堰溢出水流退入青年林，第 1 弯道溢流堰正常运行，第 2 弯道溢流堰由于受第 1 弯道所溢水流顶托，运行不正常。由于第 1 轮和第 2 轮放水时，青年林能淤积的部位已淤满，在第 3、第 4、第 5、第 6 轮放淤试验运行过程中，第 1 溢流堰仅溢流 2~3 m^3/s，第 2 溢流堰基本不溢流。模型试验按照两溢流堰退水渠实测水位进行控制。

原型放淤过程中，淤区调度指标为：当监测淤区末端出口排沙比大于 75%时或粗颗粒泥沙含量达到 3%时，抬高退水堰或退水闸叠梁闸门高度。Ⅰ淤区横格堤退水口门是通过加编织袋抬高尾水位进行控制的，在第 1 轮放淤过程中，由于退水口门钢桁架前柴草不断堆积，水位偏高；第 2 轮放淤前，清除钢桁架前柴草，退水口门通过加编织袋进行正常调度。在模型试验中，Ⅰ区放淤，第 1 轮主要按照退水口门前 H1 断面水位进行控制，第 2~4 轮主要是按照原型退水口门调度过程，并结合 H1 断面水位进行控制；Ⅲ区放淤，退水闸按照原型叠梁门调度与 Q15 断面水位进行控制。

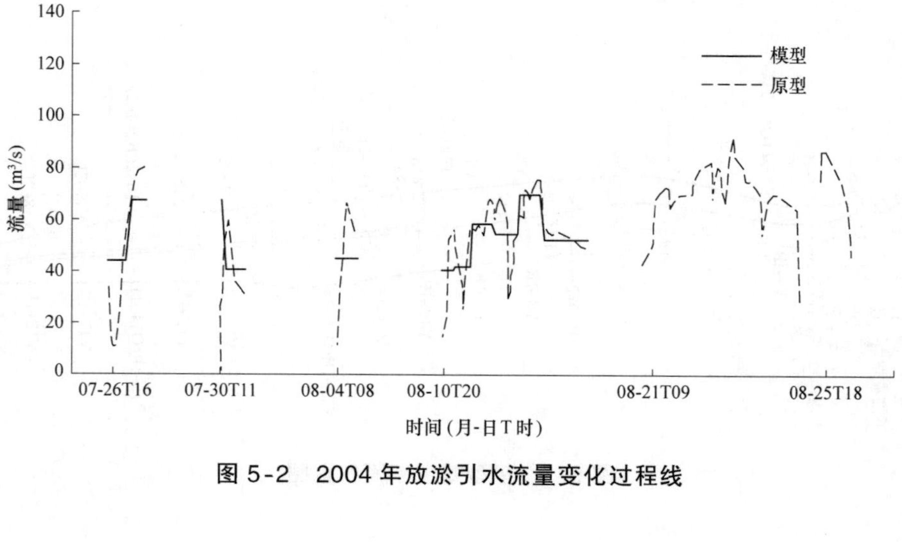

图 5-2　2004 年放淤引水流量变化过程线

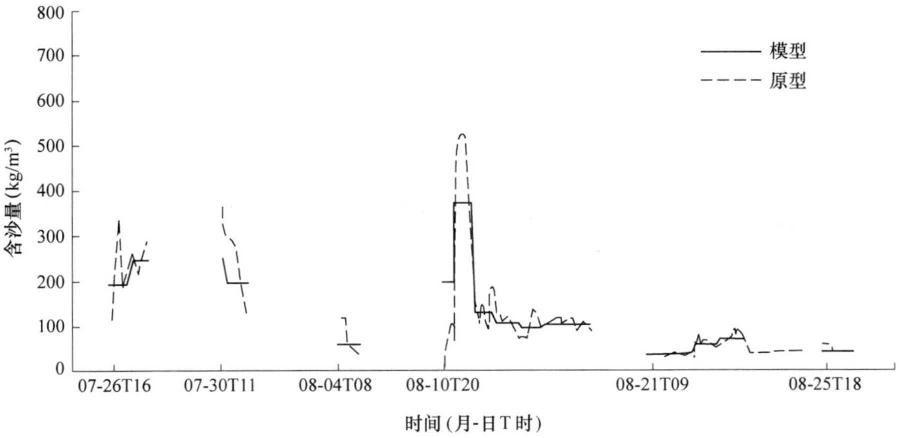

图 5-3　2004 年放淤引水含沙量变化过程线

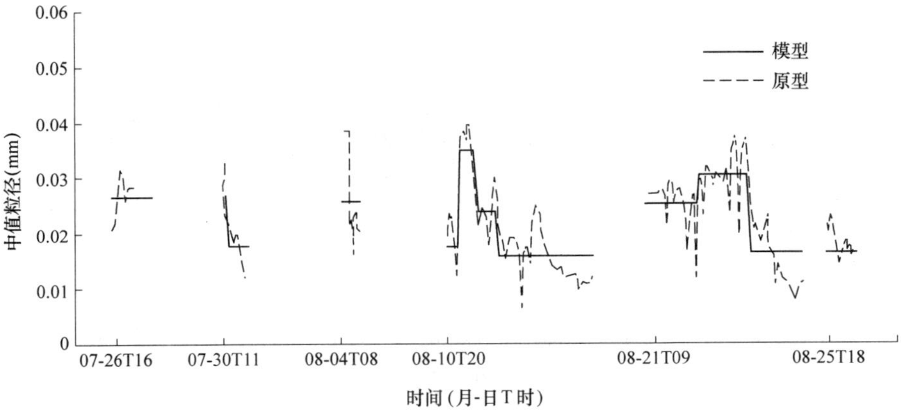

图 5-4　2004 年放淤悬沙中值粒径变化过程线

第三节　输沙渠冲淤变化验证

一、输沙渠水位变化

模型上输沙渠进口水沙过程是按照图 5-2~图 5-4 概化后的水沙过程进行施放的。在整个放水过程中，试验量测输沙渠进口 Q1、上弯道溢流堰上游 Q2 及输沙渠末端 Q10 等断面水位变化过程见图 5-5。从图 5-5 中可以看出，在模型放水过程中，输沙渠各断面水位变化与原型实测水位变化趋势一致。图 5-6 选绘出放淤初始、Ⅰ区淤满横格堤扒口前后和第 6 轮放淤结束前，模型实测输沙渠和淤区沿程水面线。从图 5-6 中可以看出，放淤初始，淤区进口水位较低，在输沙渠末端出现一明显降落曲线，输沙渠末端 Q10 断面和淤区进口断面水位差，模型和原型分别为 0.61 m 和 0.50 m，致使放淤初始输沙渠末端出现渠底冲刷和抢险现象。第 6 轮放淤结束前，输沙渠末端水位，模型和原型分别为 375.36 m 和 375.54 m。

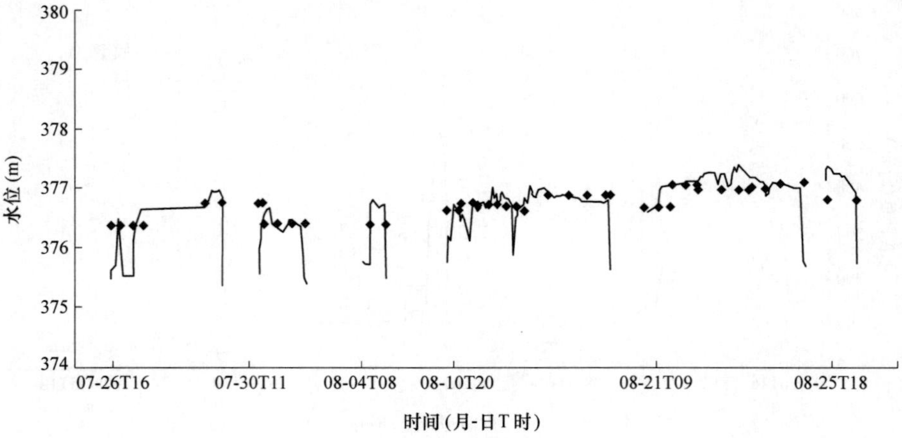

(a)Q1 断面

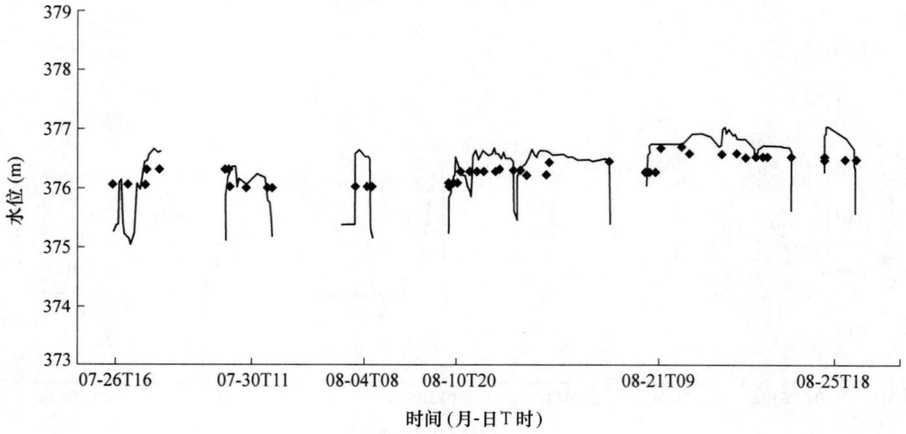

(b)Q2 断面

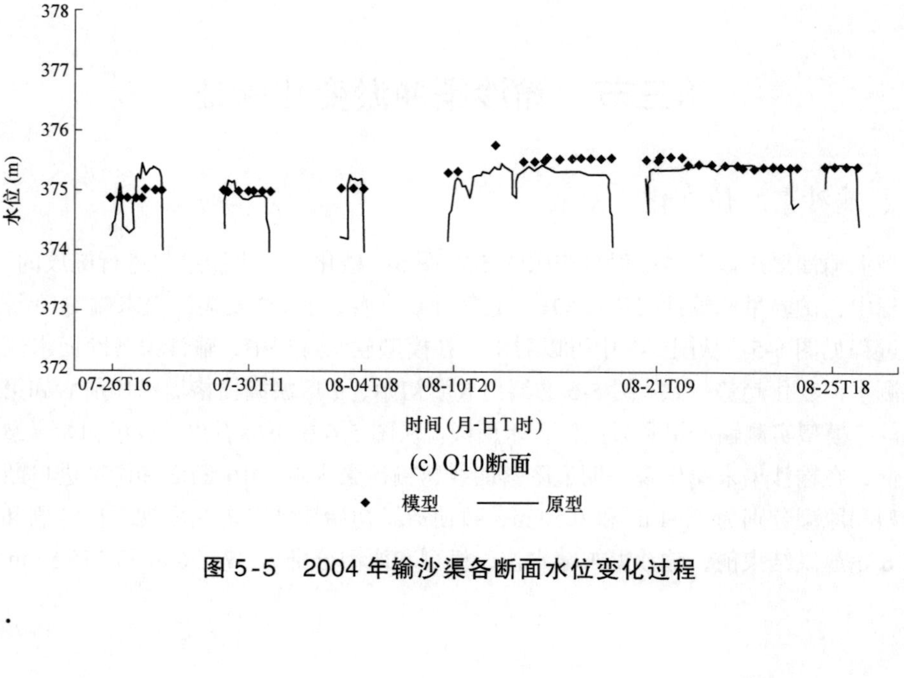

(c) Q10断面

图 5-5　2004 年输沙渠各断面水位变化过程

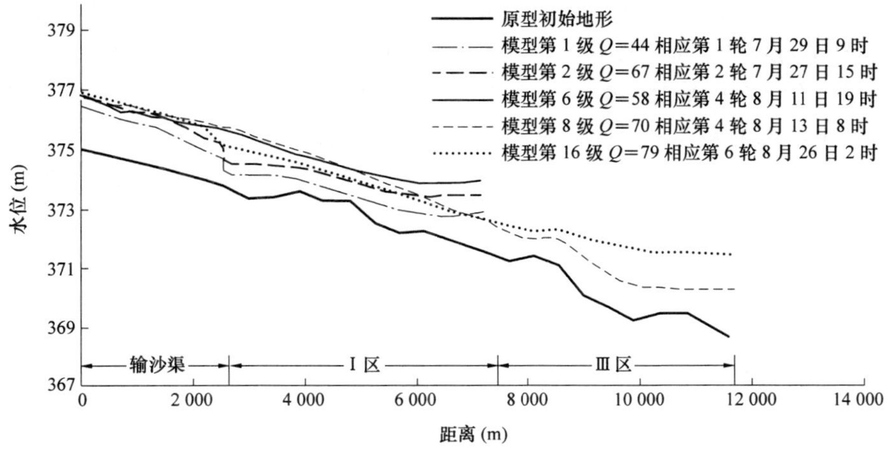

图 5-6　输沙渠淤区水位沿程变化

二、输沙渠含沙量沿程变化

图 5-7 为模型实测输沙渠含沙量沿程变化。从图 5-7 中可以看出，在第 1 轮放淤期间，当进闸含沙量大于 250 kg/m^3 时，在第 1 个弯道溢流堰(桩号 0+883)之前，含沙量沿程减小，输沙渠产生淤积，由于弯道溢流堰的撇清作用，上弯道溢流堰下游输沙渠含沙量增大，而后含沙量沿程减小，输沙渠仍产生淤积；第 2 个弯道溢流堰，受堰后尾水顶托，溢出表层水流较少，撇清作用小，第 2 个弯道溢流堰下游输沙渠含沙量增大不明显；第 3 轮放淤期间，两个弯道溢流堰基本不溢流；在第 4 轮放淤期间，含沙量沿程变化较小；在第 5 轮放淤期间，当含沙量小于 50 kg/m^3 时，含沙量沿程变化不明显。

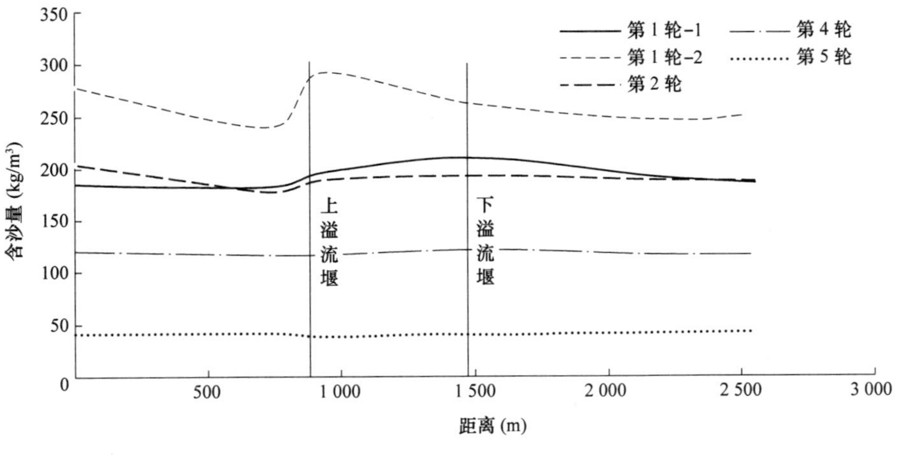

图 5-7　输沙渠含沙量沿程变化

三、输沙渠冲淤变化

本次放淤过程中，原型输沙渠通过的最大流量为 92 m^3/s，最小流量在 10 m^3/s 左右，含沙量最大达到 524 kg/m^3，最小 34 kg/m^3。从整个放淤过程中输沙渠水位(见图 5-6)和含沙量(见图 5-7)沿程变化过程看，在较大含沙量时输沙渠明显产生淤积；当输沙渠淤积到一定厚度，在小含沙量时，输沙渠水流挟沙力不饱和，引起渠道冲刷，将输沙渠内淤积的部分泥沙带入淤区，即输沙渠随着水沙条件的变化而发生冲淤变化。图 5-8 为 6 轮放淤结束后，输沙渠典型断面原型与模型套绘图。从图 5-8 中可以看出，模型中输沙渠

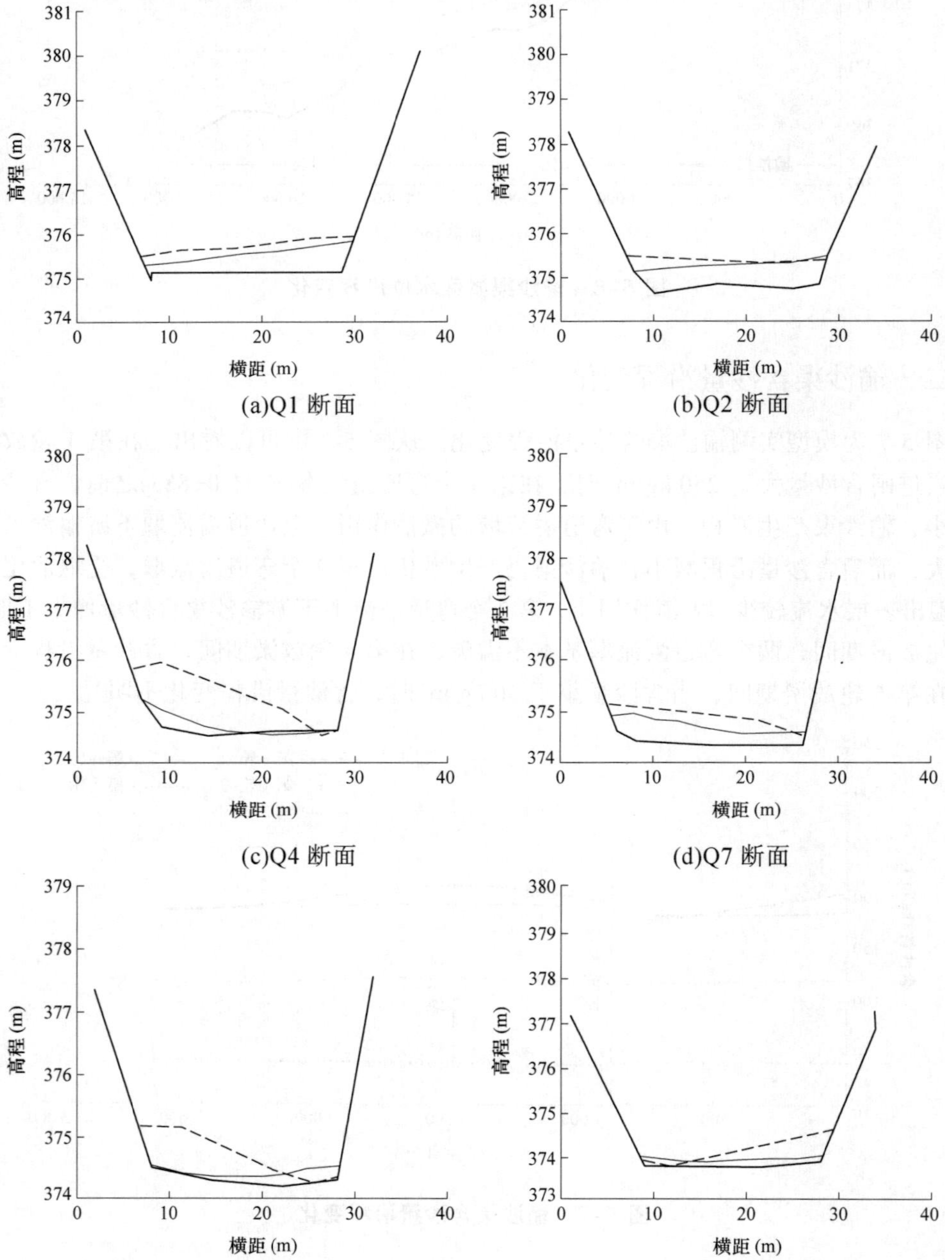

图 5-8　输沙渠淤积断面套绘图

各断面淤积厚度均小于原型，特别是弯段 Q4 和 Q9 断面更为明显。6 轮结束后，输沙渠中 Q1~Q10 断面，原型共淤积 2.4 万 m^3，模型淤积 1.25 万 m^3。导致淤积量较小的原因：模型为满足与原型糙率相似，在输沙渠底部用小石子加糙，加糙石子间距大，凸起高度较大，使模型底部水流受到较大扰动，模型不易淤积；另一方面由于模型变态，特别是弯道段变态，增大了水流的紊动强度，从而增大了泥沙悬浮强度，模型沙不易落淤。考虑到输沙渠淤积量在淤区总淤积量所占比例很小，对淤区淤积影响较小。

第四节 弯道溢流堰分流分沙效果验证

一、弯道内水沙运行观测及分析

模型试验分别对两个不同曲率半径弯道水沙要素进行了观测，表 5-1 为模型实测上弯道内 Q4 断面流速分布，表 5-2 为原型实测上下弯道断面流速。对比表 5-1 和表 5-2 可知，模型实测弯道流速横向分布规律与原型一致，均为凹岸大于凸岸，且模型量测 $v_{凹}/v_{凸}$ 值与原型实测值接近。

表 5-1 模型实测上弯道(Q4)断面垂线平均流速

流量级	模型流量 (m^3/s)	模型含沙量 (kg/m^3)	垂线平均流速(m/s)		$v_{凹}/v_{凸}$
			凸岸	凹岸	
第 1 级	44.0	194.0	1.15	2	1.7
第 2 级	67.1	245.7	1.94	2.22	1.1
第 3 级	40.8	195.4	1.04	1.55	1.5
第 4 级	45.1	52.1	1.36	2.39	1.8
第 5 级	41.9	370.0	1.5	1.92	1.3
第 6 级	58.3	127.6	1.72	1.78	1.0
第 7 级	54.5	107.0	1.41	1.96	1.4
第 8 级	69.8	96.6	1.83	2.19	1.2
第 9 级	52.5	103.6	1.54	2.14	1.4
第 10 级	55.8	33.9	1.41	1.89	1.3

表 5-2 原型实测弯道断面流速 (相对水深 0.2 处)统计

断面	时间 (月-日)	流量 (m^3/s)	横距(m)					$v_{凹}/v_{凸}$
			8~12 (凸岸)	13~16	18~20	22~24	26~27 (凹岸)	
上弯道 Q4 断面	07-30	44~58	1.34	2.05	2.28	2.37	2.53	1.89
	08-04	67	1.63	2.46	2.62	2.62	2.22	1.36
	08-11	30	1.29	1.6	2.02	1.83	1.99	1.54
下弯道 Q8 断面	07-30	47	1.02	1.64	1.97	2.48	2.29	2.25
	08-04	58.6	1.6	1.71	2.02	2.16	2.16	1.35
	08-11	30	1.44	1.71	1.71	1.86	1.36	0.94

图 5-9 和图 5-10 分别为上、下两个弯道断面凸岸与凹岸垂线平均含沙量比值历时变化。由两图可见，在弯道环流作用下，弯道横向输沙不平衡，弯道凸岸含沙量大于凹岸。模型实测弯道断面凸岸垂线平均含沙量与凹岸垂线平均含沙量比值变化范围与原型基本一致，上弯道($R=4B$)的含沙量比值变化范围为 1.0~1.6，下弯道($R=2.5B$)的含沙量比值变化范围为 1.0~1.4。

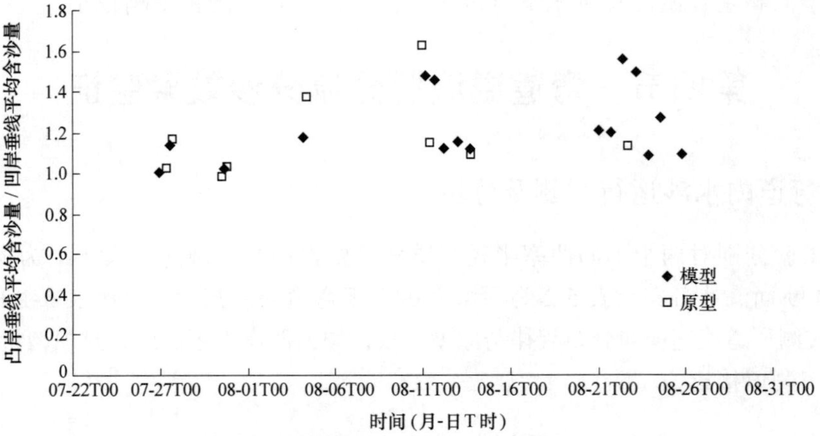

图 5-9　2004 年上弯道 Q4 断面凸岸与凹岸垂线平均含沙量比值历时变化

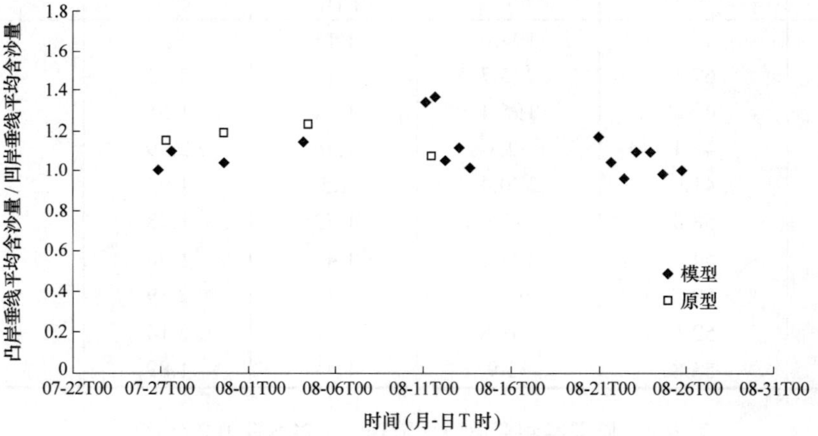

图 5-10　2004 年下弯道 Q8 断面凸岸与凹岸垂线平均含沙量比值历时变化

图 5-11 为模型实测上弯道 Q4 断面第 3 级流量悬沙粒径沿垂线分布。图 5-12 和图 5-13 分别为上、下两个弯道断面凸岸与凹岸悬沙中值粒径比值变化。从图 5-12 和图 5-13 中可以看出，弯道断面泥沙粒径分布与含沙量分布规律基本一致，在弯道环流作用下，凹岸泥沙粒径小于凸岸，且表层小于底部。另外，凹岸泥沙粒径相对比较均匀。悬沙粒径无论横向或垂向分布均存在有一定的梯度，模型实测弯道断面凸岸与凹岸悬沙中值粒径比值变化范围与原型接近，上弯道(R=4B)悬沙中值粒径的比值变化为 1.0~1.4；下弯道(R=2.5B)悬沙中值粒径的比值变化为 1.0~1.4。

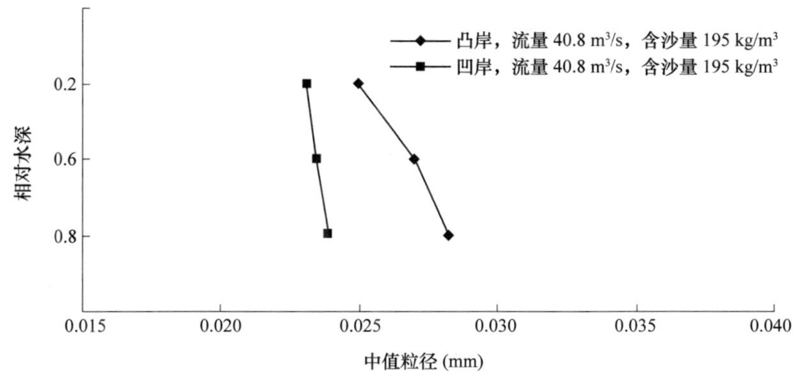

图 5-11　模型实测上弯道 Q4 断面第 3 级流量悬移质泥沙垂线分布

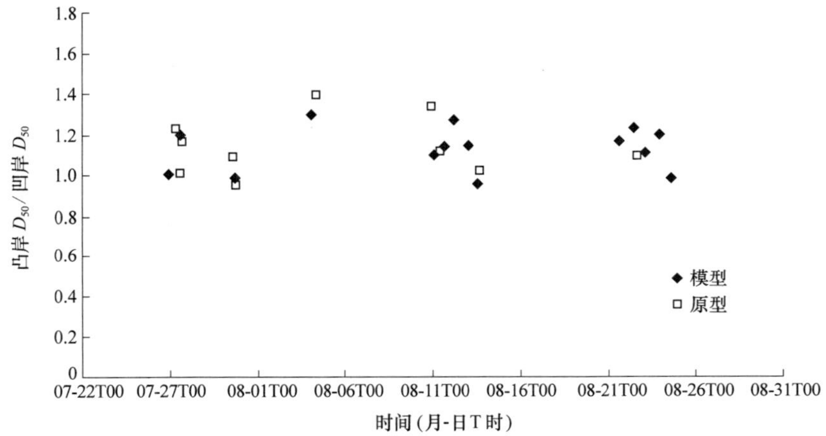

图 5-12　上弯道 Q4 断面凸岸与凹岸泥沙中值粒径比值历时变化

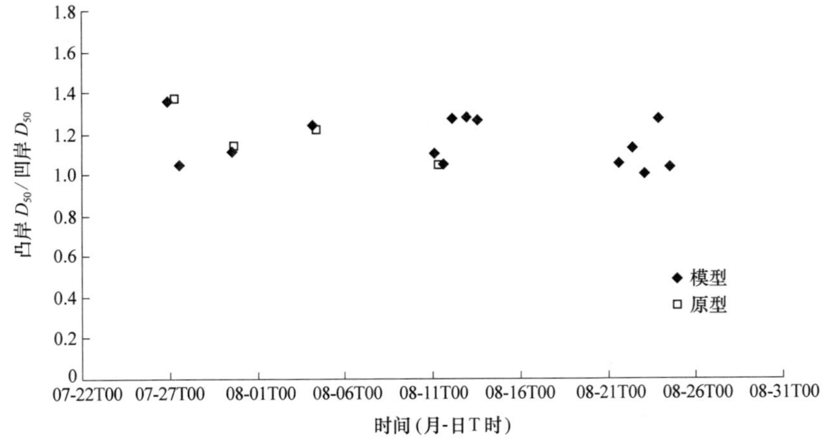

图 5-13　下弯道 Q8 断面凸岸与凹岸泥沙中值粒径比值历时变化

二、弯道溢流堰分沙效果

由于溢流堰退水渠的淤堵，溢流堰没有按设计要求正常运行。溢流堰正常溢流时段短，由 7 月 27 日 10 时的原型实测资料统计可知，溢流堰分出水流含沙量较渠道含沙量小，其比值约为 0.67；模型实测值较原型略大，其比值约为 0.8；分出水流悬沙粒径也略细于输沙渠内水流悬沙组成。对比弯道上渠道断面 Q1 和弯道下 Q6 断面的含沙量和颗分资料可知，两个断面含沙量差别不大，但粗、细粒径含量却不相同。$d>0.05$ mm 的粗泥沙含量，Q6 断面比 Q1 断面提高了 2.3 个百分点；由模型试验量测得，经过第 1 弯道溢流堰水沙分选后，输沙渠内粗颗粒泥沙比例增加了 2~4 个百分点，结果与原型一致。试验表明，水流在经过弯道溢流后，挟带细颗粒泥沙的表层水流被溢流出去，使得粗颗粒泥沙留在渠道内，提高了下游断面的粗颗粒含量。

第五节　放淤过程淤区水沙要素变化验证

一、淤区进出口水沙要素比较

以输沙渠末端 Q10 断面水沙要素作为进入淤区水沙条件。Q10 断面原型和模型实测水位变化过程见图 5-5；图 5-14~图 5-16 分别为 Q10 断面含沙量变化过程以及悬移质泥沙级配变化过程。从这些图中可以看出，进入淤区的各水沙要素变化过程与原型值基本一致。

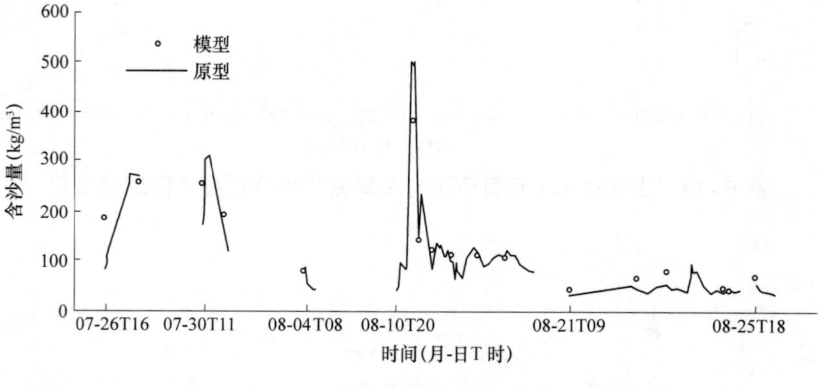

图 5-14　2004 年 Q10 断面含沙量变化过程

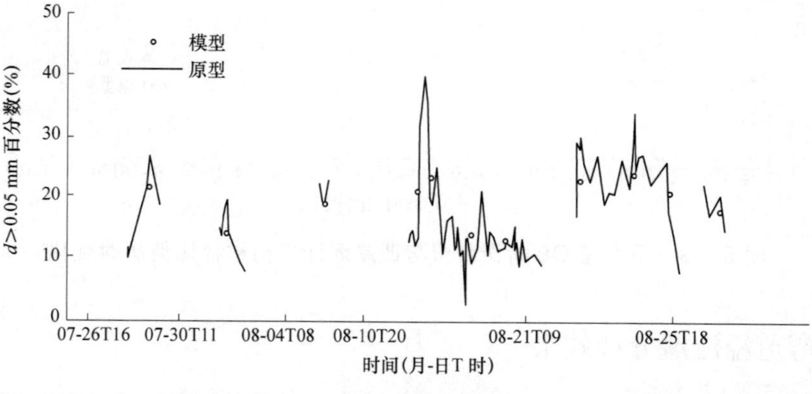

图 5-15　2004 年 Q10 断面悬移质泥沙粒径大于 0.05 mm 百分数变化过程

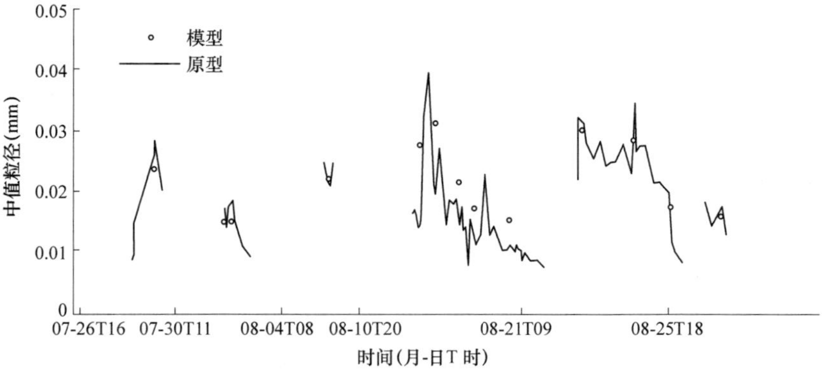

图 5-16　2004 年 Q10 断面悬移质泥沙中值粒径变化过程

横格堤上游 H1 断面水位以及口门出口 S4 断面含沙量作为Ⅰ区出口水位及含沙量控制断面。图 5-17 为 H1 断面水位变化过程，从图中可以看出，在第 1 轮放淤过程中，由于退

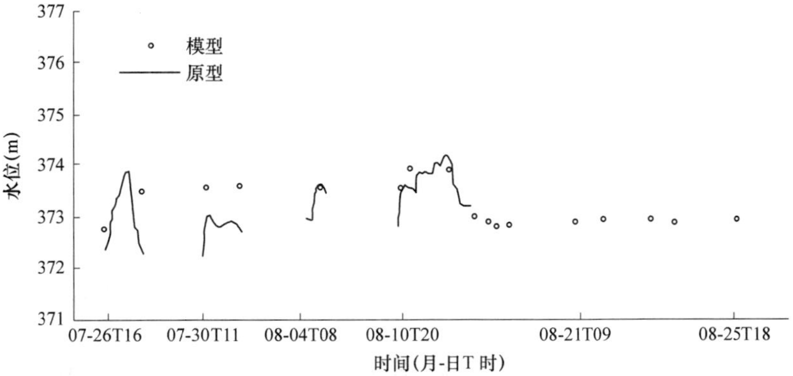

图 5-17　2004 年Ⅰ区放淤横格堤上游 H1 断面水位变化

水口门钢桁架柴草不断堆积，水位偏高，本轮放淤结束，需清除柴草；第 2~4 轮中，口门正常操作调度，该断面水位逐时抬升，在横格堤破口前升至最高，8 月 12 日 18 时横格堤破口后，其水位突降 1.0 m 左右，且在以后几轮放淤过程中，该断面水位变化不大，H1 断面水位变化过程与原型基本一致。图 5-18~图 5-20 分别为 S4 断面含沙量及泥沙粒

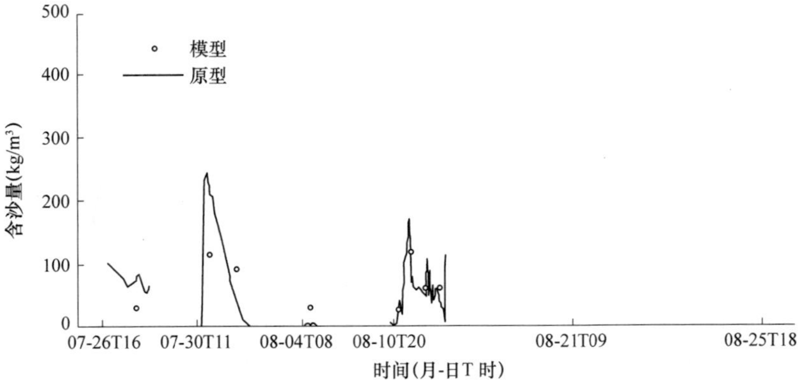

图 5-18　2004 年Ⅰ区放淤出口含沙量变化过程

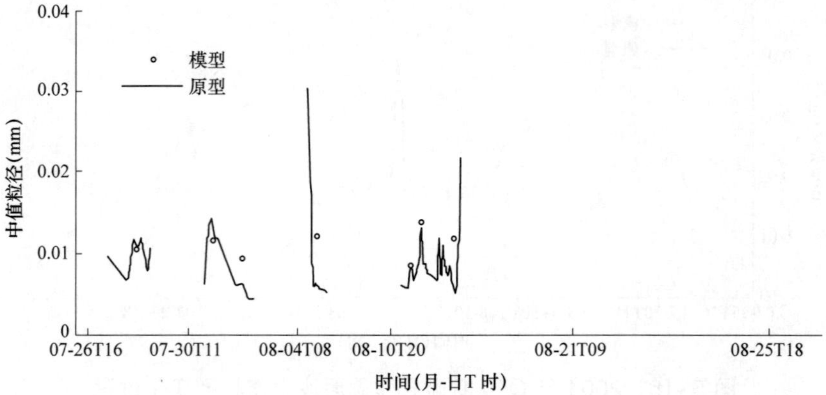

图 5-19　2004 年Ⅰ区放淤出口泥沙中值粒径变化过程

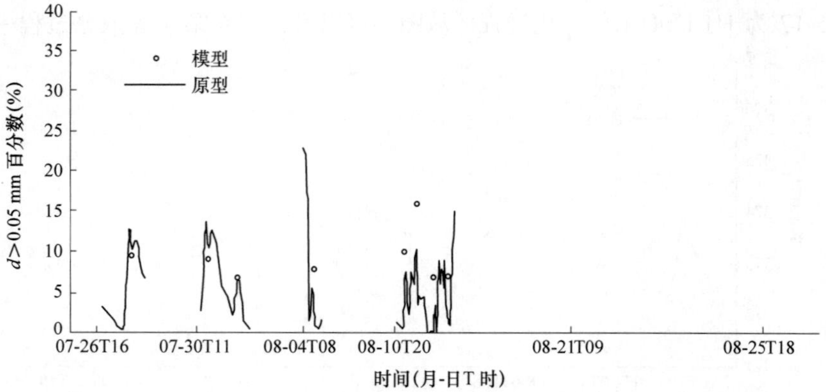

图 5-20　Ⅰ区放淤出口泥沙粒径大于 0.05 mm 百分数变化过程

径变化过程，从图中可以看出，Ⅰ区放淤过程中，其出口含沙量以及泥沙粒径变化过程与原型变化趋势基本一致。

图 5-21~图 5-24 为Ⅲ区放淤过程中出口断面 Q15 水沙要素变化过程，从图中可以看出，Ⅲ区放淤过程中，其出口断面水位和含沙量变化与原型值一致，出口泥沙粒径较原型排出略粗。

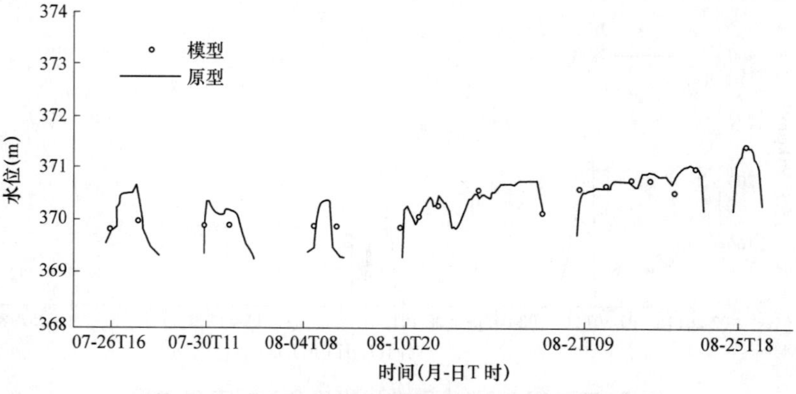

图 5-21　2004 年Ⅲ区放淤出口水位变化过程

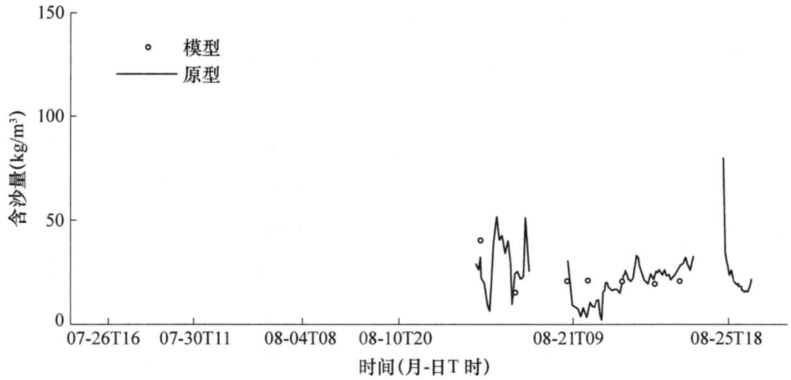

图 5-22　2004 年Ⅲ区放淤出口含沙量过程

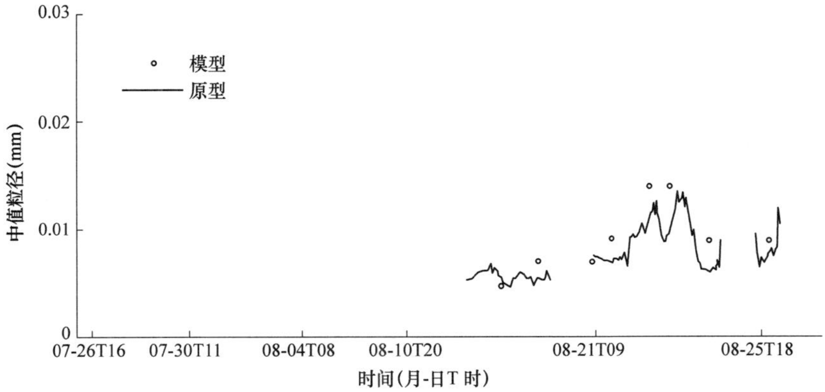

图 5-23　2004 年Ⅲ区出口悬移质泥沙中值粒径变化过程

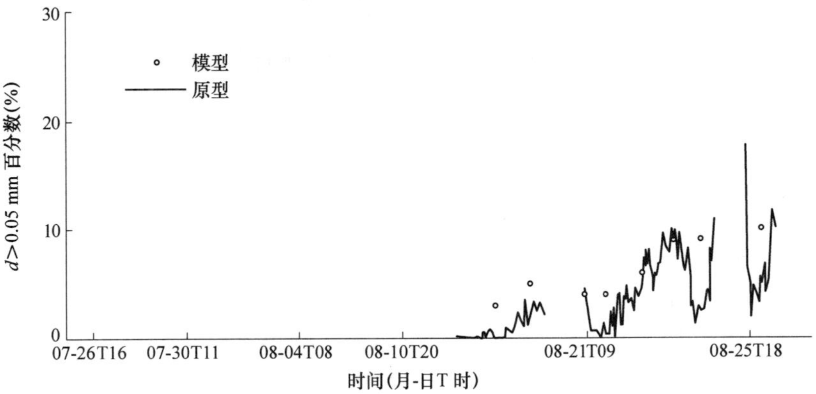

图 5-24　2004 年Ⅲ区出口悬移质泥沙粒径大于 0.05 mm 百分数变化过程

二、淤区沿程水位、含沙量变化比较

图 5-25~图 5-28 为放淤过程中Ⅰ区 Q11 和 Q12 断面模型实测与原型实测水位、含沙

量变化过程；图 5-29~图 5-30 为Ⅲ区 Q14 断面模型实测与原型实测水位、含沙量变化过程。从图中可以看出，模型量测淤区各断面水位变化过程与原型实测变化规律一致，即本模型淤区水沙变化可以反映原型水沙运行规律。原型进入淤区后，水流具有很明显非恒定流流动特征，水流由淤区进口至淤区出口，行进时间为 3~4 h，水流在淤区行进过程中，沿程流量和水位随时都在变化调整，而且变化调整幅度相对较大，模型概化后的来流过程变幅相对较小，模型实测沿程水位与原型水位变化趋势是一致的。第 6 轮放淤结束前，水流进入淤区流量为 79 m^3/s 时，模型和原型的淤区进口水位分别为 374.11 m 和 374.29 m，水位差别不大。放淤过程中，淤区出口水位，模型完全按原型水位控制，模型和原型水位基本相同，表明模型实测淤区沿程水位基本反映原型实际情况。从图 5-6 中可以看出，Ⅰ区靠近横隔堤口门的区段和Ⅲ区靠退水闸的区段，出现明显壅水现象，在这两个区段，细沙相对淤积较多，在第六节淤区淤积物中值粒径沿程变化图(见图 5-39)也可得到证实。

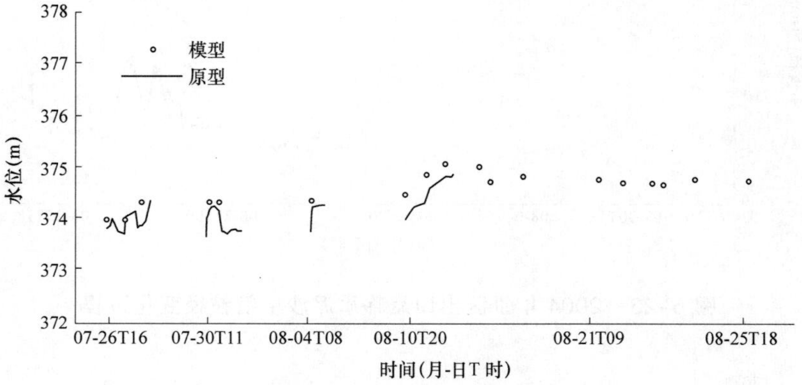

图 5-25　2004 年Ⅰ区放淤 Q11 断面水位变化

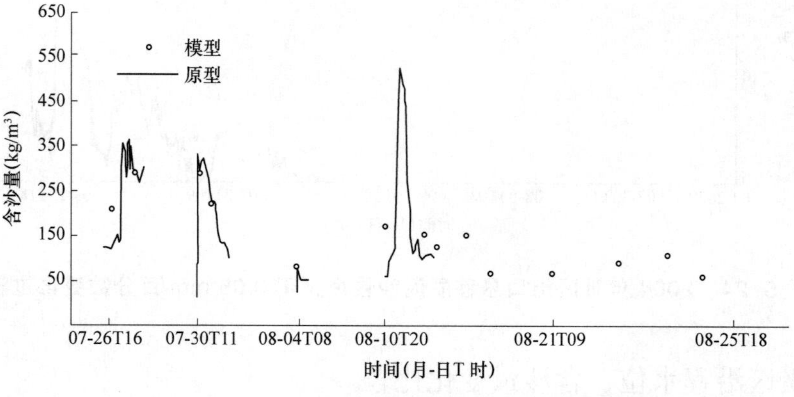

图 5-26　2004 年Ⅰ区放淤 Q11 断面含沙量变化

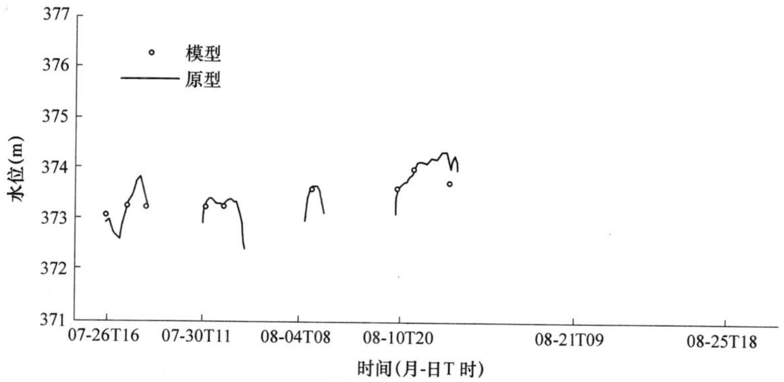

图 5-27　2004 年 Ⅰ 区放淤 Q12 断面水位变化

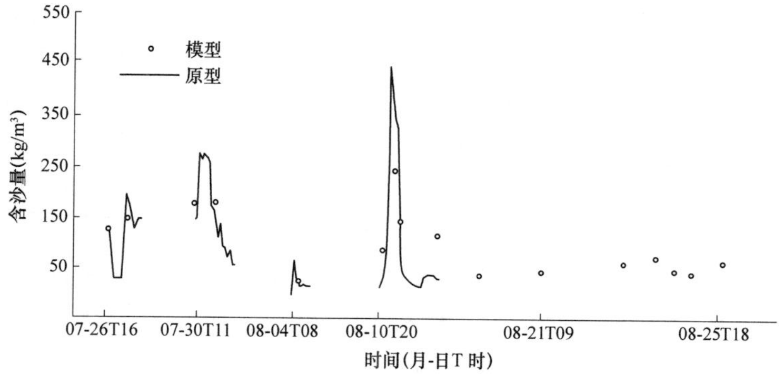

图 5-28　2004 年 Ⅰ 区 Q12 断面含沙量变化

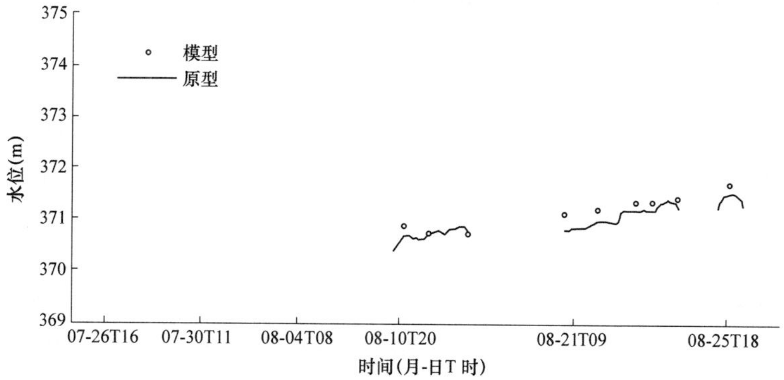

图 5-29　2004 年 Ⅲ 区放淤 Q14 断面水位变化

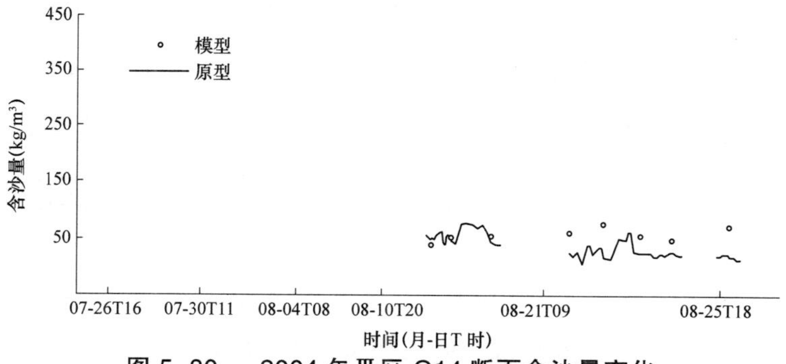

图 5-30　2004 年 Ⅲ 区 Q14 断面含沙量变化

三、淤区河势演变规律

试验结果表明，模型复演过程中淤区水流泥沙运动与原型水流泥沙运行规律较为相似，如在放淤初期，水流在全断面上漫流，先集中淤积淤区中的一些坑塘和低洼地带，随着淤积的发展，淤区出现沙洲，水流分成多股，如图 5-31 所示，而后从上至下形成明

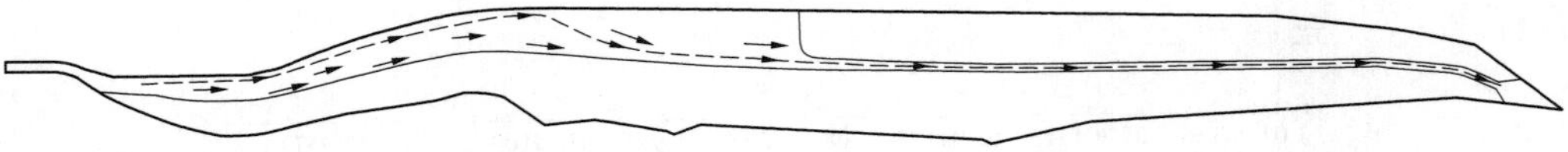

(a)第 1 轮放淤流势(7 月 26 日，Q=44 m^3/s，S=197 kg/m^3)

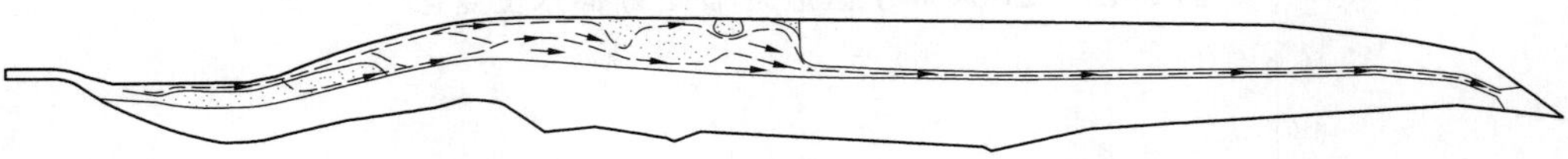

(b)第 2 轮放淤流势(7 月 31 日，Q=40 m^3/s，S=77 kg/m^3)

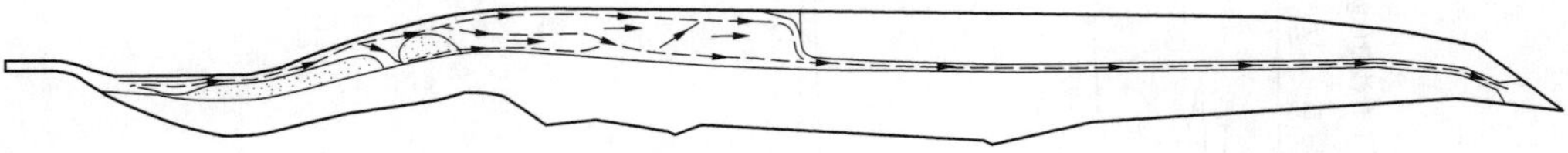

(c)第 3 轮放淤流势(8 月 4 日，Q=45 m^3/s，S=52 kg/m^3)

图 5-31　第 1~3 轮放淤流势图

显滩槽，槽宽一般为 30~80 m，深 1 m 左右。在第 4 轮放淤期间，8 月 11 日 4：00~12：00 进入淤区的悬沙的中值粒径达 0.04 mm 左右，原型含沙量达 500 kg/m^3，在这种粗沙高含沙水流情况下，泥沙运行和流势的演变非常迅速，大量泥沙淤积在Ⅰ区，如图 5-32 所示。Ⅲ区放淤时，在扒开横格堤后，在横格堤扒口处，出现了一定的水位落差，在Ⅰ区内发生自下而上的溯源冲刷，首先拉出一条主槽，然后展宽，宽度一般在 30~80 m 之间，Ⅰ区内一部分淤沙被带至Ⅲ区。受进口水沙条件和入流位置的影响，主流沟也随之摆动，随着主流顶冲点的上提下挫，最终在Ⅰ区内自下而上形成较为稳定的主槽，如图 5-33 所示，

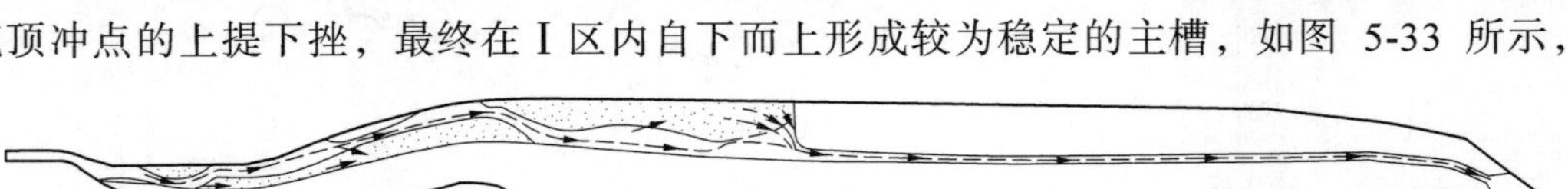

(a)第 4 轮Ⅰ区放淤流势(8 月 11 日，Q=58 m^3/s，S=128 kg/m^3)

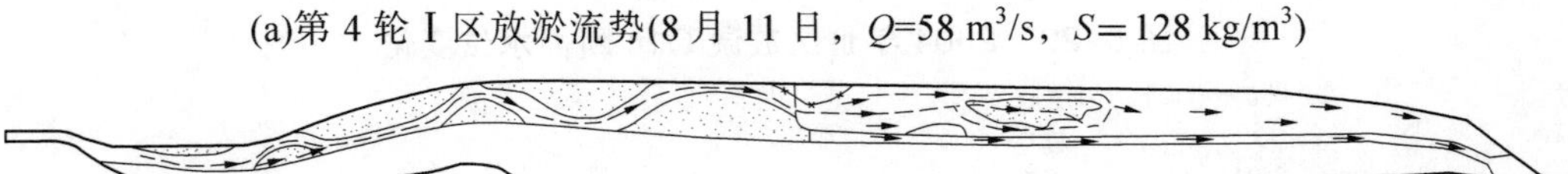

(b)第 4 轮Ⅲ区放淤流势(8 月 13 日，Q=69.8 m^3/s，S=97 kg/m^3)

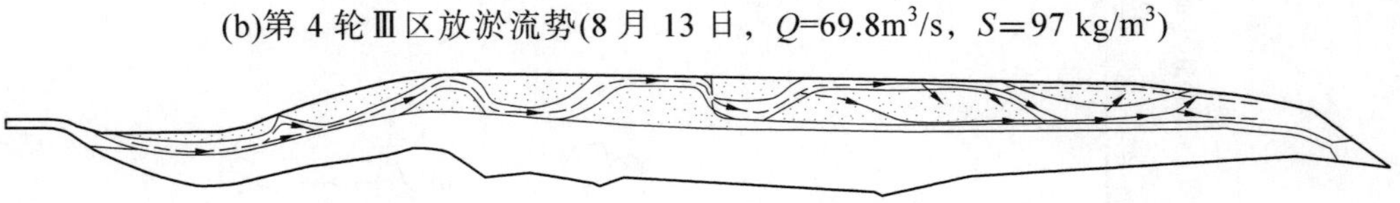

(c)第 5 轮初放淤流势(8 月 22 日，Q=77.9 m^3/s，S=56 kg/m^3)

图 5-32　第 4、5 轮放淤流势图

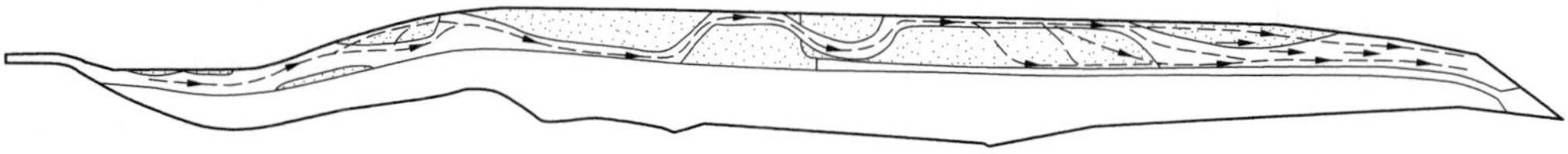

(a)第 5 轮中放淤流势(8 月 23 日，Q=68.4 m^3/s，S=37 kg/m^3)

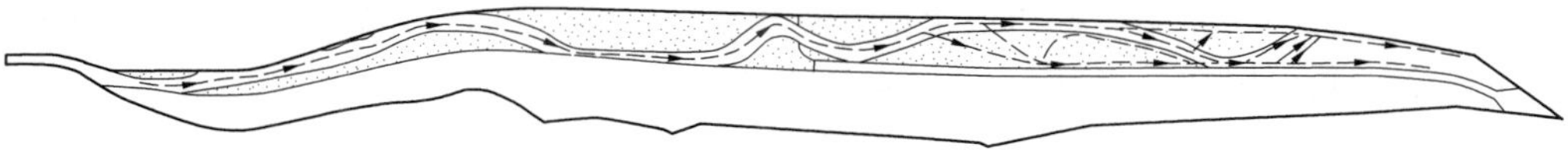

(b)第 5 轮末放淤流势(8 月 24 日，Q=64 m^3/s，S=41 kg/m^3)

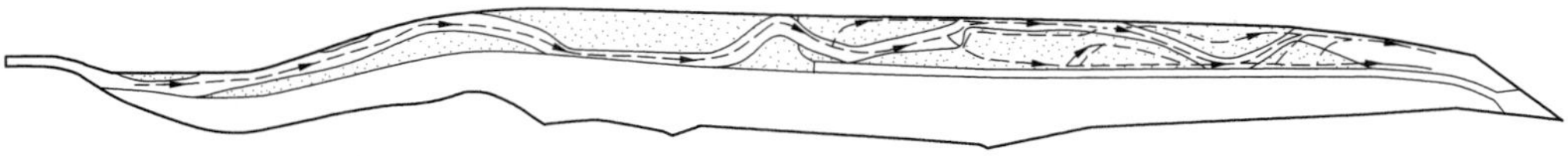

(c)第 6 轮放淤流势(8 月 26 日，Q=79 m^3/s，S=43 kg/m^3)

图 5-33　第 5、6 轮放淤流势图

将进入淤区泥沙输送至Ⅲ区。由于本实体模型初始地形为定床，放淤过程中冲刷受到一定影响，且模型中淤区内局部微地形很难模拟，再加之对水沙过程进行了概化等因素的影响，模型中主流沟摆动与原型有一定差别。从放淤结束后看，模型和原型实测断面套绘比较，模型和原型差别不是太大，表明模型河势演变基本上反映出了原型的演变情况。

第六节　淤区“淤粗排细”放淤效果验证

一、淤积量和淤积形态

试验按照 2004 年放淤闸引水引沙过程概化后进行施放，为了与原型试验结果进行对比，模型试验放水分别在第 3 轮、第 4 轮及第 6 轮结束后对淤区的 18 个断面进行测量，淤区部分淤积断面原型与模型套绘如图 5-34、图 5-35 和图 5-36 所示。从淤区各断面淤积横剖面图可以看出，经过前 3 轮淤积，Ⅰ区上段淤积物存在明显滩槽，槽宽 30~80 m，主槽多靠左围堤，淤区下段受口门壅水影响，滩槽不如上段明显。比较图 5-34 和图 5-35 可以看出，在第 6 轮放淤结束后，Ⅰ区各断面沟槽位置发生了较大变化，淤积体沿纵、横向分布相对均匀，Ⅰ区平均淤积厚度为 1~2 m。Ⅲ区受初始地形以及退水闸叠梁门抬升的影响，淤积体下段厚，上段薄，纵剖面如图 5-37 所示。从图 5-37 看出，淤区放淤前，淤区上段 Y1~Y13(桩号 6+040 以上)比降缓，平均比降 4‱；下段陡，平均比降 8.2‱。淤区初始平均比降为 5.2‱。放淤后Ⅰ区淤积平均比降与放淤前淤区上段平均比降接近，横格堤附近 Y8~Y13(桩号 3+600~5+100)，原型比降变陡，淤区比降约为 11.6‱，Ⅲ区下段受退水闸叠梁门的影响，平均比降变缓，约为 3.5‱，淤区总平均比降较原始略缓约为 4.9‱。从图 5-37 中还可以看出，在淤区横格堤附近模型淤积地形与原型略有差异，原因是原型上横格堤扒口后，口门宽度靠水流自然扩宽，而模型上横格堤扒口一次到位，扒口后Ⅰ区淤积泥沙很快带入Ⅲ区，其数量大于原型，导致横格堤前附近模型淤积面偏低，横格堤后附近淤积面较原型高。

采用形态断面法和输沙率法对Ⅰ区、Ⅲ区两个淤区的淤积量和淤沙级配分别进行了计算，结果见表 5-3、表 5-4 和图 5-38。经过 6 轮放淤，采用形态断面法计算，原型约淤积 265.7 万 m^3，模型淤积 246 万 m^3，模型较原型少 7.4%。采用输沙率法计算 6 轮原型淤积 435.8 万 t，模型淤积 414.6 万 t，模型较原型少 4.9%。从图 5-36 中可以看出，退水渠中淤积量略少于原型，模型退水渠左渠堤扒口较小，另外模型变率大，退水渠中加糙后也影响退水渠淤积，导致模型总淤积量偏小。

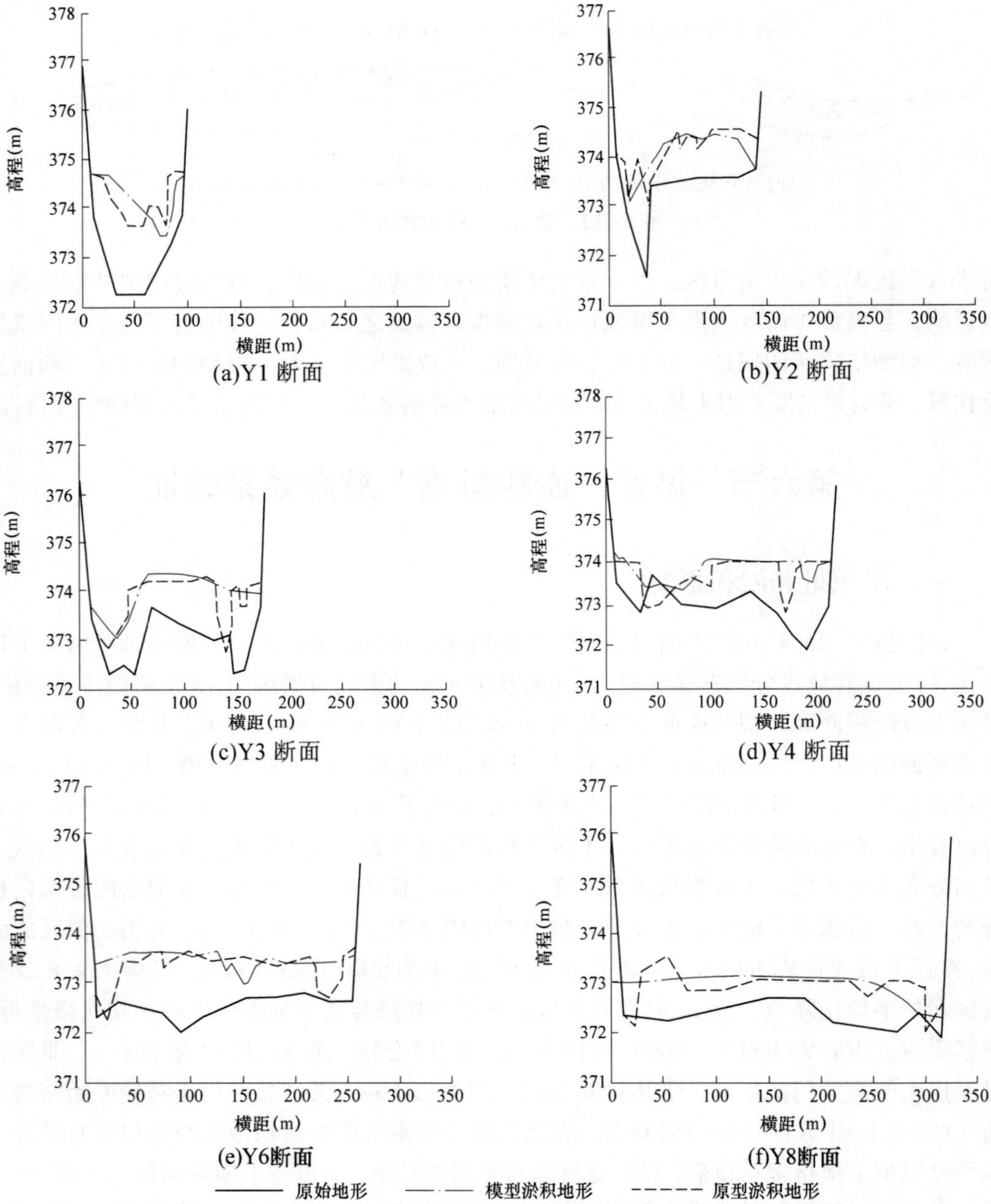

图 5-34　1~3 轮Ⅰ区放淤不同横断面淤积比较

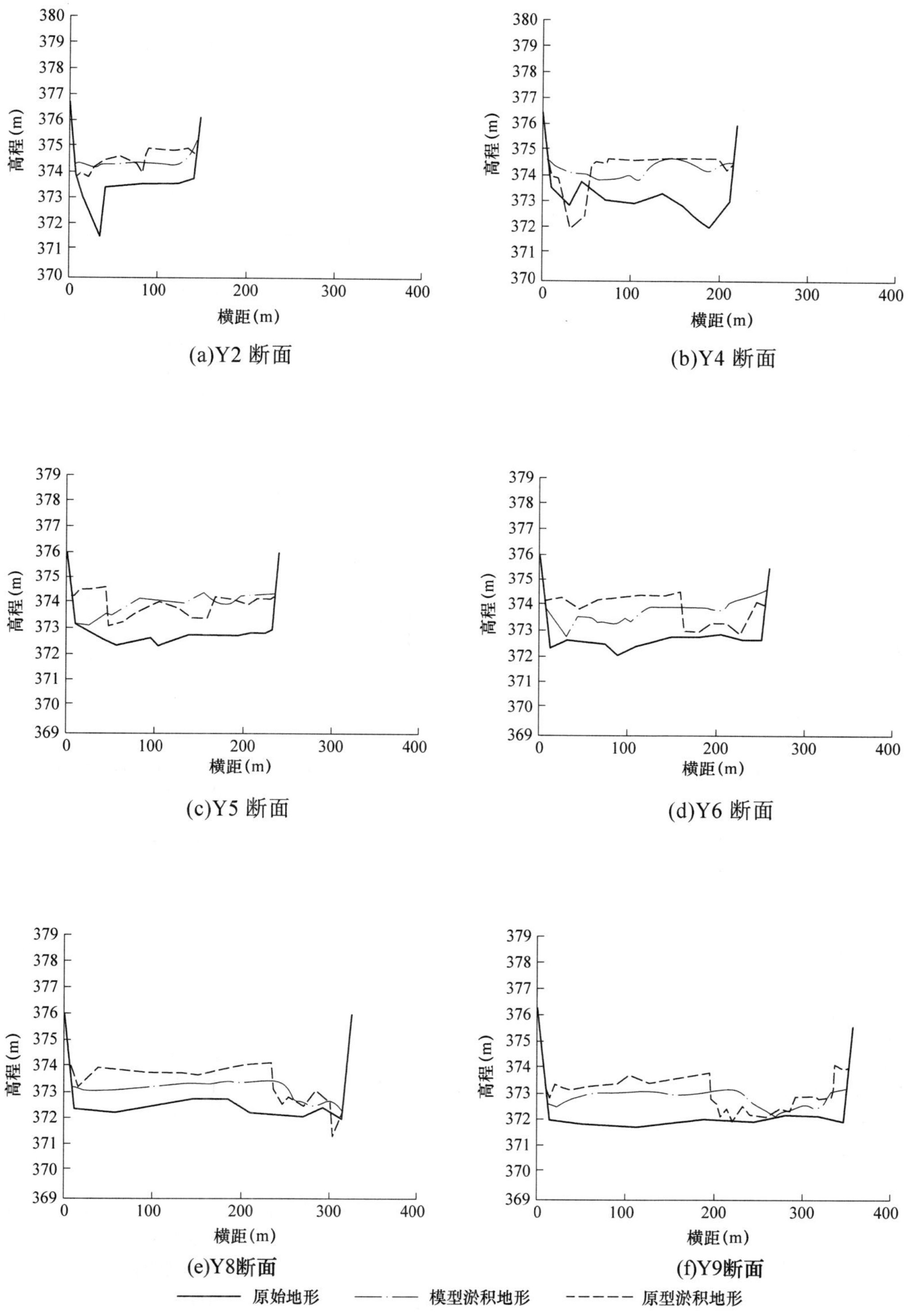

图 5-35　1~6 轮放淤 Ⅰ 区不同横断面淤积比较

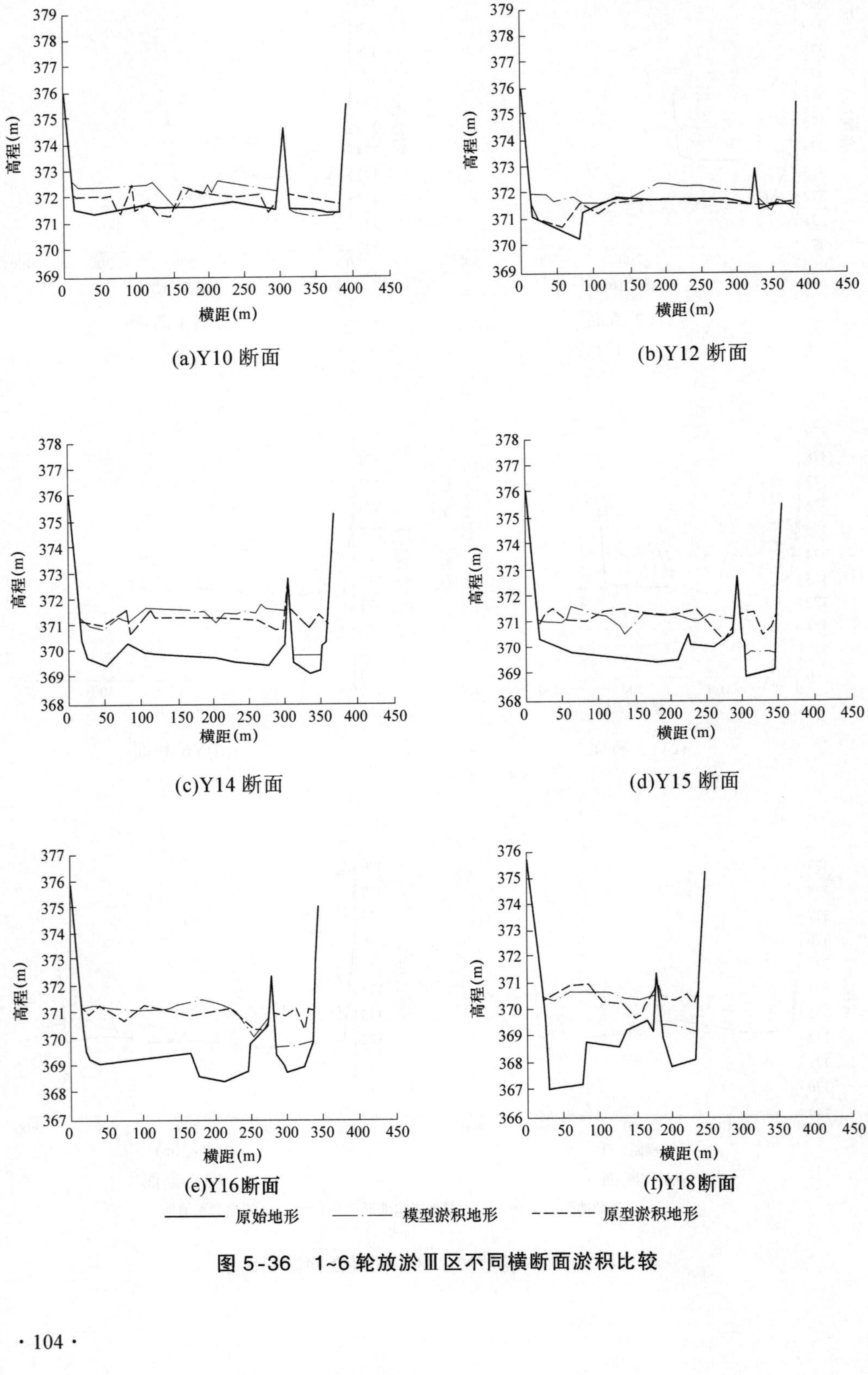

图 5-36　1~6 轮放淤Ⅲ区不同横断面淤积比较

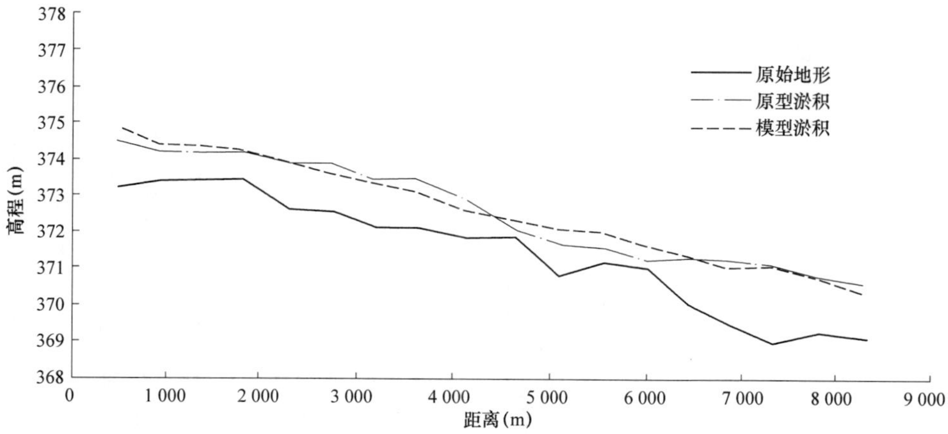

图 5-37　淤区纵剖面图

表 5-3　淤区淤积总量原型与模型计算结果对照

断面编号	断面间距 (m)	累计淤积量(万 m^3)	
		原型	模型
Q10	0	0.0	0
Y1-2	490	4.5	4.0
Y2-2	940	11.8	11.3
Y3-2	1 380	19.7	19.4
Y4-2	1 820	29.3	30.1
Y5-2	2 280	41.4	42.6
Y6-2	2 730	54.7	56.5
Y7-2	3 180	69.1	69.3
Y8-2	3 630	84.0	77.0
Y9-2	4 580	118.4	95.2
Y10-2	4 660	120.4	13.5
Y11-2	5 130	126.6	121.5
Y12-2	5 580	130.1	128.6
Y13-2	6 040	137.3	140.6
Y14-2	6 470	154.9	153.7
Y15-2	6 890	175.4	173.6
Y16-2	7 350	198.3	191.6
Y17-2	7 830	223.0	214.5
Y18-2	8 320	245.6	234.6
Q15	9 060	265.7	246.5

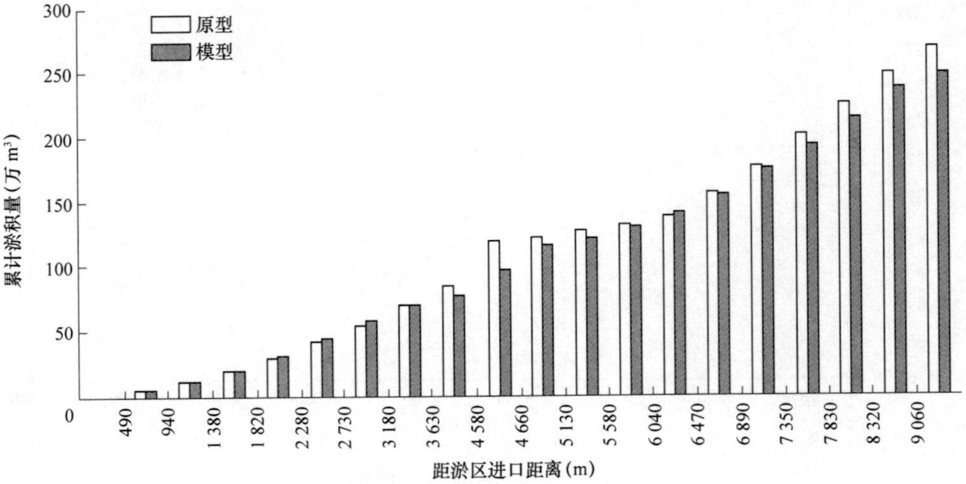

图 5-38　淤区累计淤积量沿程分布

表 5-4　淤区淤积总沙量和淤沙级配原型与模型计算结果对照

放淤轮次		淤区淤积沙量(万 t)				淤积物中各粒径组泥沙含量(%)		
		<0.025 mm	0.025~0.05 mm	>0.05 mm	全沙	<0.025 mm	0.025~0.05 mm	>0.05 mm
第 1~3 轮	原型	65.10	42.40	36.80	144.30	45.12	29.38	25.50
	模型	93.79	23.09	32.90	149.78	62.62	15.41	21.97
第 4 轮	原型	102.70	50.00	44.60	197.30	52.05	25.34	22.61
	模型	93.68	37.74	44.70	176.13	53.19	21.43	25.38
第 5 轮	原型	31.90	24.80	25.70	82.40	38.71	30.10	31.19
	模型	33.06	21.08	20.21	74.35	44.47	28.35	27.18
第 6 轮	原型	4.80	2.70	4.10	11.60	41.38	23.28	35.34
	模型	7.54	3.30	4.52	15.36	49.09	21.48	29.43
合计	原型	204.50	120.0	111.20	435.60	46.95	27.52	25.53
	模型	228.07	85.21	102.33	415.61	54.88	20.50	24.62

二、淤区淤粗排细放淤效果比较

6 轮放淤过程中，根据模型实测淤区进出口含沙量以及悬沙级配，对淤区淤粗排细的放淤效果进行了统计计算，结果如表 5-4 和表 5-5 所示。从表 5-4 中可以看出，输沙率法模型实测淤积物中值粒径为 0.021 mm，原型实测值为 0.027 5 mm，模型值偏细，其主要是受模型时段限制，模型各组泥沙粒径并未按照级配配制，而是按照各组泥沙中值粒径进行调配造成的。

放水结束后，对淤积物进行了取样分析，图 5-39 和图 5-40 分别为淤积物平均中值粒径与淤积物泥沙粒径大于 0.05 mm 的含量的沿程分布。由图中可以看出，由于泥沙的分选作用，淤区淤积物粒径沿程变细，淤积物中大于 0.05 mm 粗泥沙含量沿程递减，全区淤积物平均中值粒径约为 0.035 mm，原型实测值约为 0.046 mm，模型值也偏细。一方面，模型上控制悬沙略细；另一方面，原型上采用输沙率法计算淤区淤积大于 0.05 mm 的粗泥沙约占 25.53%，而采用断面取样法计算淤区淤积大于 0.05 mm 的粗泥沙，约占 42.4%，二者存在的差异主要是输沙率法存在底沙漏测等原因造成。模型控制水沙条件是按照原型实测进口水沙过程(输沙率法量测)，因此模型上采用断面法量测的淤区淤积物泥沙粒径较原型细。

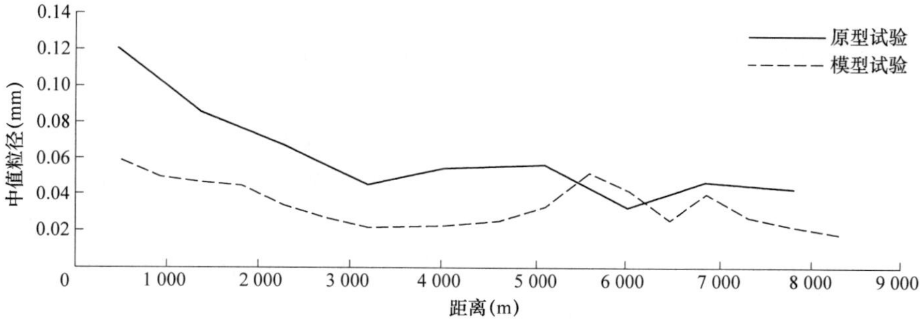

图 5-39　淤区淤积物泥沙中值粒径沿程分布

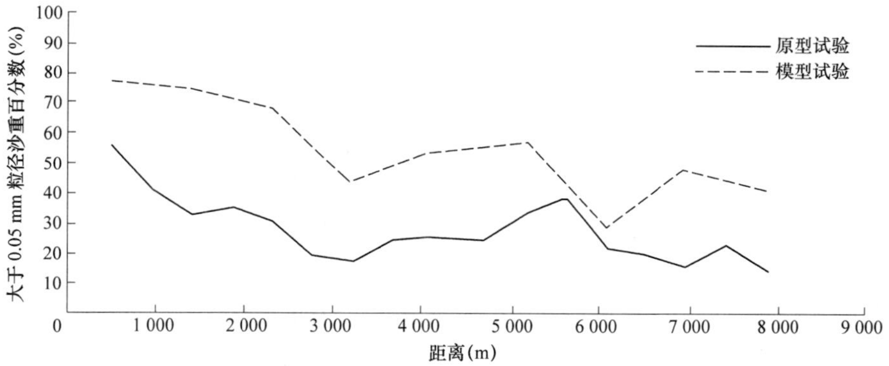

图 5-40　淤区淤积物大于 0.05 mm 泥沙含量沿程分布

表 5-5　原型和模型淤粗排细放淤效果对比

项目		＜0.025 mm	0.025~0.05 mm	＞0.05 mm	全沙
原型试验	进入淤区(万 t)	344.2	138.3	117.4	599.9
	占全沙(%)	57.38	23.05	19.57	100.00
	淤区排出(万 t)	139.6	18.4	6.1	164.1
	淤区淤积(万 t)	204.6	120	111.3	435.9
	淤积比(%)	59.44	86.83	94.8	72.66
	占淤积量(%)	46.94	27.53	25.53	100.00
模型试验	进入淤区(万 t)	335.44	143.89	120.63	599.96
	占全沙(%)	55.91	23.98	20.11	100.00
	淤区排出(万 t)	105.33	59.47	19.55	184.35
	淤区淤积(万 t)	230.11	84.42	101.07	415.61
	淤积比(%)	68.6	58.67	83.79	69.27
	占淤积量(%)	55.37	20.31	24.32	100.00

由表 5-5 可以看出，经过 6 轮放淤，模型上共淤积泥沙 415.6 万 t，全沙淤积比达到 69%，大于 0.05 mm 的粗泥沙约 101 万 t，占淤积总量的 24%，大于 0.05 mm 粗泥沙淤积比达 84%，原型上达到 94.8%，也就是说，进入淤区的粗泥沙 4/5 以上淤积在淤区内。从表 5-5 中还可以看出，模型小于 0.025 mm 的细泥沙约 230 万 t，小于 0.025 mm 的细泥沙约占淤积总量的 55%，原型为 47%；其淤积比模型为 68.6%，原型为 59.4%。

第七节　与实施方案预报试验放淤效果对比

为配合 2004 年小北干流放淤试验工程设计工作，曾于 2004 年 5 月进行放淤试验工程实施方案实体模型预报试验，实施方案模型试验水沙是按照 1998 典型年水沙过程进行施放的。日平均引水流量 52~99 m^3/s，日平均引沙含沙量 51~328 kg/m^3。模型悬沙颗粒级配按照实际引水引沙平均颗粒级配组成配制，该级配的中值粒径为 0.025 mm，大于 0.025 mm 的泥沙占 50%，大于 0.05 mm 的泥沙占 20%。放淤试验过程中，退水闸叠梁门的控制条件：淤区排沙比(即出口含沙量与进口含沙量之比)控制在 30%~50%。模型共施放 37 d，进入淤区泥沙约 3 240 万 t，淤积 2 146 万 t，其中大于 0.05 mm 的粗沙约 536 万 t，约占总淤积量的 25%，如表 5-6 所示。

表 5-6　两次模型试验放淤效果统计

试验方案	项目	＜0.025 mm	0.025~0.05 mm	＞0.05 mm	全沙	水沙条件
实施方案预报模型试验	进入淤区(万 t)	1 620.20	972.12	648.08	3 240.40	1998 年
	淤区淤积(万 t)	866.75	742.92	536.42	2 146.09	
	淤积比(%)	53.50	76.42	82.77	66.23	
	占淤积量(%)	40.39	34.62	24.99	100.00	
2004 年复演模型试验	进入淤区(万 t)	335.44	143.89	120.63	599.96	2004 年
	淤区淤积(万 t)	230.11	84.42	101.07	415.61	
	淤积比(%)	68.60	58.67	83.79	69.27	
	占淤积量(%)	55.37	20.31	24.32	100.00	

复演模型试验是按照 2004 年放淤闸的实际引水引沙进行施放的，模型对水沙过程概化成 16 级不同粗细泥沙组成的流量过程施放，口门和退水闸按照原型调度进行控制，前 4 轮(1~9 组次)放淤过程中，淤区排沙比较小，平均排沙比只有 22%，较多较细泥沙落淤在淤区内，而后 2 轮改变调度指标后，其排沙比相对较大(30%~80%)。进入淤区泥沙粒径大于 0.05 mm 的约占 20%，小于 0.025 mm 的泥沙占 56%。对比两次放淤试验结果可知，复演试验中，后 2 轮排沙比相对较大，粗沙淤积比例相对较高，但由于来沙细沙含量偏高，因此小于 0.025 mm 泥沙淤积比较大。可见，退水口控制指标是影响淤区淤粗排细的关键因素之一，在确定调度指标时，应综合考虑来沙级配、排出泥沙颗粒级配以及排沙比等因素。

第八节 复演试验验证结果分析及评价

(1)试验成果表明，模型较好地复演了原型放淤过程中水沙运行规律：淤积过程、淤积量和淤粗排细的效果，与原型试验结果基本一致，表明模型设计是正确的，所选用的水流泥沙要素比尺适宜，原设计方案和实施方案 1998 年典型年预报试验成果是可信的。

(2)2004 年汛期龙门水文站来水来沙变化很大，在 6 轮放淤过程中，放淤闸引水引沙过程变化很快，而且变幅很大，给复演验证试验带来很大困难。在保证引水总量、引沙总量完全相同和悬沙粗细泥沙总量比例相似的情况下，模型概化的水沙过程是可行的，淤区淤积沙量与原型观测结果比较接近，输沙率法和断面法计算淤积量分别比原型小 7.4%和 4.9%。断面法观测断面较多，而且断面淤积厚度比较大，采用断面法计算淤积量，其结果能真实反映原型淤积情况。模型和原型输沙率法计算淤积量较断面法计算淤积量分别大 15.4%和 12.3%，其观测误差能满足水文泥沙规范二类站要求，利用输沙率法分析计算粗细泥沙的运行规律和淤积比结果是可信的。

(3)模型对一些微地形(输沙渠抢险后断面形态、淤区道路和行树、取土坑、横隔堤和退水渠扒口位置和宽度等)和抢险措施(丁坝、挂柳措施)模拟不够准确，对淤区主流沟的演变有一定影响，主流沟靠溜位置有上提或下挫现象。

(4)为了保证输沙渠阻力相似，输沙渠只在底部进行加糙，加糙凸起高度较大，影响到输沙渠淤积，今后改进加糙方法，在满足阻力相似条件的同时，也做到淤积相似。

(5)弯道试验观测结果表明，在弯道环流作用下，弯道横向输沙不平衡，弯道凸岸含沙量和泥沙粒径均大于凹岸；弯道凸岸和凹岸含沙量在垂向分布上，均存在一定的梯度，凸岸垂线梯度大于凹岸。

(6)弯道溢流堰观测结果表明，溢流堰有一定撇清效果。下弯道溢流堰受上游“S”形弯道影响，观测误差范围较大，撇清效果不如上弯道溢流堰。

(7)通过原型、模型放淤效果对比可知，经过 6 轮放淤，模型全沙淤积比达到 69%，大于 0.05 mm 的粗泥沙占淤积总量的 24%，大于 0.05 mm 粗泥沙淤积比达 84%，原型上达到 94.8%。模型小于 0.025 mm 的细泥沙约占淤积总量的 55.4%，原型为 46.94%，其淤积比模型为 68.6%，原型为 59.4%。

(8)作为处理黄河粗泥沙第 2 道防线的小北干流放淤工程，它可以通过退水闸控制淤区尾部水位，利用水流的分选，实现“淤粗排细”目的。小北干流放淤工程如何控制粗、细沙淤积比和排沙比，将是今后研究的重要课题之一。

第六章　弯道溢流堰分沙效果试验研究

第一节　模型设计概述

一、研究目的

小北干流放淤是处理黄河泥沙的一项重大战略措施，对减少小浪底水库入库泥沙、减缓下游河道淤积，进而维持黄河健康生命有着重要意义。为此，黄委提出 2004 年在黄河小北干流河段进行原型放淤试验。放淤试验主要利用水力学原理，将来自中游黄土高原的泥沙通过一系列科学的手段和工程措施进行合理调度，充分借助水流自身的力量实现粗、细泥沙自然分选，把对下游河道及水库淤积影响较大的粗颗粒泥沙滞留在小北干流两岸的洼地，细颗粒泥沙回归黄河，最终实现试验工程总目标——“淤粗排细”。即通过科学试验为黄河治理找到一个新的战略性措施。为了实现试验工程总目标，技术人员经过潜心研究和分析比选，最后确立了在试验工程输沙渠设置上下两个弯道，每个弯道凹岸设置一个溢流堰，通过溢流堰将细沙排回大河，使进入淤区的粗泥沙比重增大。

弯道水流(包括挟沙水流)运动规律的研究，在水利工程学的许多领域中，占有重要的位置，在河流治理、港口兴建、改善河道航运以及引水防沙等方面得到了广泛的应用。例如，利用弯道横向环流的作用，确定引水口的最佳位置(即引水含沙量较低、泥沙颗粒较细的位置)，该位置在弯道的下部凹岸一侧。这种引水防沙的理论在国内外引水工程实践中广泛应用，如在都江堰引水工程中，环流理论得到了充分的体现，但都江堰泥沙主要为推移质，与黄河悬沙水流存在着很大差别。黄河属多沙细沙河流，有它自己的特殊性，对多沙细沙河流的弯道悬沙运动规律的研究还不多见，需要深入研究。结合黄河小北干流放淤试验工程，采用正态模型对其弯道环流悬沙特性规律进行研究，该项研究不仅能为小北干流大规模放淤工程设计提供科学指导，同时对研究弯曲型河道悬沙运动规律也有重要的科研价值。

二、研究内容

通过实体正态模型试验，研究弯道悬沙运行规律。根据弯道环流特性，分析弯道内各断面水位、流速、含沙量以及粒径组成等水沙要素在弯道内的纵横向分布、变化过程，确定弯道溢流堰最佳位置；通过对 3 个不同弯道半径(R/B=6、4、2.5)及溢流堰各断面水位、含沙量、泥沙颗粒级配的观测，分析不同弯道曲率半径对弯道溢流堰分沙效果的影响。

三、模型相似条件及几何比尺

模型按照黄河泥沙模型相似律设计，模型要满足水流重力相似、阻力相似、输沙相似和悬移相似等条件。根据研究内容要求，模型设计为正态，几何比尺为 1∶20。选用郑州热电厂粉煤灰作为模型沙。根据用郑州热电厂粉煤灰进行的试验，测得模型沙容重 $\gamma_s = 2.1\mathrm{t/m^3}$，干容重 $\gamma_0 = 0.72\mathrm{t/m^3}$，由此可得容重比尺 $\lambda_{\gamma_s} = 2.65/2.1 = 1.26$，泥沙与水的容重差比尺 $\lambda_{(\gamma_s-\gamma)} = 1.5$。对应沉速比尺 $\lambda_\omega = \lambda_v\left(\dfrac{\lambda_H}{\lambda_L}\right)^{0.75}$=4.47，黏滞系数比尺 λ_γ=0.78，悬沙粒径比尺 $\lambda_d = \left(\dfrac{\lambda_w\lambda_v}{\lambda_{\gamma_s-\gamma}}\right)^{0.5}$=1.525，含沙量比尺 $\lambda_s = 2.0$。

四、试验概况

实体模型以黄河小北干流连伯滩放淤试验工程输沙渠为原型，渠底宽 20 m，比降 4‰，凹岸边坡为 1∶1，凸岸边坡为 1∶2，渠道设计流量 71 m³/s，弯道中心角选定 60°，选取不同弯道半径的渠段(直段+弯道段+直段)进行试验研究。

试验段上共布置 6 个量测断面，弯道上游直段 1 个，弯道段 5 个(弯道起始断面、弯道中心角 15°、30°、45°、60°处)，如图 6-1 所示。

试验分别进行了清水试验与浑水试验，试验分别选取了粗沙、中沙和细沙 3 种级配(原型)。其中，粗沙中值粒径为 d_{50}=0.038 mm，中沙中值粒径为 d_{50}=0.030 mm，细沙中值粒径为 d_{50}=0.024 mm。含沙量分别为 100 kg/m³、200 kg/m³、300 kg/m³，流量分别为 50 m³/s、71 m³/s、90 m³/s，进行试验量测。

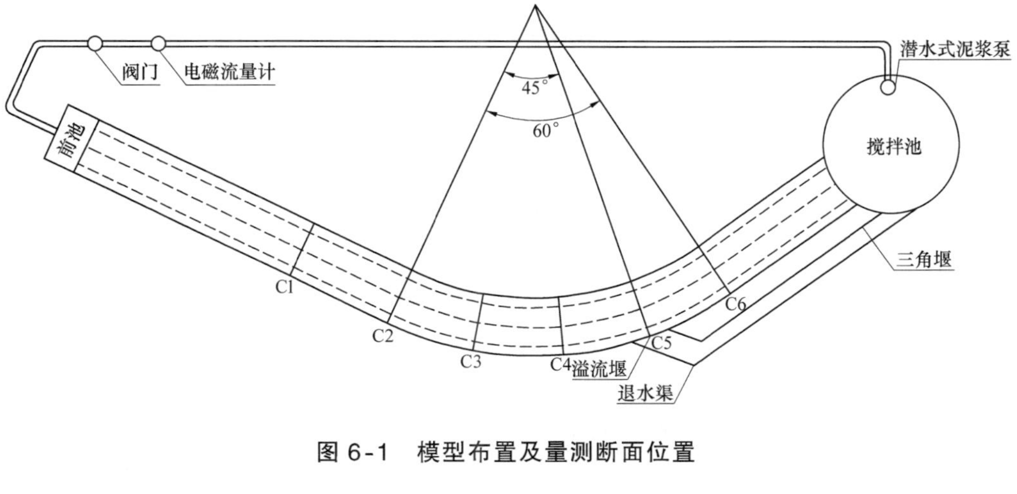

图 6-1　模型布置及量测断面位置

第二节　弯道水流运动特征

弯道水流是渠道与河道中常见的一种水流运动现象。水流流经弯道时，水面形态和水流结构发生调整和变化，形成弯道水流特有的运动特性，主要表现在水面横比降、横向环流、流速重分布等方面。弯道水流运动特征试验是在定床清水情况下进行观测的。

一、弯道水面形态

图 6-2 为试验量测 3 种不同弯道半径下弯道各断面左右岸水位差值沿程变化图，图 6-3 为 3 个不同弯曲半径弯道沿程水面等高线图。从图中可以看出，水流进入弯道后，由于离心力和直渠段惯性力的存在使得凹岸方向的水面增高，凸岸方向的水面降低，形成横向水面比降，最大横向比降均出现在弯道弯顶断面的附近。随着流程的增加，水面横比降逐渐减小，一直延续到弯道出口以下。弯道水面横比降，在同一弯道中随着流量的增加而增加，不同弯道水面横比降随着弯道曲率半径的减小而增加。表征不同弯道半径流场的水面线形态有明显差别，当 R/B=2.5 时，在同样弯道中心角 60° 情况下，弯道

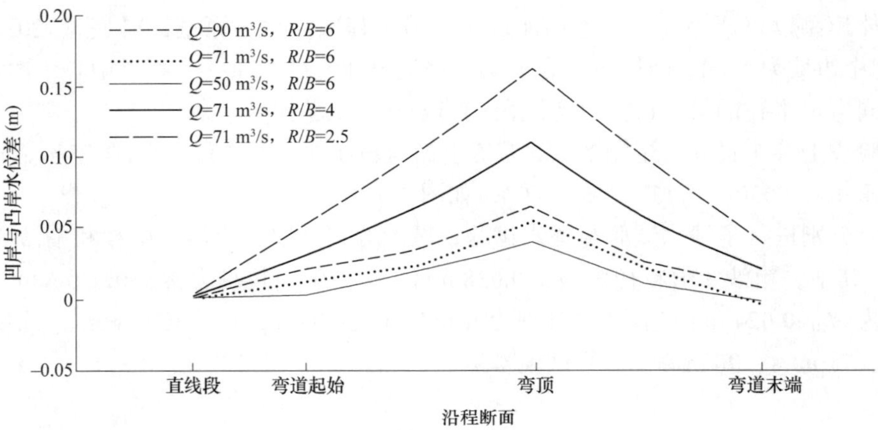

图 6-2　弯道各断面左右岸水位差沿程变化

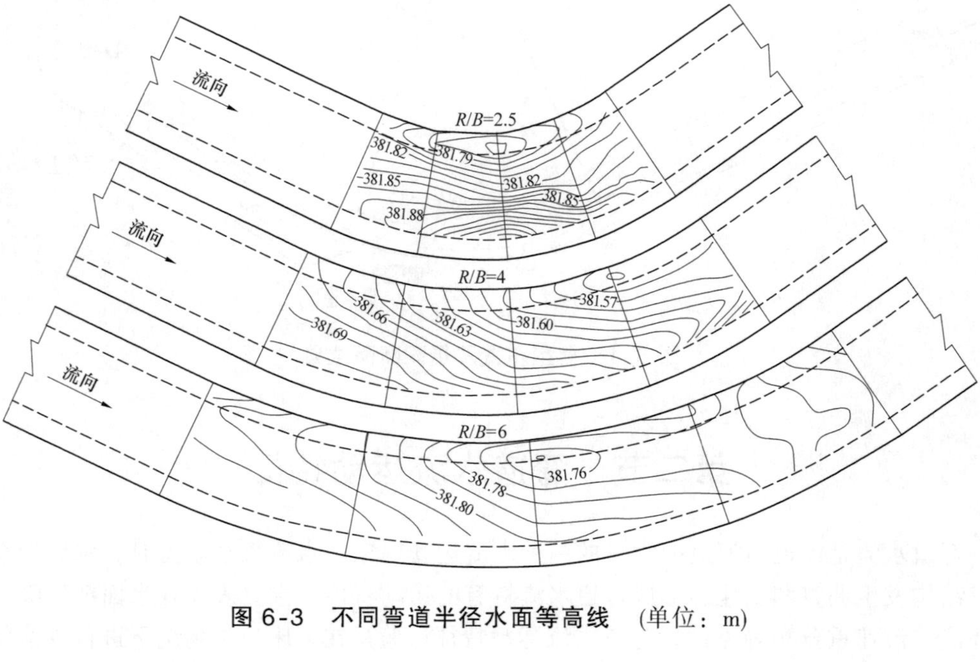

图 6-3　不同弯道半径水面等高线　(单位：m)

曲率较大，弯道长度较短，在弯道弯顶凹岸附近形成明显的水面隆起区，在弯道弯顶凸岸附近形成水面凹陷区，在凸岸弯顶下游有一段为负比降区，表明在凸岸开始出现脱流现象；当 R/B=4 时，弯道水面形态明显区别于 R/B=2.5。

二、弯道流速变化

水流进入弯道后，行进水流受到岸边约束，水流流向发生变化，随流线弯曲产生离心力，在离心力和直段水流惯性力作用下，凹岸水位升高，形成横向比降。横比降的产生，对垂线上的单位面积水体产生侧压力差，根据静水力学原理，这一压力差沿垂线均匀分布，方向指向凸岸。水流纵向垂线流速一般按对数规律分布，从水面到河底逐渐减小为零，不同水深水流质点纵向流速 v 不同，所产生离心力 $F_R=\rho v^2/R$ 也不同。侧压力差和离心力形成的合力，上部方向指向凹岸，下部方向指向凸岸，在这一横向环流纵向流速作用下，弯道中形成了水平轴螺旋流流动。螺旋流的存在改变了水流流速场的变化。图 6-4 为模型实测 3 个不同弯道半径纵向垂线平均流速沿程分布变化图。从图中可以看出，水流在入弯前的顺直河段上，纵向垂线平均流速沿河宽是对称分布的。入弯后，由于水流结构的变化，在弯顶前凸岸流速稍增而凹岸流速稍减；过了弯顶，至某一位置后，又出现了相反的调整。流速调整位置随弯道半径的改变而变化。若用 $v_{凸}/v_{凹}=a$，定义 a 为流速偏离系数。图 6-5 为试验量测各弯道流速偏离系数沿程变化图。从图中可以看出，在弯道上游直段流速偏离系数 a 为 1，表明直段流速分布均匀对称，进入弯道后，流速进行了重分布，流速偏离系数大于 1 且随流程逐渐增大；在弯顶附近，流速又出现反向调整，

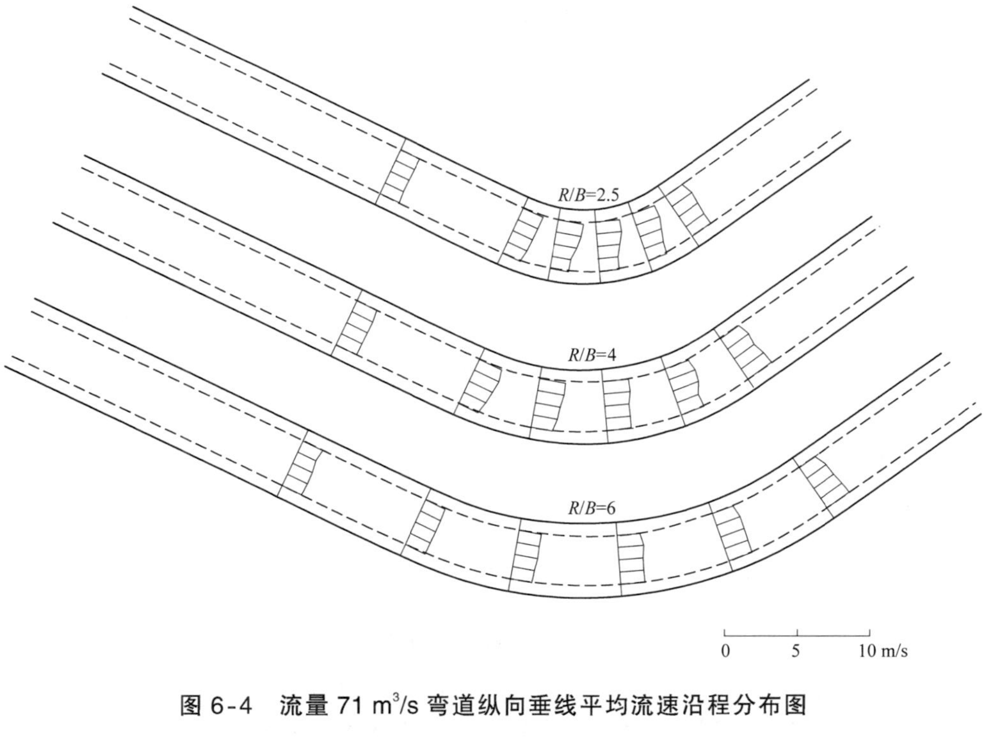

图 6-4 流量 71 m³/s 弯道纵向垂线平均流速沿程分布图

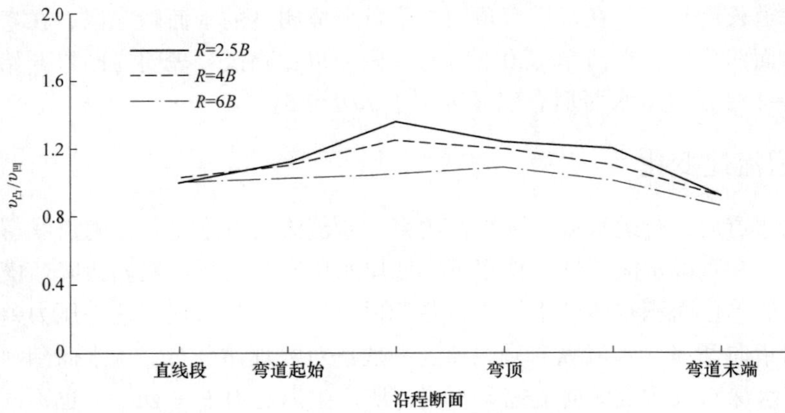

图 6-5　流量 71 m³/s 凸岸与凹岸纵向垂线平均流速比值沿程变化

a 值随着流程增加而逐渐减小，至弯道末端断面最大流速由凸岸转移至凹岸，a 值小于 1.0。从图 6-5 中可以明显看出，凹岸、凸岸垂线流速调整的位置，即流速偏离系数由大于 1 调整到小于 1 的位置，是随着弯道半径的减小而向下游推移的，6 倍半径弯道流速调整的位置出现在弯顶(C4 断面)前，4 倍半径弯道流速调整的位置出现在弯顶靠下(C5 断面)，而 2.5 倍半径弯道则出现在弯道末端(C6 断面)，弯道半径越小，离心力越大，水流流速调整的位置越靠向弯道下游。

图 6-6 为不同弯道半径各弯顶断面流速横向分布图。从图中可以看出，不同弯道半径弯

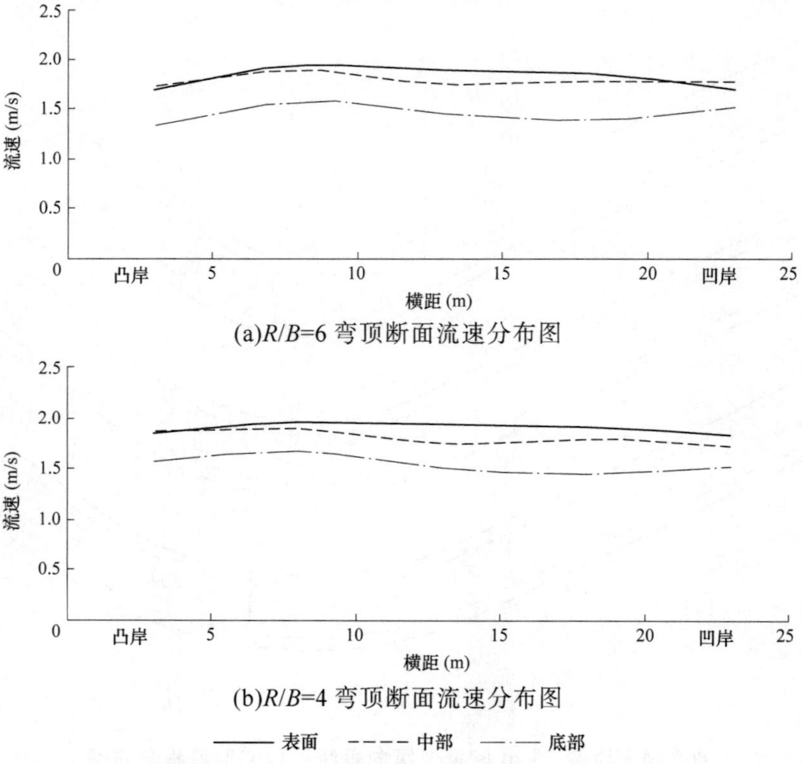

图 6-6　流量 71 m³/s 不同弯道半径弯顶断面流速横向分布图

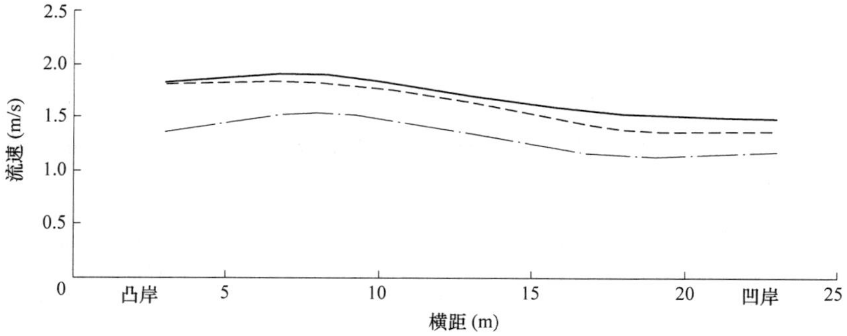

(c)R/B=2.5 弯顶断面流速分布图

续图 6-6

顶断面流速横向分布有一定差别。R/B=6、R/B=4 的弯道，横向流速分布相对均匀，凸岸半侧流速略大于凹岸。R/B=2.5 弯道横向流速分布明显不均匀，凸岸半侧流速明显大于凹岸。

第三节　弯道悬沙运动特征

一、试验概况

浑水试验同样在 3 种不同曲率半径的弯道上，进行了 3 种悬沙级配和 3 组含沙量级组合试验，试验组次见表 6-1，对于每种弯道组合分别进行了水位、流速、含沙量、颗粒级配分布特性量测，重点分析弯道半径对水流泥沙要素影响。

表 6-1　流量 71 m^3/s 浑水试验组次

试验组次	R/B=2.5		R/B=4		R/B=6	
	d_{50}(mm)	S(kg/m^3)	d_{50}(mm)	S(kg/m^3)	d_{50}(mm)	S(kg/m^3)
1		300		300		300
2	0.024	200	0.024	200	0.024	200
3		100		100		100
4		300		300		300
5	0.03	200	0.03	200	0.03	200
6		100		100		100
7		300		300		300
8	0.038	200	0.038	200	0.038	200
9		100		100		100

二、弯道悬沙水流水面横比降变化

悬沙水流流经弯道时，随着水流含沙量大小、泥沙粒径粗细等的不同，渠道内产生不同程度的淤积，弯道水流水面最大横比降的位置和大小与清水不同。图 6-7 为流量 Q=71 m^3/s，不同弯道半径、不同含沙量、不同粒径条件下，两岸水位差沿程变化图。从图中可以看出，最大横比降出现位置：当 $R=6B$ 和 $R=4B$ 时，约在中心角 15°~30° 弯道断面处；当 $R=2.5B$ 时最大横比降位置下移至弯顶后中心角 45° 断面处。由于弯道水面横比降与水体所含泥沙的浓度、泥沙颗粒级配等有关，与清水试验结果相比，又多增加泥沙影响因素，因此图 6-7 中每个断面水位差值相对较为分散。

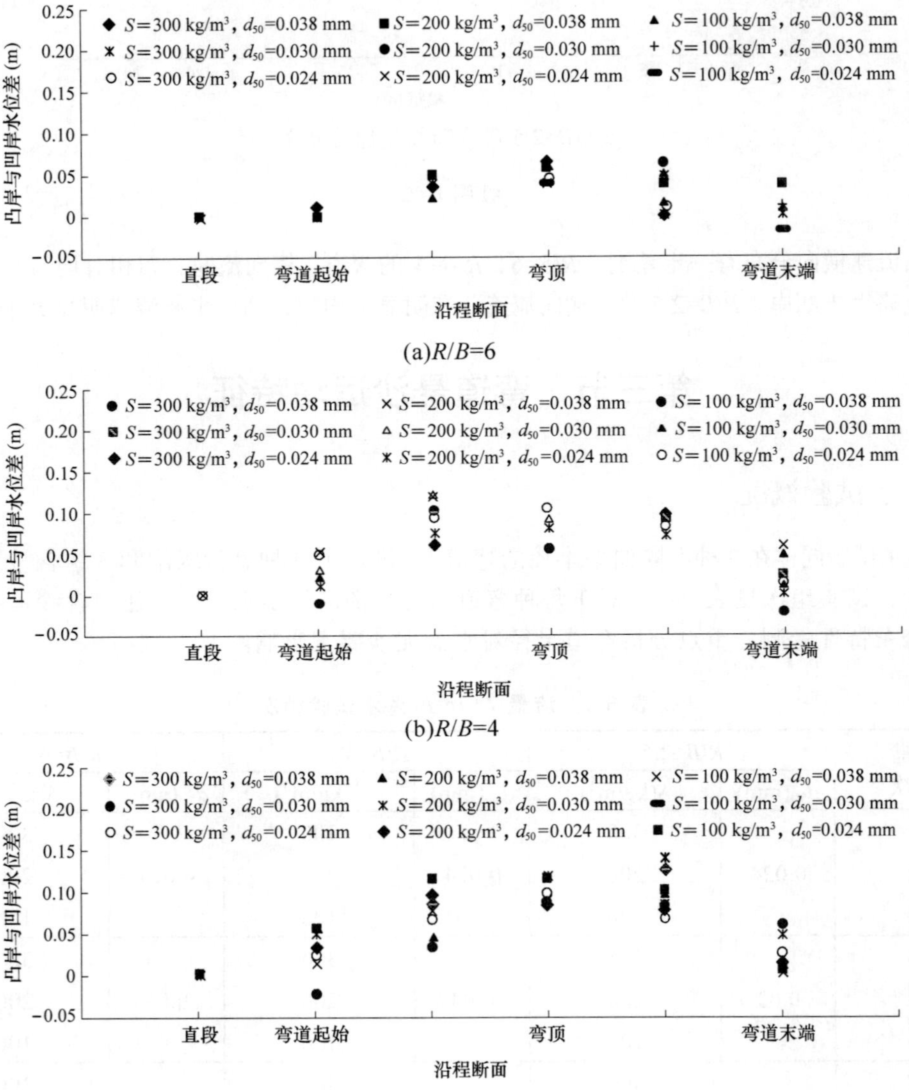

(a)R/B=6

(b)R/B=4

(c)R/B=2.5

图 6-7　不同弯道半径弯道凹凸岸水位差沿程变化图

三、弯道悬沙水流流速场变化

弯道悬移质泥沙运动与弯道环流极为密切，在横向环流的作用下，表层含沙量较小的水流不断流向凹岸并转向渠底，而底层含沙量较多的水流不断流向凸岸并爬上边坡，渠道内一旦产生冲淤变化，改变渠道断面形态，就会影响流速场分布，特别是悬沙粒径相对较粗、水流含沙量相对较高时，影响更为明显。浑水试验结果表明，悬沙水流流速分布与清水流速分布不尽相同，弯道悬沙水流流速场分布不仅与流量、弯道半径 R 有关，而且随着水体所含泥沙的浓度、泥沙颗粒级配等的不同而不同。在爱因斯坦和钱宁等的试验研究中，悬移质对流速分布的影响都有所论述。

(一)水流含沙浓度、粒径对弯道流速场的影响

图 6-8 为试验量测不同含沙浓度弯道流场分布图，图 6-9 为不同泥沙粒径弯道流场分布图。由图 6-8 和图 6-9 可知，在同一弯道中，悬沙水流含沙浓度、泥沙粒径粗细对水流流场影响与清水时相比，略有差异。当含沙量较小(S=100 kg/m^3)、泥沙粒径相对较细(d_{50}=0.024 mm)时，弯道中流速分布与清水时分布规律基本一致，弯道内各断面流速分布是凸岸大于凹岸，至弯道末端断面最大流速才由凸岸调整到凹岸。当含沙量 S 大于 200 kg/m^3、泥沙粒径 d_{50} 大于 0.030 mm 时，在弯顶前附近断面最大流速已调整至凹岸。

(二)弯道半径对流速场影响

弯道半径 R 是影响弯道水流流速分布的重要因素之一，对于弯道悬沙水流，其流速分布又同时受水流含沙量、泥沙中值粒径等因素的制约。图 6-10 为不同水沙和弯道半径条件下，弯道各断面凸岸垂线平均流速与凹岸垂线平均流速比值沿程变化情况。由图 6-10 可知，R=6B 和 R=4B 时，在弯顶上游 C3 断面，即弯道中心角为 15° 的断面，凸凹两岸流速偏离系数达到最大，凸岸平均流速约为凹岸平均流速的 1.2~1.3 倍。当 R=2.5B 时，

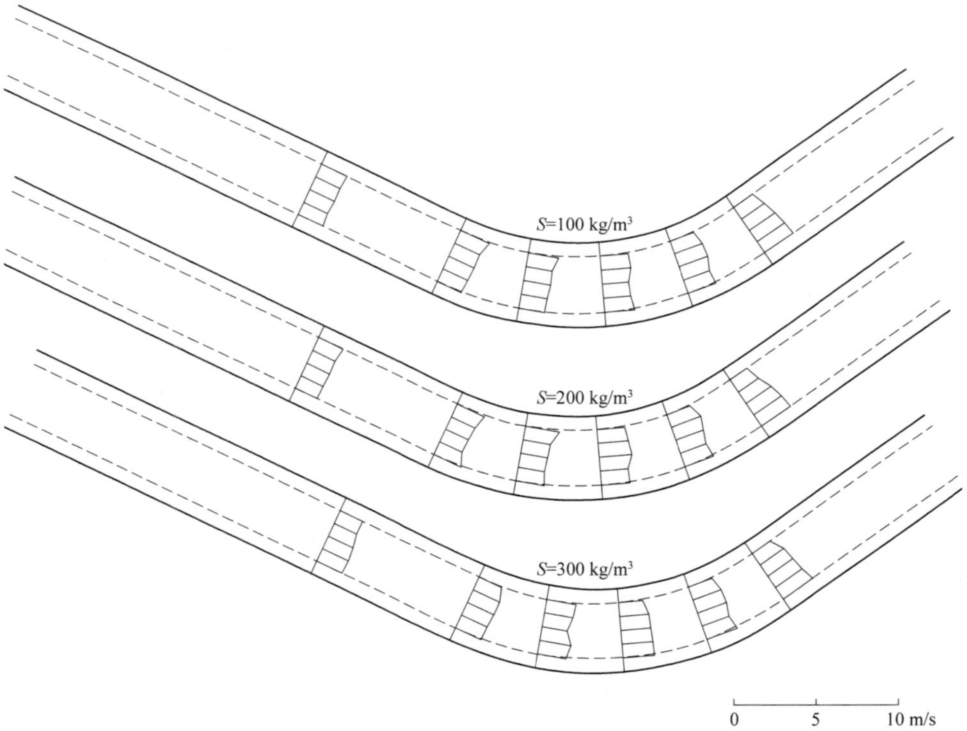

图 6-8　R/B=4，Q=71 m^3/s，d_{50}=0.030 mm 垂线平均流速分布

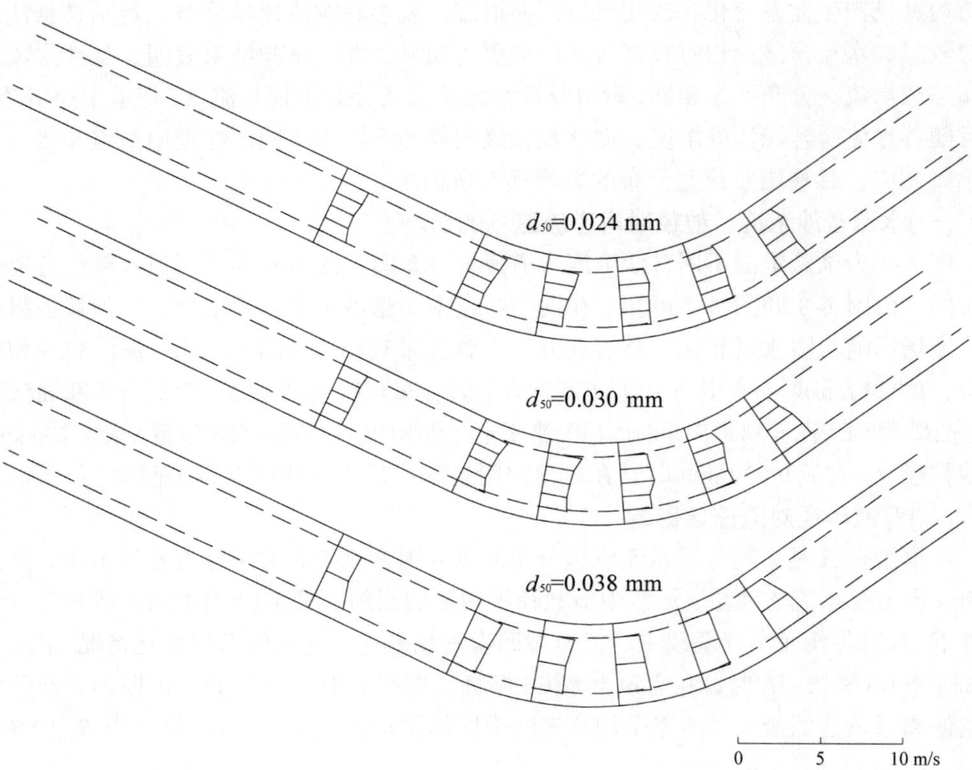

图 6-9　R/B=4，Q=71m^3/s，S=200kg/m^3 垂线平均流速分布

在弯顶 C4 断面即弯道中心角为 30° 的断面，凸凹岸流速偏离系数达到最大，凸岸流速增大较多，约为凹岸的 1.4 倍。水流经过弯顶后，弯道对流速场进行相反调整：当 R=6B 和 R=4B 时，在弯顶断面中心角为 30° 处，凸岸平均流速与凹岸平均流速值较为接近，而 R=2.5B 时，在弯顶后中心角为 45° 的 C5 断面处，凸凹岸平均流速才比较接近。水流进入弯道末端，在中心角为 60° 的 C6 断面处，凹岸流速较凸岸流速要大的多，当 R=6B、R=4B 和 R=2.5B 时，凸岸平均流速与凹岸平均流速比值分别接近 0.4、0.5 和 0.6。从各弯道沿程横向垂线平均流速分布图 6-11 可以看到水流进入弯道后，流速场调整的变化过程。

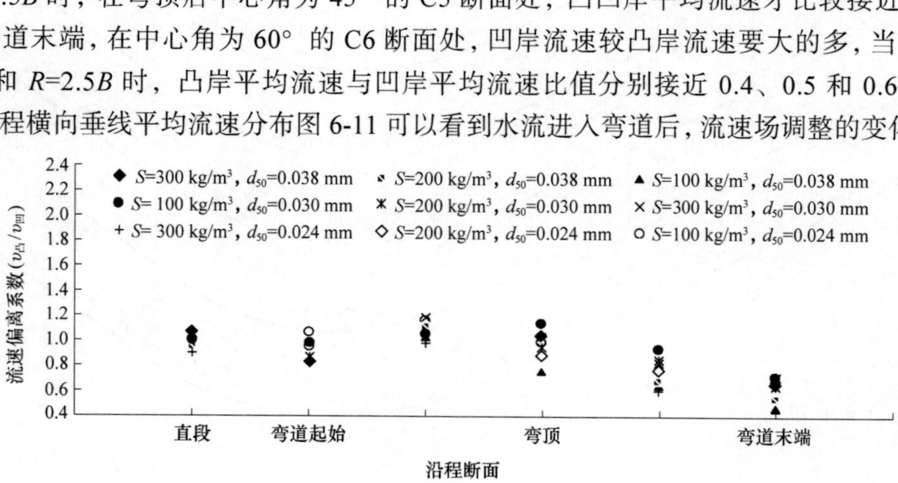

(a)R/B=6

图 6-10　不同弯道半径弯道凸凹岸流速偏离系数沿程变化图

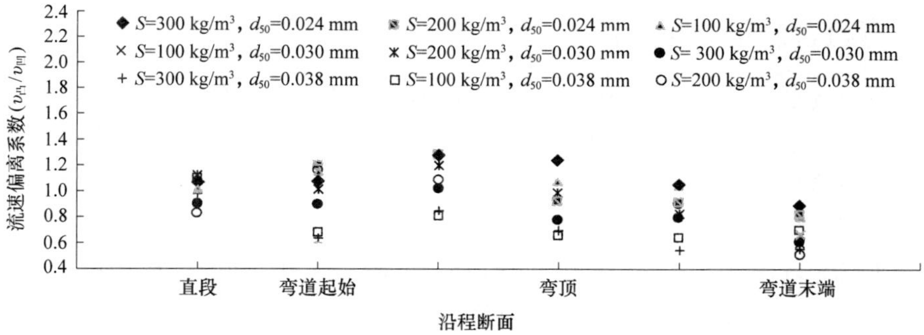

(b)R/B=4

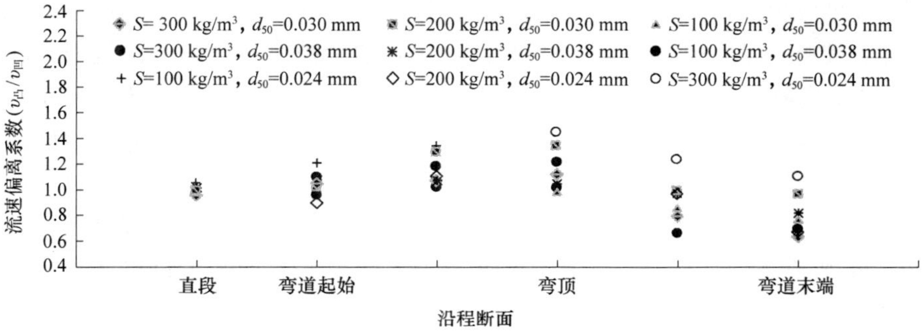

(c)R/B=2.5

续图 6-10

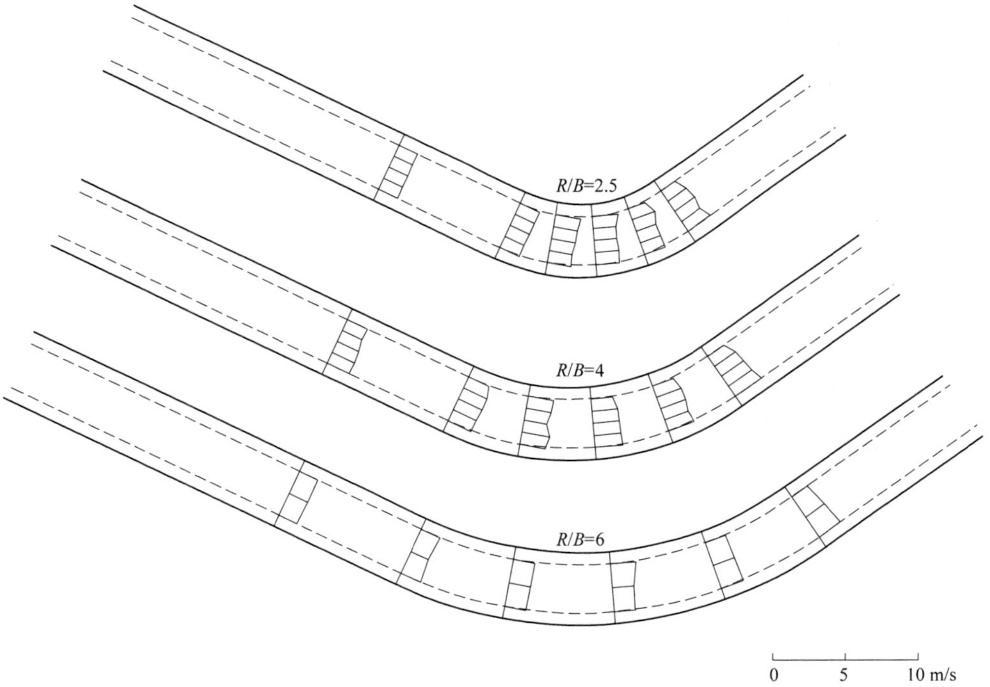

图 6-11 Q=71 m³/s，S=300 kg/m³，d_{50}=0.030 mm 沿程横向垂线平均流速分布图

四、弯道含沙量分布变化

水中泥沙被水流紊动结构中的不同尺度漩涡挟带而悬浮，泥沙纵向运动速度与水流纵向流速基本一致。由于泥沙比重比水大，在悬浮纵向运动过程中，泥沙向下沉降，有向河底集中的趋势，含沙量在垂线上分布不均，表层水流含沙量较小，泥沙粒径较细；底层水流含沙量较大，泥沙粒径相对较粗。在直线河段，含沙水流表层和底层泥沙的运动轨迹与水流的运动轨迹基本是一致的，可从河底沙浪运动方向明显表现出来。如不考虑泥沙在垂线上的紊动，表层和底层泥沙也可视为作直线平行运动。水流进入弯道后，弯道螺旋流将表层含沙量较小、粒度较细的水体带到凹岸，并折向河底攫取泥沙，而后将这些下层含沙较多、粒度较粗的水体带向凸岸，形成横向输沙不平衡。横向输沙的不平衡，将使含沙较多的水体和较粗的泥沙集中靠近凸岸，导致凹岸含沙量减小，凸岸含沙量增大的趋势。图 6-12 为试验量测流量 71 m^3/s、含沙量 200 kg/m^3、泥沙中值粒径 0.038 mm 的一组水沙条件下，R/B=4 弯道各断面含沙量横向分布。从图 6-12 中可以看出弯道螺旋流对含沙量场的调整变化情况。含沙水流进入弯道后，在弯顶以上渠段，弯道环流对含沙量场的调整作用较弱；经过弯顶后，弯道环流逐步充分发展，弯道环流对含沙量场的调整作用逐渐增强；至弯道末端，凹凸岸含沙量偏离达到最大。即在弯道的进口 C2 断面，含沙量在断面上的横向分布比较均匀，随着流程的延长，伴随着流速分布的变化而逐渐演变成凸岸含沙量高于凹岸，其在弯道出口处达到最大。

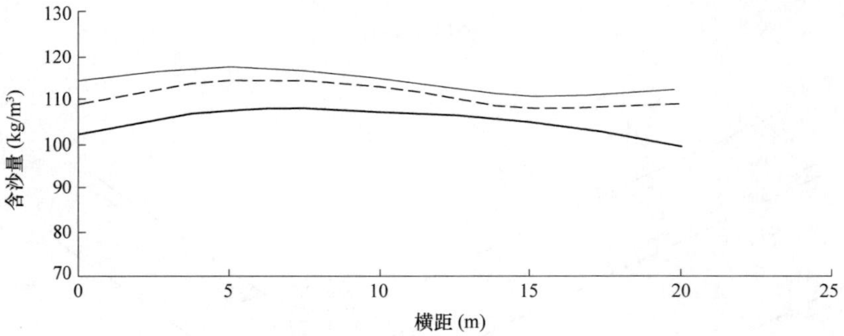

(a)弯道起始(2)断面

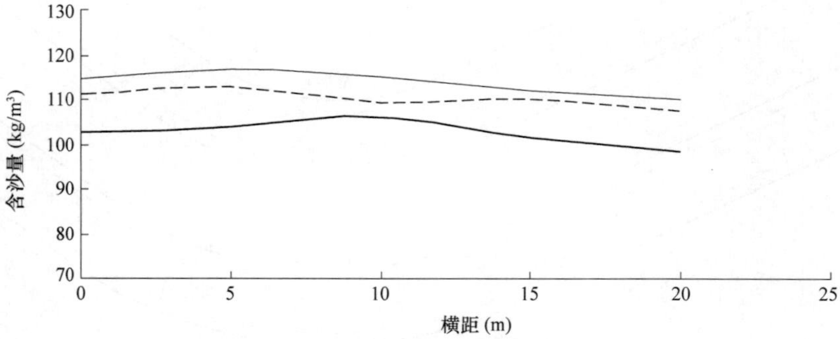

(b)弯顶(4)断面

表面 中部 底部

图 6-12 R/B=4 弯道各断面含沙量横向分布

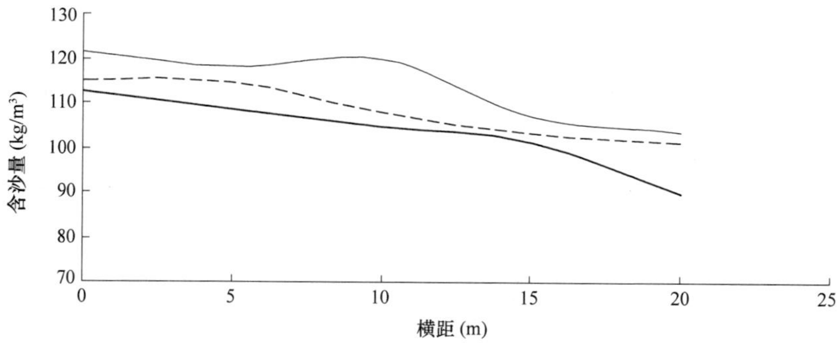

(c)弯道末端(6)断面

续图 6-12

(一)泥沙中值粒径对弯道含沙量分布影响

图 6-13 为 3 种弯道半径，流量 Q=71 m³/s、含沙量 S=300 kg/m³、不同粒径泥沙条件下，弯道起始断面、弯顶断面及弯顶末端断面凸岸含沙量与凹岸含沙量比值随泥沙粒径变化图。由图 6-13 可知，在 3 种弯道半径条件下，悬沙中值粒径对弯道含沙量场调整变化规律是一致的，悬沙中值粒径分 0.024 mm 和 0.030 mm 两组试验，弯道起始、弯顶和弯道末端 3 个断面上 $S_{凸}/S_{凹}$随粒径变化不明显，在图上接近一水平线。悬沙中值粒径 0.038 mm 较粗一组试验，上述 3 个断面上 $S_{凸}/S_{凹}$明显大于中值粒径为 0.024 mm 和 0.030 mm 的较细两组试验结果。因此，泥沙粒径越粗，弯道各断面含沙量分布越不均匀。从各弯道沿程含沙量分布图(见图 6-14)中也可以看出，不同粒径含沙量场调整的变化过程，特别是在弯道末端断面表现比较明显。悬沙中值粒径越细，垂线平均含沙量横向分布越均匀。

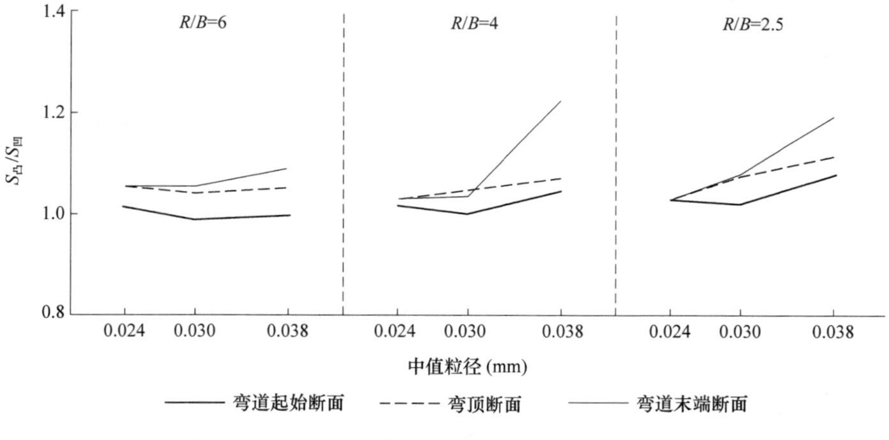

图 6-13　Q=71 m³/s，S=300 kg/m³ 不同弯道半径不同断面 $S_{凸}/S_{凹}$随粒径变化图

(二)弯道半径对含沙量分布影响

从图 6-15 中可以看出，在 3 种弯道半径情况下，受弯道横向环流作用影响，凹岸含沙量沿程逐渐减小，凸岸含沙量沿程逐渐增大，直到弯道末端。3 种弯道半径的变化规律是一致的，弯道半径不同，只是对泥沙横向输移和调整作用大小不同而已。图 6-16 为在不同弯道半径下，弯道各断面凸岸与凹岸垂线平均含沙量的比值的沿程变化图。从

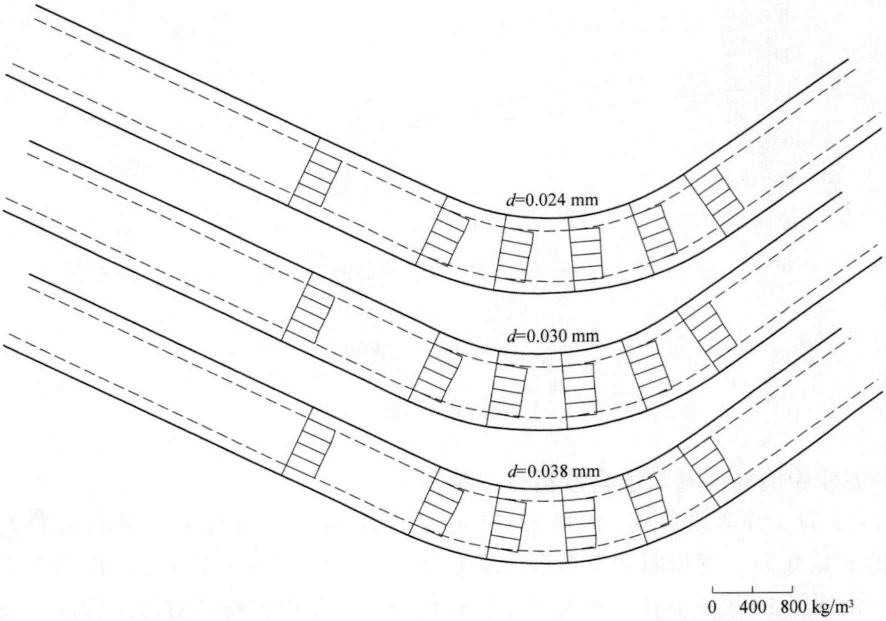

图 6-14　$R/B=4$，$Q=71\ m^3/s$，$S=300\ kg/m^3$ 垂线平均含沙量沿程分布图

图 6-16 中看出，由于弯道半径不同，水流流场不同，凸岸与凹岸垂线平均含沙量比值的最大值出现的位置不同，当 $R/B=6\sim4$ 时，最大值出现在弯道末端。在试验来水来沙范围内，当 $R/B=6$ 时，$\left(\frac{S_{凸}}{S_{凹}}\right)_{max}\approx1.27$；当 $R/B=4$ 时，$\left(\frac{S_{凸}}{S_{凹}}\right)_{max}\approx1.4$，$R/B=4$ 时溢流堰的撇清效果优于 $R/B=6$。当 $R/B=2.5$ 时，凸岸与凹岸垂线平均含沙量比值的最大值不太明显，其位置出现在弯顶至弯道末端，$\left(\frac{S_{凸}}{S_{凹}}\right)_{max}\approx1.2$。很明显，当 $R/B=2.5$ 时弯道溢流堰的撇清效果不如 $R/B=6\sim4$。3 种弯道半径相比，$R=4B$ 弯道溢流堰的撇清效果相对要好。

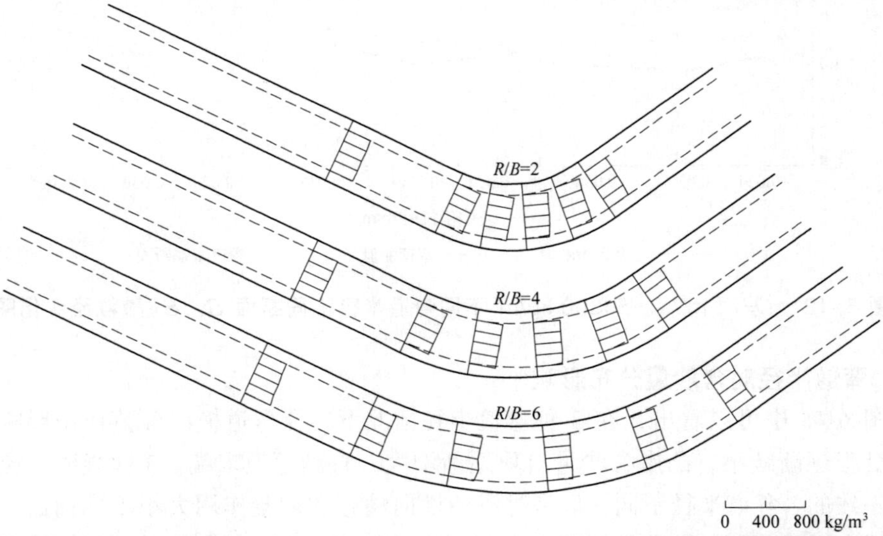

图 6-15　$Q=71\ m^3/s$，$S=300\ kg/m^3$，$d_{50}=0.030\ mm$ 垂线平均含沙量沿程分布图

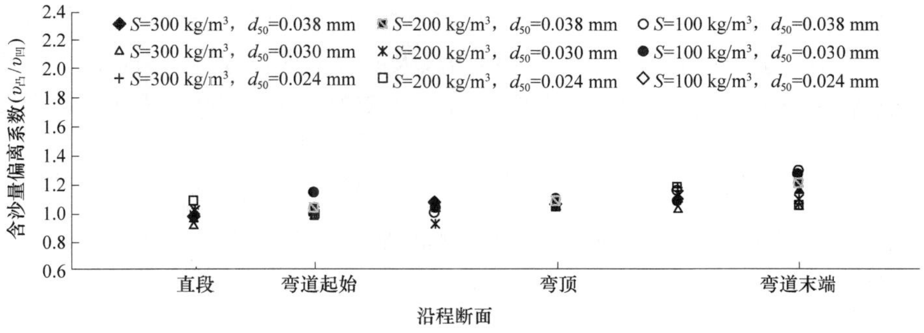

(a)R/B=6

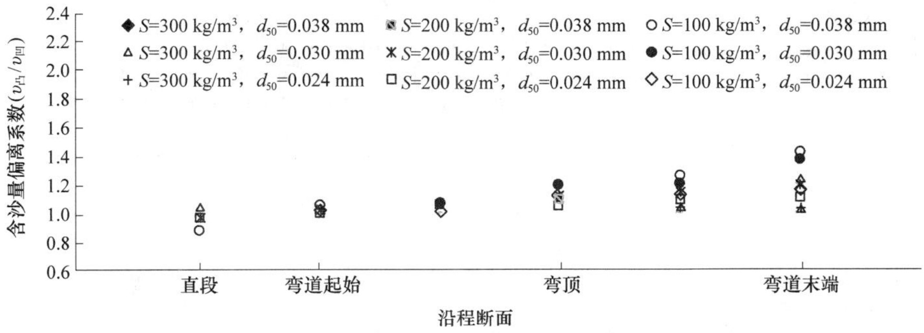

(b)R/B=4

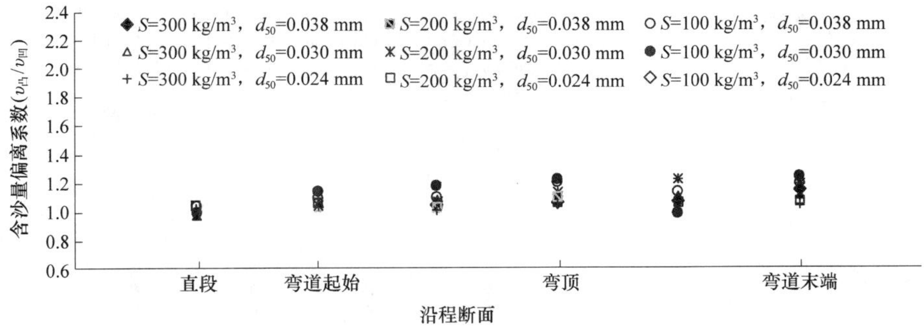

(c)R/B=2.5

图 6-16　不同弯道半径弯道断面凸岸与凹岸垂线平均含沙量沿程变化图

五、弯道半径对悬沙粒径分布的影响

水流中的泥沙颗粒主要受到紊动扩散作用和重力作用，重力作用使泥沙颗粒下沉；紊动扩散作用使泥沙悬浮，泥沙浓度和粗细泥沙分布与紊动强度的分布必然有内在联系。在直线河段，含沙水流表层和底层泥沙运动轨迹基本与水流运动轨迹一致，表层和底层泥沙基本上作直线平行运动，水流悬沙粒径沿横向分布均匀，即左右岸垂线泥沙中值粒径之比接近 1。含沙水流进入弯道后，在弯道螺旋流作用下，表层较细泥沙移向凹岸，底层较粗泥沙移向凸岸，弯道中悬移质泥沙颗粒级配进行重分布，凹岸泥沙粒径沿程变细，凸岸泥沙粒径沿程变粗。

从不同弯道半径弯道凸岸与凹岸垂线平均悬沙中值粒径比值沿程变化图(见图 6-17)

中可以看出，弯道半径对悬沙粒径的调整规律与含沙量调整规律一致，凸岸悬沙中值粒径大于凹岸，凸岸与凹岸悬沙中值粒径比值的最大值均出现在弯道末端。由于弯道半径不同，水流流场不同，泥沙级配分选程度不同，当 R/B=6 时，在试验来水来沙范围内，$\left(\frac{d_{50凸}}{d_{50凹}}\right)_{max}\approx 1.3$；当 R/B=4 时，$\left(\frac{d_{50凸}}{d_{50凹}}\right)_{max}\approx 1.4$，$R/B$=2.5 时，$\left(\frac{d_{50凸}}{d_{50凹}}\right)_{max}\approx 1.2$。$R/B$=2.5 时，虽然环流强度大，但流程短，螺旋流对泥沙调整不够充分，泥沙分选不如 R/B=6~4 充分。

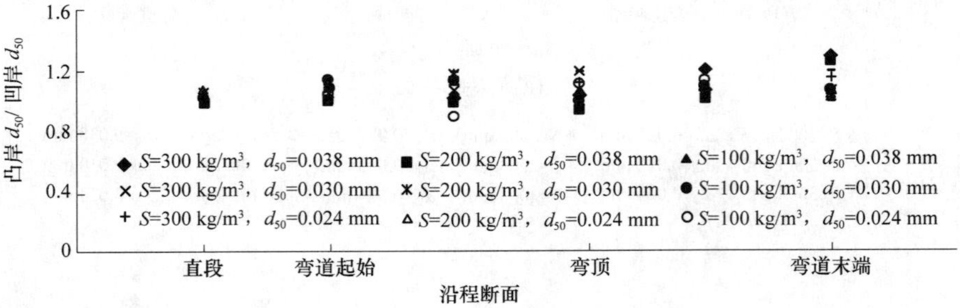

(a)R/B=6

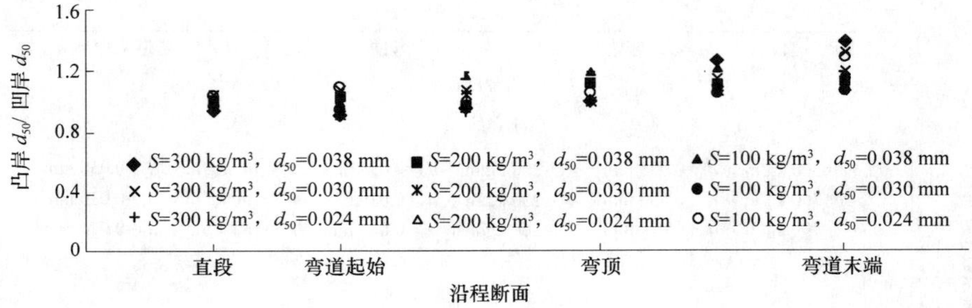

(b)R/B=4

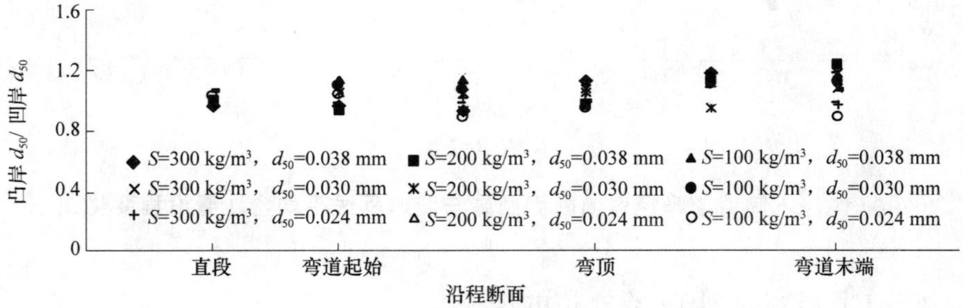

(c)R/B=2.5

图 6-17　不同弯道半径弯道凸岸与凹岸垂线平均悬沙中值粒径比值沿程变化

第四节　弯道溢流堰分沙效果

一、弯道溢流堰撇清分沙效果

溢流堰位于弯道弯顶下 C5 断面，对应弯道中心角为 45° 的位置，溢流堰堰高 1.16 m，溢流堰表层宽度 19.86 m，其平面布置如图 6-18 所示。

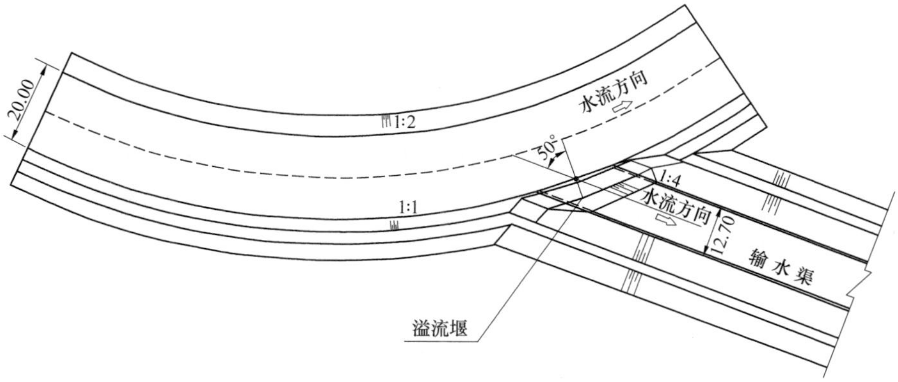

图 6-18　弯道溢流堰平面布置图　(单位：m)

试验分别对溢流堰分出的水流含沙量以及泥沙颗粒级配进行了观测。在弯道环流作用下，溢流堰分出水流的含沙量小于渠道的含沙量，其比值大小与渠道流量、含沙量、悬沙粗细和分流比有关。图 6-19 为不同弯道半径、不同含沙量、不同悬沙级配和不同分

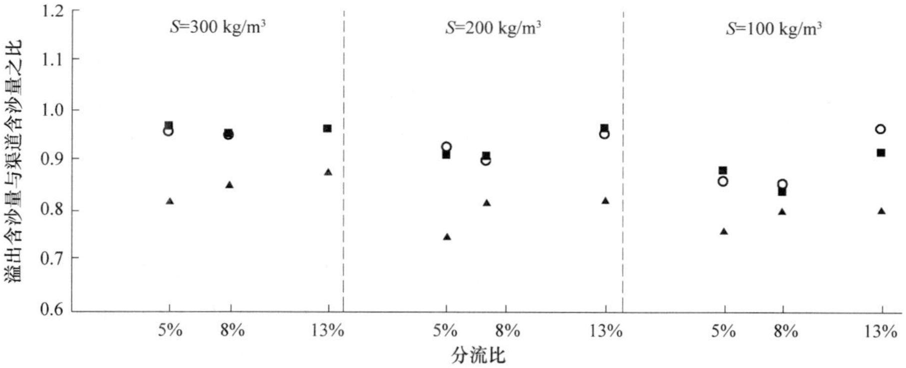

(a)$R/B=6$

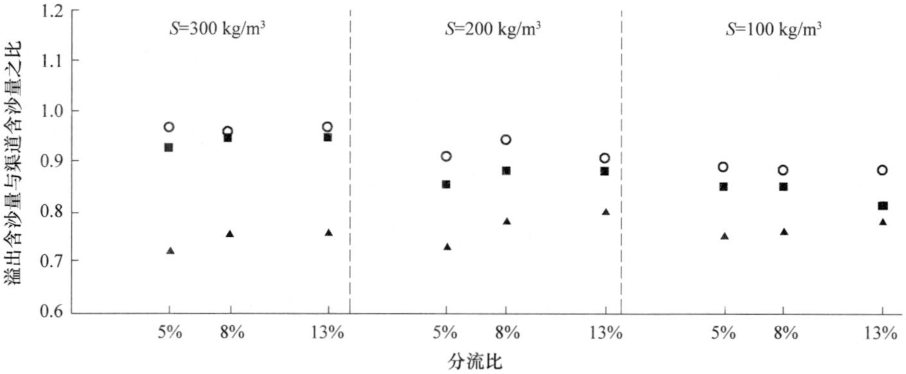

(b)$R/B=4$

○ d_{50}=0.024 mm　■ d_{50}=0.030 mm　▲ d_{50}=0.038 mm

图 6-19　弯道溢流堰溢出含沙量与弯道进口含沙量比值变化

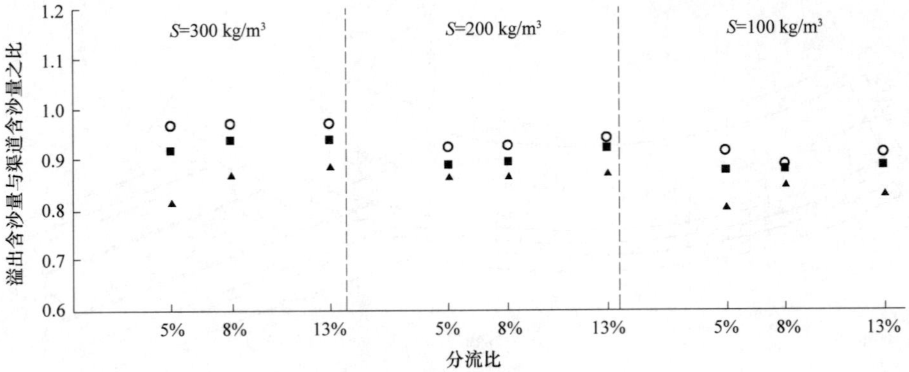

(c) R/B=2.5

续图 6-19

流比条件下，溢出含沙量 $S_{溢}$与渠道含沙量 $S_{渠}$比值变化图，从图中可以看出，3 种不同半径的弯道都有一定的撇清分沙效果，而且撇清分沙规律也是一致的。当含沙量超过 200 kg/m³时，随渠道含沙量的增加，$S_{溢}/S_{渠}$增大，溢流堰撇清分沙效果减小；随着悬沙中值粒径的增加，$S_{溢}/S_{渠}$减小，溢流堰撇清分沙效果增加；随分流比的增加，$S_{溢}/S_{渠}$增加，溢流堰撇清分沙效果减小。

R=6B 弯道曲率半径较大，弯道环流相对较弱，弯道流场和泥沙场变化调整相对平缓和稳定。R=2.5B 弯道，弯道环流相对较强，加之弯道流场变化调整急剧，水流紊动较强，含沙水流的掺混作用剧烈，粗细泥沙分选效果不如 R=6B 和 R=4B 弯道。

二、弯道溢流堰撇细分沙效果

弯道溢流堰在撇清分沙同时，还具有撇细分沙的效果。图 6-20 为不同弯道半径、不同含沙量、不同悬沙级配和不同分流比情况下，溢流堰溢出大于 0.05 mm 粗泥沙占全沙百分数$\rho_{>0.05溢}$与渠道大于 0.05 mm 粗沙占全沙百分数$\rho_{>0.05渠}$的比值关系图。由于光电颗分仪取样随机性误差较大，颗分精度较低，图 6-20 中点群规律不如图 6-19 明显，但从图中趋势性规律仍可以看出，各影响因素对粗细泥沙的分选规律和效果的影响。

从图 6-19 和图 6-20 试验观测成果看出，弯道溢流堰有一定的撇清和撇细分沙效果，撇清和撇细分沙规律也是完全相同的，撇清效果好，撇细效果同样好。在试验的水沙范围条件下，撇清分沙效果系数 $\eta_s=S_{溢}/S_{渠}$，其值在 0.7~0.95 之间变化，平均值约为 0.85；撇细分沙效果系数 $\eta_d=\rho_{>0.05溢}/\rho_{>0.05渠}$，其值在 0.7~1.0 之间变化，平均值约为 0.8。

三、弯道溢流堰分沙综合效果的分析讨论

试验观测成果表明，弯道溢流堰有一定的撇清和撇细分沙效果。黄河小北干流汛期含沙量很高，而且悬沙粒径较粗，弯道溢流堰在撇清撇细分沙过程中，一部分大于 0.05 mm 的粗沙也随之被溢出，由退水渠退回黄河。表 6-2 列出 R/B=4,含沙量 300 kg/m³,悬沙中值粒径分别为 0.024 mm 和 0.038 mm 的两组试验组次观测成果。从表中可以看出，通过一个弯道溢流堰撇清和撇细分沙后，进入淤区的水流含沙量略有增加。在上述条件下，

进入淤区含沙量可提高 0.4%~3.6%；进入淤区大于 0.05 mm 粗沙占全沙的比例也有所增加，粗沙比例可提高 0.64%~3.7%。

由图 6-19 和图 6-20 已知弯道溢流堰撇清分沙系数 $\eta_s=S_{溢}/S_{渠}$、撇细分沙系数 $\eta_d=\rho_{>0.05溢}/\rho_{>0.05渠}$和分流比 $\eta_Q=Q_{溢}/Q_{渠}$时，由输沙平衡原理，进入淤区的水流含沙量可由下式计算：

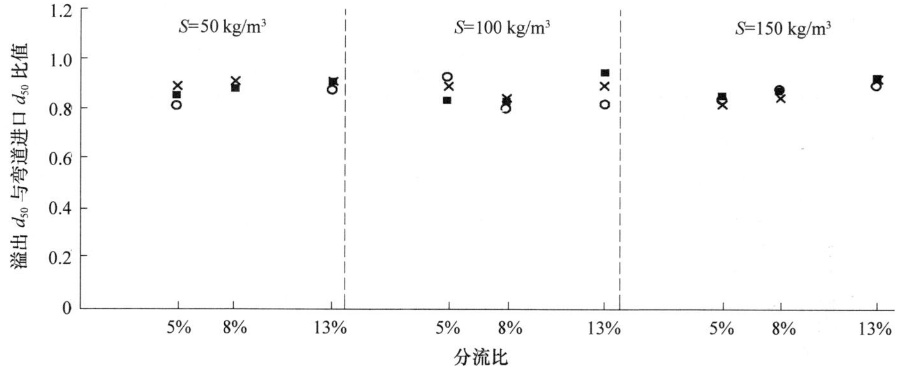

(a)d_{50}=0.017 mm

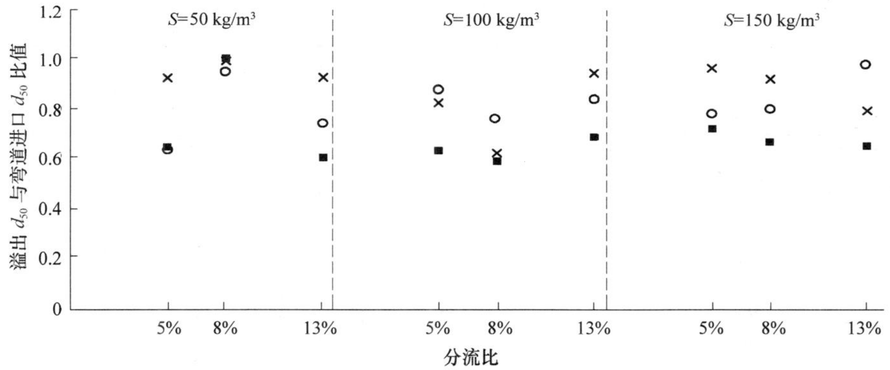

(b)d_{50}=0.023 mm

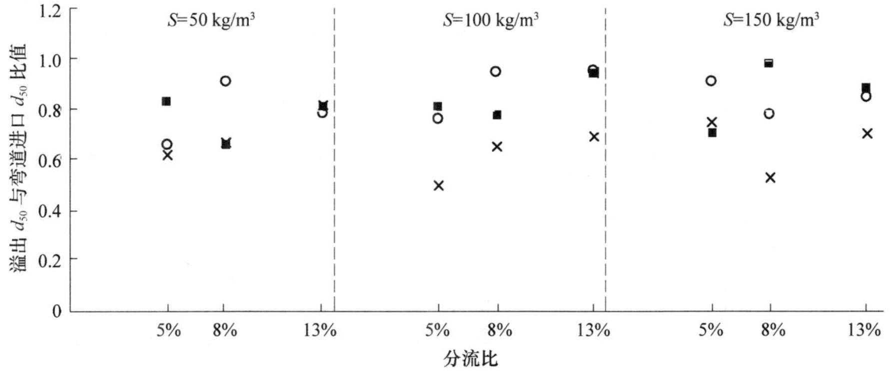

(c)d_{50}=0.030 mm

× R/B=2.5　○ R/B=4　■ R/B=6

图 6-20　溢流堰溢出大于 0.05 mm 泥沙含量与渠道中大于 0.05 mm 泥沙含量比值

表 6-2　弯道溢流堰撇清和撇细分沙效果计算

进入输沙渠水沙条件					单位时间(s)入渠泥沙数量(t)	单位时间(s)溢流堰溢出泥沙				单位时间(s)进入淤区泥沙							
						分流比 5%		分流比 13%		分流比 5%				分流比 13%			
Q (m³/s)	S (kg/m³)	d_{50} (mm)	粒径组泥沙(mm)	占全沙的百分比(%)		数量(t)	占全沙的百分比(%)	数量(t)	占全沙的百分比(%)	数量(t)	占全沙的百分比(%)	>0.05 mm 粗颗粒含量提高的百分比(%)	含沙量提高的百分比(%)	数量(t)	占全沙的百分比(%)	>0.05 mm 粗颗粒含量提高(%)	含沙量提高的百分比(%)
71	300	0.024	>0.05	20	4.26	0.176	18.0	0.48	18.4	4.1	20.2	0.64		3.8	20.3	1.3	
			0.025~0.05	29	6.18	0.254	25.9	0.60	23.0	5.9	29.1			5.6	30.0		
			<0.025	51	10.86	0.550	56.1	1.53	58.6	10.3	50.7			9.3	49.7		
			全沙	100	21.30	0.980	100.0	2.61	100.0	20.3	100.0		0.4	18.7	100.0		0.9
71	300	0.038	>0.05	28	5.96	0.170	22.1	0.49	23.3	5.8	28.3	1.31		5.5	28.5	3.7	
			0.025~0.05	31	6.69	0.239	31.2	0.63	30.0	6.4	31.2			6.1	31.6		
			<0.025	41	8.65	0.358	46.7	0.98	46.7	8.3	40.5			7.7	39.9		
			全沙	100	21.30	0.767	100.0	2.10	100.0	20.5	100.0		1.5	19.3	100.0		3.6

$$S_{区} = \frac{1-\eta_Q \eta_s}{1-\eta_Q} S_{渠} \tag{6-1}$$

用 Φ_s 代表进入淤区含沙量比弯道溢流堰分沙前输沙渠含沙量增加的百分数，则

$$\Phi_s = \frac{1-\eta_s}{1-\eta_Q} \eta_Q \tag{6-2}$$

如果 $\eta_Q=0.1$，$\eta_s=0.85$ 时，进入淤区含沙量比弯道溢流堰分沙前输沙渠含沙量增加1.67%。

进入淤区大于 0.05 mm 的粗沙占全沙的百分比可由下式计算：

$$\rho_{>0.05溢} = \frac{1-\eta_Q \eta_s \eta_d}{1-\eta_Q \eta_s} \rho_{>0.05渠} \tag{6-3}$$

采用 Φ_d 代表进入淤区大于 0.05 mm 粗沙占全沙百分比比弯道溢流堰分沙前输沙渠粗沙百分比增大的百分比，则

$$\Phi_d = \frac{1-\eta_d}{1-\eta_Q \eta_s} \eta_Q \eta_s \tag{6-4}$$

如果 $\eta_s=0.85$，$\eta_d=0.8$，$\eta_Q=0.1$ 时，进入淤区大于 0.05 mm 的粗沙占全沙的百分比比弯道溢流堰分沙前输沙渠粗沙所占的比例约增大 2%。

第五节　结语和讨论

(1)弯道清水试验观测表明，水流进入弯道后，水流表面形成横向比降，最大横比降位于弯顶断面，流速进行了重分布。水面最大横向比降、弯道断面流速偏离程度均随弯道半径的不同而不同，弯道曲率半径越小，水面最大横向比降越大，流速偏离系数也越大。另外，凹凸岸流速调整的位置，随着弯道半径的减小而向下游推移，即弯道半径越小，离心力越大，水流流速调整的位置越靠向弯道下游。

(2)弯道悬沙试验观测表明，弯道含沙水流水面横比降、流速场分布不仅与流量、弯道半径有关，而且随着水体所含泥沙的浓度、泥沙颗粒粗细的不同而不同。浑水时弯道断面流速偏离程度较清水时大，流速调整的位置较清水时上提。

(3)弯道含沙水流试验观测表明，弯道前直渠段，泥沙场(含沙量和悬沙粒径场)分布对称均匀，悬沙浑水进入弯道后，在弯道流场变化调整的同时，泥沙场也相应发生变化和调整，凹岸含沙量和悬沙粒径逐渐减小，凸岸含沙量和悬沙粒径逐渐增大，在弯道末端断面 C6 处，凸岸与凹岸含沙量的比值达到最大值，相应凸岸与凹岸悬沙中值粒径的比值也达到最大。不同弯道半径、流量、含沙量和悬沙中值粒径对上述两比值的大小起着不同的作用：悬沙粒径越细，两比值越小，越接近 1.0；含沙量越大，两比值越小，也越趋近于 1.0；流量越小，两比值越大，越偏离于 1.0；不同弯道半径对两比值的影响规律比较复杂，当 R/B=2.5 时，两比值略小于 R/B =6 和 R/B =4 比值。

(4)溢流堰分流分沙试验观测结果表明，溢流堰分流分沙时，弯道流场和泥沙场又发

生新的变化和调整。3 种不同弯道半径溢流堰撇清撇细分沙效果规律基本相同，而且撇清和撇细效果也是对应的，随着流量的减小，撇清撇细分沙效果增加；随着悬沙粒径的增大，撇清撇细分沙效果也增加；随着含沙量的增加，撇清撇细分沙效果减小；随着分流比的增加，撇清撇细分沙效果减小。3 种不同弯道半径溢流堰，R/B=2.5 弯道溢流堰的撇清撇细分沙效果略小于 R/B=4 和 R/B=6 两种弯道溢流堰。在设计弯道溢流堰时，弯道半径不宜小于 R/B=2.5，另外还要考虑到输沙渠线路走向，使输沙渠线路最短，所以弯道半径也不宜大于 6B。

(5)在试验水沙条件范围内经弯道溢流堰撇清撇细分沙后，进入淤区含沙量较分沙前增加 0.4%~3.6%；悬沙中大于 0.05 mm 的粗沙占全沙的百分比较分沙前增加 0.64%~3.7%。弯道溢流堰有一定的撇清撇细分沙效果，由于黄河泥沙汛期悬沙较细，含沙量又高，弯道溢流堰在分选处理泥沙的效果上不像粗沙河流处理近底粗泥沙的效果那样明显。

第七章　小北干流放淤工程淤粗排细粒径及其淤积比和排沙比研究

第一节　黄河洪水泥沙组成及运动特征

黄河流经 9 个省区，地貌、地质等自然条件差别很大，上游(河口镇以上)河段流域面积占全流域面积的 51.3%，年均来水量占全河来水量的 53%，年均来沙量却仅占全河来沙量的 9%，是黄河水量的主要来源区。中游(河口镇到潼关)河段，流域面积占全流域面积的 39.3%，年均来水量占全河来水量的 38%，年均来沙量却占全河来沙量的 90%，是黄河泥沙的主要来源区。三门峡以下河段，流域面积占全流域面积的 9.4%，年均来水量占全河来水量的 10%，年均来沙量仅占全河来沙量的 2%，是黄河又一清水来源区。由于水沙来源不同，黄河泥沙具有常说的水沙异源特征。

黄河泥沙在年际和年内分配上也是不均衡的，沙量年际变化比径流年际变化要大的多。汛期(7~10 月)沙量占全年沙量的 85%以上，而汛期水量却只占全年水量的 58%。

黄河泥沙主要来自中游黄土高原区。西北地带的黄土中值粒径一般大于 0.045 mm；而在黄土高原的东南地带，黄土中值粒径一般小于 0.015 mm。在以往黄河泥沙的研究中，对黄河泥沙的粗、中、细划分界限，并没有按照土力学标准划分，而是习惯定为：＜0.025 mm 的泥沙为细沙，0.025~0.05 mm 的泥沙为中沙，＞0.05 mm 泥沙为粗沙，＞0.1 mm 的泥沙为极粗沙。汛期，进入下游河道的悬沙比较细，＜0.025 mm 的细沙占全沙的 50%以上；非汛期悬沙粗一些。这样细的黄河泥沙主要以悬移质的运动形式运动和输送，以推移质的运动形式运动的沙量只为悬沙的 1%~3%。也就是说，黄河河道水流中 98%的泥沙能为水流中不同尺度的漩涡所悬浮，并被挟带前进，它与水流的运动速度基本一致。悬移质泥沙在输移过程中，其粗颗粒部分泥沙随时都与河床中的泥沙发生交换，而这种交换是不平衡的，其随着河道水力要素的变化，引起了河床的冲淤变化。悬沙中的这部分粗颗粒泥沙通称为“床沙质”，也称为“造床质”；悬沙中的细颗粒部分，在悬浮输送过程中，很少在河床停留，一直保持悬浮状态一泻千里，这部分细颗粒泥沙被称为“冲泻质”，也称为“非造床质”。对冲积性河流而言，床沙质和冲泻质分界粒径不是固定的，随不同河段和不同时段而变化。冲泻质常处于不饱和状态，上游来多少，就能带走多少；而对床沙质而言，其通过某一河段下泻的沙量只能保持较小的变化幅度，它决定于河道水流的挟沙能力。黄河悬沙较细，随着细颗粒泥沙增多，浑水流变特性发生变化，使挟沙水流具有明显的“多来多排”特性。

在研究多沙细沙冲积性河流河床演变的过程中，影响河道冲淤变化的主要是床沙质泥沙；但冲泻质对河道冲淤变化的影响也是不能忽略的，它主要反映在以下两个方面：①滩区较宽阔的河道，大洪水上滩后，滩地流速较小，冲泻质也可大量淤积，淤积后的土壤黏性较大，可增大滩边抗冲能力，对河型变化有一定影响；②冲泻质含沙量较大时，可以改变浑水的流变特性，泥沙颗粒沉速会减小，挟带床沙质的能力会增大。

床沙质和冲泻质划分比较困难，对黄河泥沙而言，随河段和时段的不同而变化。目前常用的有 3 种方法：①河床泥沙组成中，小于 5%~10%的细颗粒部分被视为冲泻质；②河床与悬沙颗粒级配曲线，上下叠绘在一起，两曲线公切线与粒径横标的交点视为分界粒径，然而黄河泥沙较细，悬沙中 90%左右的泥沙都是可以与床面泥沙交换的，很难绘出级配曲线的公切线；③倪晋仁和张红武是基于将颗粒垂线分布非常均匀时的概念导出床沙质和冲泻质分界粒径的计算公式的：

$$D_c = A\frac{\gamma^{5/3}}{\sqrt{g}}\left(\frac{u_*^3}{KH}\right)^{1/8} \tag{7-1}$$

式中：D_c为床沙粒径；u_*为摩阻流速；$K=0.4$；A 为与水深有关系数，$A=1.276\text{~}3.3$。

在 20 世纪 60 年代对黄河挟沙能力的研究中，将小于 0.025 mm 的细沙作为冲泻质，以后的一些河道冲淤研究成果也表明，小于 0.025 mm 的泥沙作为冲泻质是适宜的。

第二节　黄河下游河道冲淤规律及其粗细泥沙的输移和调整

一、黄河下游河道冲淤规律

黄河下游河道是一条强烈淤积型河道，目前的河道边界条件是在长期历史时期内由上游来水来沙塑造而成的，两岸的堤防工程也是在长期防御洪水的过程中，不断修建和完善建成的，两者构成了目前黄河下游河道特征。黄河下游河道的冲淤演变规律也就是上游来水来沙和河道边界条件相互作用和相互制约的结果。图 7-1 为三门峡水库正常调度运用以来，1974~1995 年下游河道汛期和非汛期沿程冲淤强度分布图。该时段花园口站年均水量 380 亿 m^3，沙量 8.78 亿 t，汛期年均水量占全年总水量的 60%，而沙量却占到全年总沙量的 90%以上；非汛期水量和沙量呈逆向变化。从图上可明显看出，汛期高村以上游荡型河道普遍发生淤积，含沙量沿程逐渐减小；水流进入艾山以后，艾山以下弯曲型河道比较窄深，河道输水能力和输沙能力较大，加之，汛期汶河加入一部分清水，河道由上段的淤积变为冲刷，艾山以下河道含沙量少有增加。因为艾山以下河道特征变化不大，沿程河道冲刷强度变化也不大。非汛期，进入下游河道的水沙条件发生逆向变化，下游河道的冲淤规律与汛期相反，高村以上河道由汛期的淤积变为冲刷，含沙量沿程增加；艾山以下河道由汛期的冲刷变为淤积，沿程含沙量减小。汛期和非汛期沿程冲淤强度分布具有明显的“倒影”关系。花园口至夹河滩河段，汛期和非汛期河道冲淤变幅较大，艾山以下河道，冲淤变幅相对要小一些。对全年而言，全下游河道沿程是淤积的，而且淤积强度变化不大，致使下游河道纵剖面具有平行淤积抬高的趋势。对不同时段较长水沙系列年而言，如 1974~1985 年的三门峡正常运用初期和 1986~1995 年龙羊峡、刘家峡二水库汛期开始蓄水期间，并未改善汛期和非汛期沿程冲淤强度分布的这种“倒影”关系，只是沿程冲淤强度大小不同。对某一典型年而言，非汛期下游河道沿程冲淤规律变化不大，基本保持为高村以上河段冲刷，艾山以下河段淤积。而汛期下游河道沿程冲淤规律将发生较大变化，如多水少沙的 1982 年典型年，汛期全下游河道均为冲刷；再如少水多沙的 1977 年典型年，汛期全下游河道均为淤积。

1976 年 6 月黄河口改道，由钓口河流路改走清水沟流路，1974~1988 年改道后初期，鱼清以下尾闾河段淤积严重，淤积强度很大。

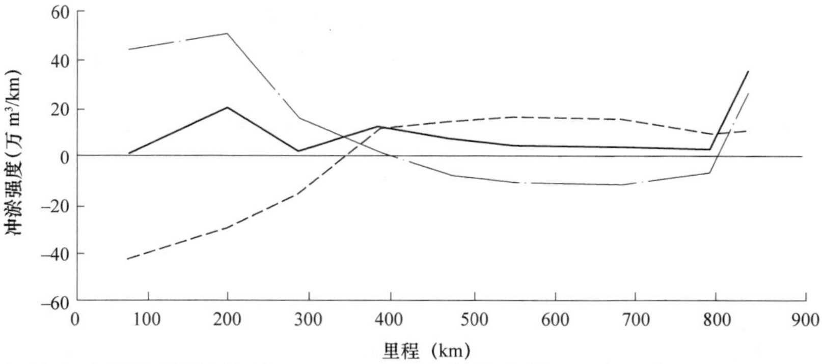

(a)三门峡水库蓄清排洪运用期 1974 ~ 1995 年年均水量 380 亿 m³，S_{cp}=32.1 kg/m³，Q_{cp}=1 205 m³/s，沙量 8.78 亿 t，来沙系数 0.026 7，全下游冲淤强度 8.1 万 m³/km

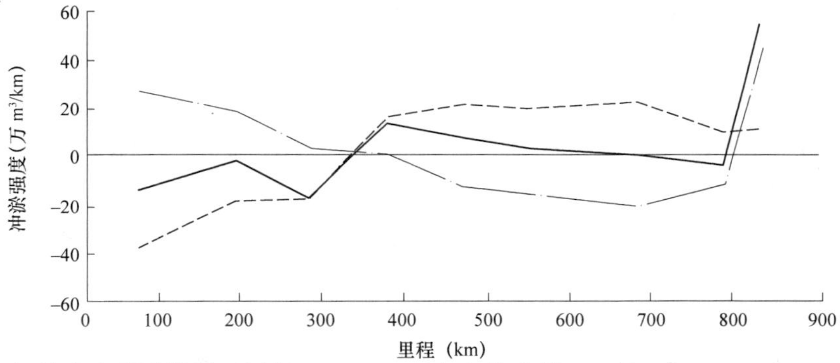

(b)三门峡水库蓄清排洪运用期 1974 ~ 1985 年年均水量 440 亿 m³，S_{cp}=22.9 kg/m³，Q_{cp}=1 395 m³/s，沙量 10.07 亿 t，来沙系数 0.016 4，全下游冲淤强度 8.1 万 m³/km

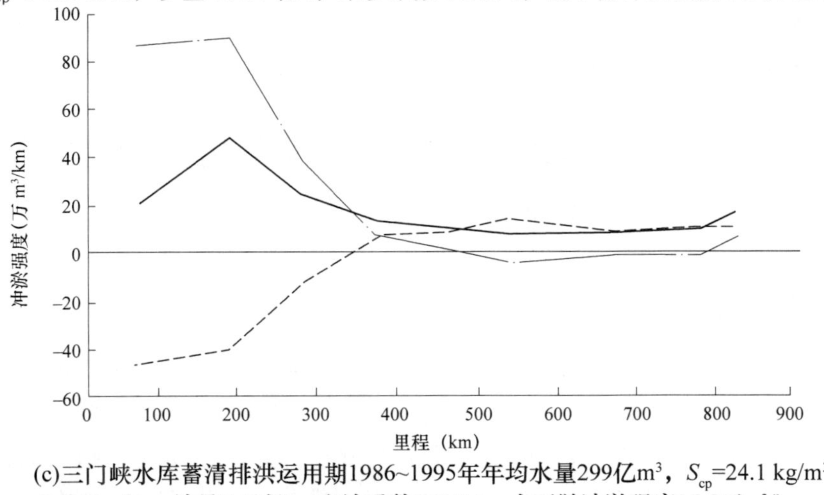

(c)三门峡水库蓄清排洪运用期1986~1995年年均水量299亿m³，S_{cp}=24.1 kg/m³，Q=948 m³/s，沙量7.22亿t，来沙系数0.025 4，全下游冲淤强度16.5万m³/km

—·— 汛期　- - - - 非汛期　—— 全年

图 7-1　三门峡水库正常运用以来不同时段下游河道沿程冲淤强度分布图

二、黄河下游河道粗细泥沙输移和调整

由于汛期和非汛期进入下游河道的水沙条件逆向变化，加上沿程河道特征差别很大，使汛期和非汛期沿程冲淤强度分布具有“倒影”规律，说明进入下游河道的粗细泥沙在沿程输移过程中，随时都在调整和变化。在 1962~1984 年期间，黄河下游沿程各水文站汛期和非汛期悬沙要素的变化(见表 7-1)可以看出粗细泥沙在输移过程中的这种沿程调整变化。

表 7-1 1962~1984 年黄河下游沿程各站汛期和非汛期悬沙要素变化

时段	悬沙要素	下游三站	花园口站	高村站	艾山站	利津站
汛期	沙量(亿 t)	11.03	9.59	5.59	8.3	8.25
	含沙量(kg/m^3)	43.3	36.3	33.8	32.4	36.3
	中值粒径(mm)	0.023 5	0.019 5	0.019 0	0.020 0	0.020 5
非汛期	沙量(亿 t)	1.78	2.00	2.15	2.05	1.57
	含沙量(kg/m^3)	9.3	10.5	11.8	11.9	10.1
	中值粒径(mm)	0.039 0	0.037 5	0.034 5	0.033 5	0.025 5
全年	沙量(亿 t)	12.81	11.59	7.74	10.35	9.82
	含沙量(kg/m^3)	28.8	25.5	24.6	24.2	24.4
	中值粒径(mm)	0.025 5	0.022 0	0.022 2	0.022 5	0.021 5

注：三站指三门峡、黑石关、小董 3 站，后同。

汛期，高村以上河段淤积，沿程含沙量相应减小，悬沙中值粒径也相应变细；艾山以下河段冲刷，沿程含沙量相应增大，悬沙中值粒径也相应变粗。非汛期，高村以上河段冲刷，沿程含沙量增大，汛期落淤在浅滩、串沟和汊河的细沙(0.01~0.025 mm)中的较粗部分和中沙(0.025~0.05 mm)，很容易被水流冲起并带向下游，进入山东河段的悬沙中值粒径相应变细；艾山以下河段，河道淤积，沿程含沙量相应减小，悬沙中大于 0.05 mm 的粗沙首先落淤河床，入海的悬沙中值粒径相应变细。从表 7-1 中可清楚地看出粗细泥沙在时空上的调整变化，而且悬沙要素的沿程变化与河道沿程冲淤变化完全相对应。

第三节 黄河小北干流放淤工程淤粗排细粒径及其淤积比和排沙比讨论

一、黄河下游河道粗细泥沙淤积比和入海排沙比

黄河下游河道不同时段和不同河段，汛期和非汛期粗细泥沙冲淤规律明显不同，为了与小北干流放淤工程淤区淤积比定义相对应，本节所研究的下游河道粗细泥沙淤积比是指全下游河道全年沿程累积淤积量与三站(三门峡、黑石关、小董)来沙量减去沿程入渠泥沙量的比值。按上述定义，入海排沙比等于 1 减去河道淤积比。根据小浪底水库目前的运用阶段，表 7-2 列出了 1962~1984 年三门峡水库滞洪排沙和蓄清排浑两个运用期期间，黄河下游河道各粒径组泥沙的河道淤积比和各粒径组泥沙的入海排沙比。

表 7-2 1962~1984 年下游河道各粒径泥沙河道淤积比和入海排沙比年内变化

时段	项目	各粒径组泥沙数值					
		<0.007 mm	0.007~0.025 mm	0.025~0.05 mm	0.05~0.1 mm	>0.1 mm	全沙
汛期	三站来沙量(亿 t)	2.694	3.067	2.789	1.859	0.626	11.035
	河道冲淤量(亿 t)	0.283	0.094	0.522	0.458	0.505	1.862
	入海沙量(亿 t)	2.167	2.618	2.067	1.279	0.101	8.232
	入渠沙量(亿 t)	0.244	0.355	0.200	0.122	0.020	0.941
	河道淤积比(%)	11.6	3.5	20.2	26.4	83.3	18.4
非汛期	三站来沙量(亿 t)	0.260	0.337	0.472	0.523	0.185	1.777
	河道冲淤量(亿 t)	−0.097	−0.201	−0.066	0.135	0.125	−0.104
	入海沙量(亿 t)	0.312	0.468	0.438	0.309	0.041	1.568
	入渠沙量(亿 t)	0.045	0.070	0.100	0.079	0.019	0.313
	河道淤积比(%)	−45.1	−75.3	−17.7	30.4	75.3	−7.1
全年	三站来沙量(亿 t)	2.954	3.404	3.261	2.381	0.812	12.812
	河道冲淤量(亿 t)	0.111	−0.032	0.456	0.556	0.667	1.758
	入海沙量(亿 t)	2.574	3.011	2.505	1.624	0.106	9.82
	入渠沙量(亿 t)	0.269	0.425	0.300	0.201	0.039	1.234
	河道淤积比(%)	4.1	−1.1	15.4	25.5	86.3	15.2

为了清晰表述黄河下游河道粗细泥沙沿程输移调整累积结果，图 7-2 给出了 1962~1984 年期间进入下游河道的来沙级配、全下游河道淤积级配和入海泥沙级配曲线。

1962~1984 年期间，进入下游河道的多年平均来沙量为 12.812 亿 t，悬沙中值粒径为 0.025 5 mm，小于 0.025 mm 的细沙，占全沙的 49.6%；大于 0.05 mm 的粗沙占全沙的 24.9%；大于 0.1 mm 的极粗沙占全沙的 6.3%。进入下游河道的粗细泥沙，经过下游 800 km 河道的沿程冲淤调整，利津站输送入海的多年平均沙量为 9.82 亿 t，使悬沙中值粒径由进入下游河道的 0.025 5 mm 减小为 0.020 5 mm，入海泥沙中小于 0.025 mm 的细沙占全沙的百分比由来沙的 49.6%增大到 56.9%，大于 0.05 mm 的粗沙占全沙的百分比由来沙的 24.9%减小为 17.6%，其中大于 0.1 mm 的极粗沙占全沙的百分比由来沙的 6.3%减小为 1.1%。淤积在全下游河道的泥沙的多年平均沙量为 1.758 亿 t，淤积泥沙的中值粒径为 0.077 mm，约为来沙中值粒径的 3.0 倍，小于 0.025 mm 的细沙占全沙的百分比不到 10%，这部分细沙主要是在大洪水时淤积在滩区低洼地带及缓流浅滩、串沟汊河；小水时又将细沙中的较粗部分(0.01~0.025 mm)冲起输送入海，所以细沙占全沙的百分比较小；而大于 0.05 mm 的粗沙占全沙的百分比为 69.6%，其中大于 0.1 mm 极粗沙占全沙的百分比高达 37.9%，这部分极粗沙主要淤积在主河槽内，是下游河道“二级悬河”的主要泥沙组成部分，对下游防洪极为不利。1962~1984 年期间，小于 0.025 mm 的细沙、0.025~0.05 mm 的中沙和大于 0.05 mm 的粗沙，河道淤积比分别为 3.0%、15.4%和 27.5%，大于 0.1 mm 的极粗沙河道淤积比为 86.3%，全沙河道淤积比为 15.2%。利津站细、中、粗泥沙的入海排沙比分别为 98.6%、84.6%和 58.6%。大于 0.1 mm 的极粗沙入海排沙比为 13.7%，全沙入海排沙比为 84.8%。

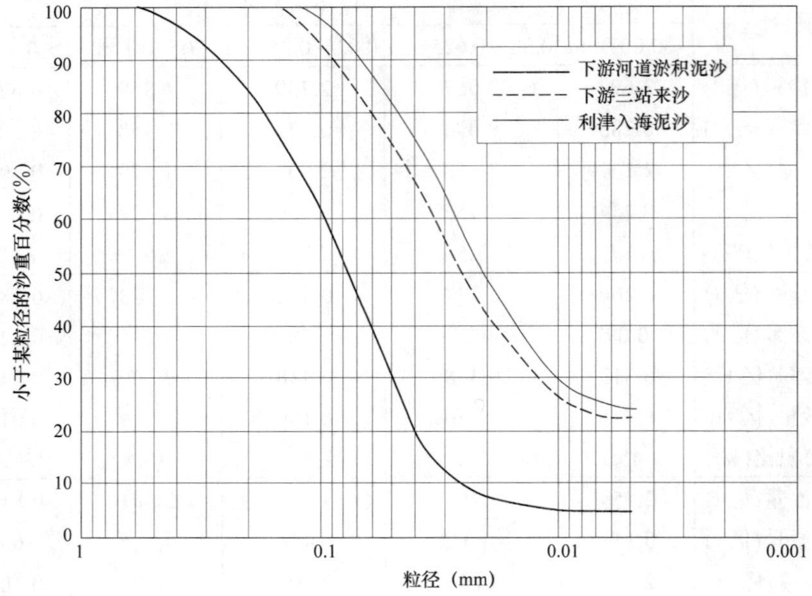

图 7-2　1962~1984 年下游来沙、河道淤积、入海泥沙级配曲线

不同时期水沙系列年，由于受三门峡水库调度运用影响，进入下游河道的沙量和粗细明显不同，因此各粒径泥沙河道淤积比和入海排沙比有一定差别，年内汛期和非汛期也有所变化，表 7-3 给出 3 个不同水沙系列年期间，全下游河道全年各粒径组泥沙河道淤积比和入海排沙比。从表 7-3 中可以看出，不同时段河道淤积比和入海排沙比有一定差别，并有如下几点规律：①1974~1984 年三门峡水库蓄清排浑运用初期，属于有利水沙系列年，11 年期间超过 5 000 m^3/s 以上的上滩洪水有 9 次，9 次洪峰平均流量约为 8 700 m^3/s，汛期洪水较大，漫滩范围较广，加上洪峰期水多沙少，全下游河道出现“淤滩刷槽”的冲淤特征。在这 11 年期间，滩地淤积 7.103 亿 t，主槽冲刷 1.774 亿 t，淤积在滩地上的泥沙较多而且较细，＜0.025 mm 的细沙占全沙的 30.3%，细沙淤积比相对其他两个时段较大，其值为 8.2%，大于 0.05 mm 的粗沙淤积占全沙比值相对较小，只占到全沙的 47.4%，淤积比也只有 26.8%。②1960~1990 年期间，包括三门峡一年半蓄水拦沙期。这一年半期间，三门峡下泄基本为清水，下游河道普遍冲刷。1961 年 1 年就冲刷 7.828 亿 m^3。在三门峡下泄清水期间，冲刷距离可达到河口利津河段，河道冲刷主要以 0.025~0.05 mm 的中沙和细沙中 0.01~0.025 mm 黏性较小的较粗部分为主，这两部分泥沙在刷滩和塌岸过程中被水流输送入海，致使 1960~1990 年期间，细泥沙不但没有淤积反而冲刷 1.95 亿 t，细沙淤积比变为负值。③＞0.1 mm 的极粗沙也不是全部淤积在下游河道内，尤其在汛期，山东窄河段河道输沙能力相对较大，河道冲刷，＞0.1 mm 的极粗沙仍有一部分排入大海，＞0.1 mm 的极粗沙入海排沙比可达 18.4%。④0.025~0.05 mm 的中沙，粒径相对较细，而且粒径间没有黏性，对上游来水来沙和河道水力要素变化非常敏感，所以在来沙的悬沙中和淤积在河道的泥沙中，都包括这部分中沙，而且在来沙的

表 7-3 不同时段黄河下游河道各粒径组泥沙河道淤积比和入海排沙比

系列年	下游三站年平均来水量(亿 m^3)	花园口站 5 000 m^3/s 以上洪峰平均流量(m^3/s)	各粒径组泥沙	下游三站年均来沙		全河下游河段年均淤积泥沙			入渠沙量(亿 t)	来水来沙河道冲淤特征
			(mm)	沙量(亿 t)	占全沙(%)	沙量(亿 t)	占全沙(%)	淤积比(%)		
1974~1984	432.2	8 707	<0.025	5.69	49.9	0.39	30.4	8.2	0.934	历年上滩流量较大，滩年均淤积 0.647 亿 m^3，大量细沙落淤滩地，淤积泥沙级配较细
			0.025~0.05	3.12	27.4	0.278	21.6	10.3	0.421	
			>0.05	2.59	22.7	0.62	48.0	26.8	0.291	
			全沙	11.4	100.0	1.29	100.0	13.1	1.646	
1962~1984	445.4	7 670	<0.025	6.358	49.8	0.079	4.5	1.4	0.694	滞洪排沙初期(1962 年、1963 年和 1964 年丰水年期间)，下游河道冲刷 8.635 亿 m^3，在刷滩期间大量细沙冲刷入海，淤积泥沙相对较粗
			0.025~0.05	3.218	25.2	0.456	25.9	15.4	0.3	
			>0.05	3.193	25.0	1.223	69.6	41.4	0.24	
			全沙	12.769	100.0	1.758	100.0	15.2	1.234	
1960~1990	430.4	7 449	<0.025	6.027	52.4	–0.065	–6	–1.2	0.610	1960 年 9 月~1962 年 3 月蓄水拦沙期库区淤积 17.409 亿 m^3，在清水刷滩过程中，大量细沙冲刷入海，淤积泥沙较粗
			0.025~0.05	2.883	25.1	0.208	19.2	8	0.283	
			>0.05	2.583	22.5	0.944	86.8	39.5	0.193	
			全沙	11.493	100.0	1.087	100.0	10.6	1.086	

悬沙中和河道淤积中所占比例基本相等，变化不大，变幅为 20%~30%，对这部分中沙，可称为“中性”泥沙。由本书第五章第六节表 5-5 可知 2004 年连伯滩放淤试验工程放淤中，0.025~0.05 mm 这部分“中性”泥沙，在进入淤区悬沙中和淤区淤积泥沙中，分别占其全沙的 23.05%和 27.5%，接近下游河道来沙中的百分数和淤沙中的百分比。

表 7-3 给出下游河道各粒径组泥沙不同时期河道淤积比和入海排沙比多年平均值，对某一典型年而言，水沙条件变幅很大，特别是泥沙条件变幅更大，对不同粒径泥沙的河道淤积比、入海排沙比影响很大。根据资料分析，不同粒径泥沙河道淤积比与三站来水来沙单因子的相关关系不密切，与各粒径细泥沙的来沙系数关系相对密切。图 7-3 点绘了 1974~1984 年三门峡正常调度运用以来，历年各粒径组泥沙淤积比与其相应粒径组泥沙的来沙系数相关图。从图中可以看出，＜0.025 mm 的细沙点群，与其来沙系数没有明显的相关关系，淤积比点群基本上分布在多年平均值 8%左右，这部分细泥沙主要淤积在滩地上，这部分细沙可视为冲泻质泥沙。其他粒径组泥沙淤积比点群相对集中，与其相应的来沙系数存在一定相关关系。随着各粒径组泥沙来沙系数的增大，各粒径组泥沙淤积比也相应增大，并可写成如下公式：

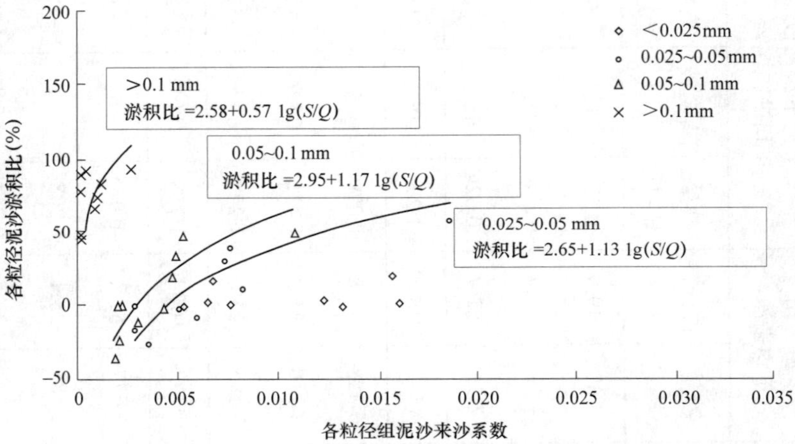

图 7-3　1974~1984 年历年各粒径组泥沙淤积比与来沙系数关系

＞0.1 mm 的极粗沙淤积比

$$\beta_{>0.1} = 0.258 + 0.572\lg(\frac{S_{>0.1}}{Q}) \tag{7-1}$$

0.05~0.1 mm 的粗沙淤积比

$$\beta_{(0.05\sim0.1)} = 2.95 + 1.17\lg(\frac{S_{(0.05\sim0.1)}}{Q}) \tag{7-2}$$

0.025~0.05 mm 的中沙淤积比

$$\beta_{(0.025\sim0.05)} = 2.65 + 1.13\lg(\frac{S_{(0.025\sim0.05)}}{Q}) \tag{7-3}$$

式(7-1)~式(7-3)中：淤积比 β 脚注表示不同粒径组泥沙淤积比；来沙系数 $\left(\frac{S}{Q}\right)$ 中分子为含沙量，其脚注表示下游三站来沙中不同粒径泥沙所含沙量。小北干流大规模放淤可以减少进入下游河道的粗颗粒泥沙含量，从而减少下游河道淤积。由以上各式可以粗估出小北干流“淤粗排细”放淤对下游河道的减淤效果。

二、2004 年小北干流连伯滩放淤试验工程“淤粗排细”效果

2004 年连伯滩放淤试验工程为了实现“淤粗排细”的目标，制定了调度运用预案：①横格堤口门或退水闸退出水流中粗颗粒含沙量不超过 3%；②退出水流含沙量不超过进入淤区含沙量的 75%。当超过上述两标准，增加横格堤口门的堰高和退水闸叠梁门高度。2004 年放淤从 7 月 26 日~8 月 26 日共进行了 6 轮的放淤，总历时 307.7 h，每轮放淤过程中“淤粗排细”放淤效果如表 7-4 所示。

表 7-4　连伯滩放淤试验工程 2004 年各轮放淤“淤粗排细”效果

放淤轮次	项目内容		各粒径组泥沙数值			
			＜0.025 mm	0.025~0.05 mm	＞0.05 mm	全沙
第 1 轮	进入淤区沙量	沙量(万 t)	66.5	31.7	26.3	124.4
		占全沙(%)	53.4	25.5	21.1	100.0
	淤区淤积沙量	沙量(万 t)	43.1	28.6	25.2	97
		占全沙(%)	44.5	29.5	26.0	100.0
	淤积比(%)		64.8	90.2	95.8	77.8
第 2 轮	进入淤区沙量	沙量(万 t)	50.6	15.3	10.5	76.4
		占全沙(%)	66.2	20.0	13.7	100.0
	淤区淤积沙量	沙量(万 t)	17.6	10.9	9.3	37.8
		占全沙(%)	46.6	28.8	24.6	100.0
	淤积比(%)		34.8	71.2	88.6	49.5
第 3 轮	进入淤区沙量	沙量(万 t)	5.8	3.0	2.4	11.2
		占全沙(%)	51.8	26.8	21.4	100.0
	淤区淤积沙量	沙量(万 t)	4.4	2.9	2.3	9.6
		占全沙(%)	45.8	30.2	24.0	100.0
	淤积比(%)		75.9	96.7	95.8	85.7
第 4 轮	进入淤区沙量	沙量(万 t)	146.8	53.9	45.7	246.3
		占全沙(%)	59.6	21.9	18.5	100.0
	淤区淤积沙量	沙量(万 t)	102.7	50.0	44.6	197.3
		占全沙(%)	52.1	25.3	22.6	100.0
	淤积比(%)		70.0	92.8	97.6	80.1
第 5 轮	进入淤区沙量	沙量(万 t)	61.6	30.3	27.7	119.6
		占全沙(%)	51.5	25.3	23.2	100.0
	淤区淤积沙量	沙量(万 t)	31.9	24.8	25.7	82.4
		占全沙(%)	38.7	30.1	31.2	100.0
	淤积比(%)		51.8	81.8	92.8	68.9

续表 7-4

放淤轮次	项目内容		各粒径组泥沙数值			
			＜0.025 mm	0.025~0.05 mm	＞0.05 mm	全沙
第 6 轮	进入淤区沙量	沙量(万 t)	12.9	4.3	4.8	22
		占全沙(%)	58.6	19.6	21.8	100.0
	淤区淤积沙量	沙量(万 t)	4.8	2.7	4.1	11.6
		占全沙(%)	41.4	23.3	35.3	100.0
	淤积比(%)		37.2	62.8	85.4	52.7
第 1~6 轮	进入淤区沙量	沙量(万 t)	344.2	138.3	117.4	599.9
		占全沙(%)	57.4	23.0	19.6	100.0
	淤区淤积沙量	沙量(万 t)	204.6	120.0	111.3	435.8
		占全沙(%)	46.9	27.5	25.5	100.0
	淤积比(%)		59.4	86.8	94.8	72.6

2004 年连伯滩试验工程进入淤区总沙量为 599.9 万 t，＞0.05 mm 的粗沙、0.025~0.05 mm 的中沙和＜0.025 mm 的细沙，分别占来沙总量的 19.6%、23.0%和 57.4%，进入淤区泥沙中值粒径为 0.021 mm。淤积在淤区总沙量为 435.8 万 t，粗沙、中沙和细沙分别占全沙的 25.5%、27.5%和 46.9%，淤区淤积泥沙的中值粒径为 0.027 mm，比进入淤区的泥沙中值粒径大 1.29 倍，全沙淤积比为 72.6%，其中粗沙、中沙和细沙淤积比分别为 94.8%、86.8%和 59.4%。＜0.025 mm 属于冲泻质的细沙占全部淤沙的 46.9%，而下游河道仅为 10%左右，＞0.05 mm 的粗沙仅占全部淤积泥沙的 25.5%，淤区淤积泥沙明显偏细较多，除与 2004 年汛期中游地区来沙较细有关外，还与调度预案控制标准有关。如第 6 轮放淤，进入淤区的泥沙的中值粒径只有 0.018 5 mm，控制排沙比在 6 轮中最大，全沙排沙比达到 47.3%，退回黄河沙量中，＞0.05 mm 粗沙占退出全沙的 6%，由于排沙比较大，淤积泥沙相对较粗，粗、中、细泥沙所占全沙比例分别为 35.3%、23.3%和 41.4%。“淤粗排细”效果也较好。再如第 5 轮放淤，约有 2/3 的时间含沙量小于 50 kg/m^3，该轮进入淤区的泥沙相对较粗，平均中值粒径为 0.026 mm，控制排沙比较小，仅为 34%，比第 6 轮小 19.4%，由于来沙相对较粗，“淤粗排细”效果相对也较好，粗、中、细泥沙所占全沙比例分别为 31.2%、30.1%和 38.7%。下面我们将对如何控制粗沙的淤积比和细沙的排沙比进行探讨。

三、小北干流放淤“淤粗排细”粒径及其淤积比和排沙比讨论

前文对进入下游河道的粗细泥沙的组成、输移和调整特征进行了分析和计算，为小北干流实现“淤粗排细”的放淤目标提供了控制参考依据。1962~1984 年期间，黄河下游河道年均淤积泥沙 1.758 亿 t，中值粒径为 0.077 mm，为来沙中值粒径的 3.0 倍。淤积泥沙中＞0.05 mm 的粗沙占全沙的 69.6%，这部分粗泥沙主要淤积在主河槽内，它是造成“二级悬河”的主要组成部分，粗沙河道淤积比为 41.4%，利津入海排沙比为 58.6%。

小北干流放淤“淤粗”目标应该是拦截这部分>0.05 mm 的粗沙。<0.025 mm 的细沙对于下游河道而言，属于冲泻质泥沙，它仅占淤积总沙量 5%左右，它主要淤积在滩区低洼地区、缓流浅滩、汊河和串沟，主河槽基本不包括这部分泥沙，细沙淤积比只有 1.4%，入海排沙比为 98.6%，进入下游河道的这部分细沙，绝大部分排入大海，对下游河道淤积危害不大，反而有利于粗泥沙的悬浮和输移，小北干流放淤的“排细”目标应该是将这部分细沙排回黄河，提高淤区拦沙效益和对下游河道的减淤效果。0.025~0.05 mm 的中沙属于“中性”泥沙，在河道的悬沙中和河床淤沙中都包括这部分泥沙，而且在悬沙和床沙中所占比例基本相等，约为 25%。也就是说，在放淤过程中，它既可以随粗沙淤积在淤区内，又可以随细沙排回黄河，在“淤粗排细”的调度运用中，这部分泥沙很难控制。

根据黄河下游河道输送粗细泥沙的能力，以及粗沙对下游河道淤积的危害，小北干流放淤“淤粗”粒径界定为 0.050 mm；“排细”粒径界定为 0.025 mm 比较合适。下面讨论问题是在放淤调度运用中如何控制>0.05 mm 的粗沙淤积比和<0.025 mm 的细沙排沙比。

2004 年连伯滩放淤试验工程在“淤粗排细”调度预案中提出两个控制标准：①Ⅰ区退水口门和Ⅲ区退水闸，退出水流中>0.05 mm 的粗沙含量不超过 3%；②退出水流的含沙量不超过淤区进口含沙量的 75%。2004 年 6 轮放淤过程中，进入淤区的泥沙的粗细和含沙量变化很大，给调度运用造成很大困难。如第 3 轮放淤，进入淤区的泥沙相对较粗，中值粒径为 0.024 mm，含沙量相对较小，在含沙量垂线梯度较大的情况下，退出水流含沙量仅为淤区进口含沙量的 15.3%，相应排沙比为 14.6%时，退出水流中>0.05 mm 的粗沙含量已达 3%；因为排沙比较小，<0.025 mm 的细沙大量落淤在淤区，该轮<0.025 mm 的细沙占全沙的 46.7%，这部分对下游河道不产生危害的细沙淤积过多，必将占据一部分淤沙库容，降低了淤区拦沙效率。第 6 轮放淤，进入淤区泥沙较细，中值粒径只有 0.018 5 mm，退出水流含沙量为淤区进口含沙量的 60.9%，退出水流中>0.05 mm 粗沙含沙量已达 6%，该轮淤区淤积泥沙的中值粒径为 0.036 mm，<0.025 mm 的细沙，占全沙的比例减小为 41.4%，>0.05 mm 粗沙占全沙比例增大为 35.3%。从 6 轮放淤调度运用“淤粗排细”放淤效果表明，通过退水闸控制完全可以实现“淤粗排细”的目标。

表 7-5 列出了黄河下游河道不同典型年河道冲淤特征和各粒径组泥沙全年淤积比。从表中可以看出，不同来水来沙，河道冲淤特征明显不同，如 1968 年和 1976 年，来水量相同，属丰水年，来沙量相差不多，1976 年汛期来沙较细，洪峰流量较大，上滩范围广，滩地淤积 1.432 亿 m^3，主槽冲淤 1.054 亿 m^3，淤积在全下游河道滩区泥沙非常细，>0.025 mm 的细沙占 88%；而 1968 年汛期来沙较粗，洪峰流量较小，上滩范围很小，滩地淤积很少，只有 0.044 亿 m^3，而主槽淤积 0.632 亿 m^3，淤积在全下游河道主槽内泥沙非常粗，全部为 0.05 mm 以上粗沙。再如 1967 年和 1977 年，都属丰沙年，来沙中值粒径也比较相近，而年水量 1967 年为 1977 年的 2.3 倍，1977 年洪峰流量大，上滩范围广，淤积在滩地泥沙较多，淤积粒径较细；而 1967 年，淤积较少，淤积全部为大于 0.05 mm 的粗沙。

表 7-5　黄河下游典型水沙年河道冲淤及泥沙冲淤级配特征

年份	下游三站来水量(亿 m^3)	花园口站最大洪峰流量(m^3/s)	各粒径组泥沙(mm)	下游三站来沙		全下游河段淤积泥沙			来水来沙及河道冲淤特征
				数量(亿 t)	占全沙(%)	数量(亿 t)	占全沙(%)	淤积比(%)	
1976	519	9 210	<0.025	6.19	55.0	1.50	88.2	26.1	中水少沙，来沙较细，洪峰流量较大，淤积泥沙很细
			0.025~0.05	2.84	25.2	0.08	4.7	3.1	
			>0.05	2.23	19.8	0.12	7.1	6.1	
			全沙	11.26	100.0	1.70	100.0	16.5	
1968	517	7 340	<0.025	7.19	46.7	0.03	1.0	0.4	中水中沙，上滩洪峰流量较小，淤积泥沙较粗
			0.025~0.05	3.59	23.3	–0.19	–8.0	–5.50	
			>0.05	4.61	30.0	2.36	107.0	52.6	
			全沙	15.39	100.0	2.20	100.0	15.0	
1980	266	4 440	<0.025	3.55	50.0	0.68	27.8	28.2	枯水枯沙，洪峰不上滩，淤积泥沙级配较细
			0.025~0.05	1.74	24.5	0.66	26.9	47.8	
			>0.05	1.88	25.5	1.11	45.3	72.1	
			全沙	7.10	100.0	2.45	100.0	46.0	
1972	268	4 170	<0.025	2.79	42.9	0.11	6.0	5.5	枯水枯沙，来沙较粗，洪峰流量不上滩，淤积泥沙较粗
			0.025~0.05	1.65	25.3	0.36	19.8	28.8	
			>0.05	2.07	31.8	1.35	74.2	78.0	
			全沙	6.51	100.0	1.82	100.0	39.5	
1977	301	10 800	<0.025	9.44	45.6	2.14	23.4	26.4	枯水丰沙，上滩洪峰流量大，淤积泥沙级配较细
			0.025~0.05	5.41	26.1	3.08	33.6	62.1	
			>0.05	5.87	28.3	3.94	43.0	72.3	
			全沙	20.72	100.0	9.16	100.0	49.5	
1967	694	7 280	<0.025	10.83	50.4	–0.30	–35.0	–2.8	丰水丰沙，冲起大量细沙输送入海，淤积泥沙很粗
			0.025~0.05	4.89	23.7	–0.65	–75.0	–13.6	
			>0.05	5.78	26.9	1.81	210.0	32.0	
			全沙	21.50	100.0	0.86	100.0	4.1	

注：表中下游河道淤积比，是考虑入渠泥沙后数值。

不同来水来沙，下游河道淤积泥沙级配范围变化很大，在没有更多淤区观测资料情况下，为了实现“淤粗排细”目标，淤区粗、中、细泥沙淤积比暂按下游河道粗、中、细泥沙淤积比 60%、40%和 10%计算了连伯滩试验工程在设计典型年 1998 年来沙级配情况下，淤积在淤区的泥沙级配。1998 年龙门站汛期悬沙中值粒径为 0.025 mm，粗、中、细泥沙占全沙百分数分别为 22%、28%和 50%，按上述粗、中、细泥沙淤积比控制，相应全沙排沙比为 70.6%，淤积在淤区的泥沙中值粒径为 0.046 mm，粗、中、细泥沙占全沙百分数分别为 44.9%、38.1%和 17%；排回黄河的泥沙的中值粒径为 0.017 mm，粗、中、细泥沙占全沙百分数分别为 12.5%、23.8%和 63.7%。当进入淤区泥沙中值粒径为龙门站 1962~1984 年多年汛期平均值 0.033 mm 时，粗、中、细泥沙淤积比仍为 60%、40%和 10%时，全沙排沙比为 65%，淤积在淤区的泥沙中值粒径就增大到 0.064 mm，粗、中、细泥沙占全沙百分数分别为 60%、28.6%和 11.4%，比 1998 年设计典型年来沙情况下，淤区淤积泥沙粗沙占全沙百分数增加 15.1%，细沙减少 5.6%。上述两组计算结果表明，根据龙门站来沙粒径粗细，适当控制退水闸的排沙比，完全可以实现“淤粗排细”的放淤目标。2004 年连伯滩试验工程第 5、6 轮放淤实践也证实，两轮进入淤区的泥沙粗细差别很大，泥沙中值粒径分别为 0.026 mm 和 0.018 5 mm，适时控制退水闸的排沙比，全沙排沙比分别为 34%和 53.5%，两轮淤区淤积泥沙粗细基本相同。

四、结论和建议

(1)汛期进入小北干流的洪水泥沙有 98%的泥沙以悬移质的运动形式向下游输送，悬沙中有一半小于 0.025 mm 的细沙，对下游河道而言，这部分细沙属冲泻质泥沙，基本不参与下游河道主河槽造床，而淤积在下游河道中的泥沙，大于 0.05 mm 的粗沙占全沙 2/3，是下游“悬河”的主要组成，对下游防洪危害最大。小北干流“淤粗排细”放淤就是拦截大于 0.05 mm 的粗沙，而将小于 0.025 mm 的细沙排回黄河，充分发挥出小北干流的拦粗沙效益。由于黄河泥沙组成的特点，在拦截粗泥沙的同时，0.025~0.05 mm 的中沙也相应跟随落淤，在缓流区内细沙也有一小部分落淤。退水闸在排回细沙的同时，也相应地将中沙排回黄河。当进入淤区的细沙含沙量较大时，一部分粗沙也被排回黄河。黄河泥沙的这种特点，给“淤粗排细”调度运用带来了一定的困难。根据黄河泥沙组成的特点，结合 2004 年连伯滩试验工程调度运用实践，适时控制淤区退水闸排沙比，可以实现“淤粗排细”的目标。

(2)为了实现“淤粗排细”的放淤目标，退水闸需要控制较大排沙比，在排回黄河细沙的同时，一部分粗沙也随之被排回了黄河，增加了放淤时间，考虑到放淤试验工程为自流放淤，无动力消耗，引水放淤控制含沙量标准可由原设计 50 kg/m^3 减小为 30 kg/m^3。引水含沙量减小后，还有可能冲刷前期高含沙量时淤积在输沙渠内的泥沙，甚至还可冲刷淤区没有固结的细颗粒泥沙。

(3)通过模型观测和 2004 年连伯滩试验工程原型观测，对淤区水沙运行规律、淤积发展过程、淤积形态及粗细泥沙组成的时空分布有了比较清晰的认识，在淤积比过大情况下，不能实现“淤粗排细”目标。按照连伯滩放淤试验工程设计典型年 1998 年的水沙条件，汛期可引水 16 d，共引沙量 1 339 万 t，连伯滩放淤试验工程，设计有效放淤量为 1 395 万 m^3，淤沙干容重按 1.46 t/m^3 计，有效放淤量为 2037 万 t。按 1998 年典型年来沙，为实现“淤粗排细”的目标，全沙排沙比控制在 70.6%时，连伯滩放淤试验工程需 5 年以上时间才能完成放淤任务。

(4)根据模型试验和原型水沙运行规律的观测表明，进入淤区的泥沙是通过主流沟输沙方式由淤区进口向淤区末端输送的。进入淤区流量为 50~100 m^3/s 时，主流沟宽度为 30~80 m，主流沟淤积泥沙比较粗。在进入淤区的流量的变幅不大情况下，主流沟相对比较稳定。主流沟在不断淤积抬升的过程中，形成淤区内的“悬河”，随着主流沟滩唇的淤积，滩面形成横比降，并逐渐增大，淤积在滩面上的泥沙相对较细，在淤区条渠较宽的情况下，“淤粗排细”效果相对较差。建议条渠宽度 100~150 m、条渠长 10 km 左右、条渠淤沙库容 250 万~374 万 m^3、排沙比 70%时，按照连伯滩设计典型年 1998 年来水来沙情况，一条条渠一年可以淤满，经第二年盖淤后即可还耕，体现了多赢工程的特点，有利于小北干流大规模放淤的进展。

第八章 黄河小北干流放淤试验工程淤区运用调度指标研究

第一节 小北干流放淤试验工程 2004 年淤区运用调度概况

连伯滩放淤试验工程，为自流放淤工程，放淤面积 102.5 km^2，可淤粗沙 2.32 亿 m^3，淤区布置 6 条放淤条渠，试验工程(第一期工程)选定在临河一侧的第 1 条渠，条渠平均宽 640 m，长 8.6 km，面积 5.5 km^2。试验工程包括放淤闸、输沙渠、围堤、格堤、退水闸，输沙渠中分别设置了两个不同弯曲半径的弯道溢流堰。淤区内的一条纵格堤和一条横格堤，将其分成 3 个区，如图 8-1 所示。

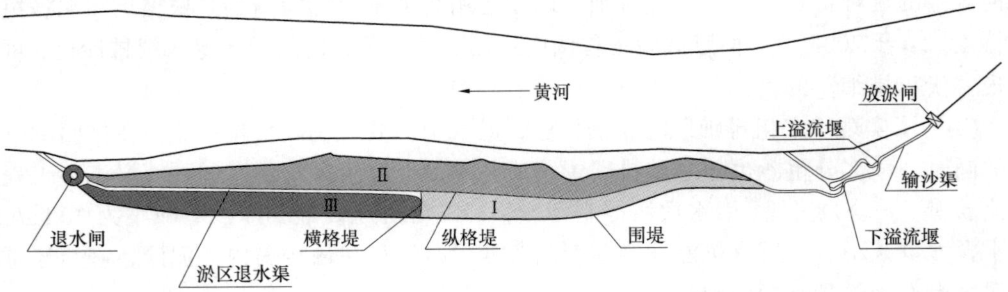

图 8-1 小北干流连伯滩放淤试验工程平面布置

2004 年黄河小北干流连伯滩放淤试验从 2004 年 7 月 26 日开始，至 2004 年 8 月 26 日结束，对Ⅰ、Ⅲ区共进行了 6 个轮次的试验，每轮放淤历时见表 8-1。

表 8-1 放淤试验历时统计

轮次	开始时间 (年-月-日 T 时:分)	结束时间 (年-月-日 T 时:分)	历时(h)
第 1 轮	2004-07-26T16:54	2004-07-28T02:30	33.6
第 2 轮	2004-07-30T11:36	2004-07-31T18:30	30.9
第 3 轮	2004-08-04T04:00	2004-08-04T19:00	15
第 4 轮	2004-08-10T20:18	2004-08-15T10:30	110.2
第 5 轮	2004-08-21T07:48	2004-08-25T09:18	97.5
第 6 轮	2004-08-25T18:30	2004-08-26T15:00	20.5
总 计			307.7

淤区调度主要通过横向格堤退水口门、退水闸的操作来实现的。淤区调度原则是尽

可能提高淤区粗沙的淤积比例。调度操作是根据淤区进出口含沙量及粗细沙含量、退水口门和退水闸前水位的监测结果，适时调整退水口门的编织袋或退水闸叠梁门，实现小北干流放淤试验工程“淤粗排细”的目标。Ⅰ区的淤粗排细效果主要是通过加高编织袋的方式，控制口门处水流排沙比和水流泥沙颗粒级配；Ⅱ区和Ⅲ区的淤粗排细效果是通过退水闸叠梁门的加高与降低操作来实现的。

2004 年的 6 轮放淤调度基本上是按照设计调度指标进行的，即当监测淤沙条渠末端出口排沙比大于 75%或粗颗粒泥沙含量达到 3%时，抬高退水堰或退水叠梁闸门高度。根据放淤现场实时监测资料不难发现，以放淤过程中淤区出口泥沙粒径大于 0.05 mm 的粗颗粒泥沙含量达到 3%的指标控制，较难排出更大比例的细颗粒。一般情况下，当淤区出口泥沙粒径大于 0.05 mm 的粗颗粒泥沙含量达到 3%时，对应出口排沙比只有 10%~30%，在引沙粗颗粒含量不能达到很高的情况下，淤区淤积泥沙中，粗泥沙比例较低。所以，有必要对淤区调度指标进行进一步优化探索。

第二节　连伯滩放淤试验工程 2004 年淤粗排细效果和淤区水量损失分析

一、连伯滩放淤试验工程淤粗排细效果分析

连伯滩放淤试验工程从 7 月 26 日放淤闸首次开启至 8 月 26 日结束，先后进行了 6 轮放淤试验，放淤历时约 300 h，共引水 6 465 万 m^3，引沙 627 万 t。进入淤区的泥沙总量合计为 599.9 万 t，水沙通过淤区沉积的泥沙总量为 435.8 万 t，排回大河的泥沙有 164.1 万 t，各粒径组泥沙含量见表 8-2。

表 8-2　各粒径组泥沙含量统计

<table>
<tr><th colspan="2">粒径组(mm)</th><th><0.025</th><th>0.025~0.05</th><th>>0.05</th><th>全沙</th></tr>
<tr><td colspan="2">进沙量(万 t)</td><td>344.2</td><td>138.3</td><td>117.4</td><td>599.9</td></tr>
<tr><td rowspan="2">淤沙量
(万 t)</td><td>输沙率法</td><td>204.6</td><td>120.0</td><td>111.3</td><td>435.9</td></tr>
<tr><td>断面法</td><td>85.8</td><td>130.3</td><td>174.5</td><td>390.6</td></tr>
<tr><td colspan="2">排沙量(万 t)</td><td>139.6</td><td>18.4</td><td>6.1</td><td>164.1</td></tr>
</table>

由表 8-2 可以看出，①淤区淤积泥沙量，输沙率法为 435.9 万 t，断面法为 267.5 万 m^3，按淤区实测干容重 1.46 t/m^3 换算为 390.6 万 t，输沙率法偏大 11.6%，两种方法测得结果差别不大。黄河下游河道两种方法测量结果表明，不同时段不同河段两种方法计算结果差别非常大，根据张留柱、崔广柏计算比较，1965~1997 年期间，小浪底至花园口河段输沙率法比断面法大 2.19 倍，泺口至利津河段，断面法淤积 9.30 亿 t，而输沙率法冲刷 8.02 亿 t，两种方法出现了定性的重大差别。②在淤区淤积泥沙颗粒级配上，悬沙颗粒级配计算法和淤积物取样颗粒级配计算法也有一定差别，大于 0.05 mm 的粗沙占全沙的百分比，两者分别为 25.5%和 44.6%；小于 0.025 mm 细沙两者分别为 46.9%和 22.0%，

两者的中值粒径分别为 0.027 mm 和 0.045 mm，上述差别可能与观测方法有关，悬沙颗分法可能漏测近底的一部分粗沙，淤沙级配可能偏细；淤积物取样颗分法，岸边和缓流区取样可能偏少，淤沙级配可能偏粗。③淤积泥沙中粒径大于 0.05 mm 的粗沙淤积效率较高，粗沙淤积比高达 94.8%。0.025~0.05 mm 中沙淤积比为 86.8%，小于 0.025 mm 的细沙淤积比也达 59.4%。单就粗颗粒粒径组淤积情况而言，其效果是非常明显的，该粒径组泥沙排沙比仅为 5.2%，中间粒径组的泥沙排沙比为 13.2%；从排细的角度来看，小于 0.025 mm 的细颗粒泥沙排沙比为 40.6%，远远小于下游河道细沙入海排沙比，大量细沙淤积在淤区。

按照淤积泥沙的组成来看，粒径大于 0.05 mm 的粗颗粒含量为 25.5%，而 0.025 mm 以下的细颗粒含量则达到 46.9%，中间粒径组的泥沙占 27.5%。造成淤积泥沙偏细原因有二：①2004 年汛期，龙门站来沙偏细，悬沙中值粒径为 0.021 mm，接近悬沙最细的 1984 年中值粒径 0.020 mm；②退水闸全沙排沙比控制偏小。淤区淤积物的这种泥沙组成，从淤粗排细的角度来看，尽管淤积了几乎所有粗颗粒泥沙，然而也伴随淤积了大量细颗粒泥沙，淤区淤积库容的资源损耗也不容忽视。

黄河小北干流放淤的总目标是“淤粗排细”。“淤粗”为减少对下游河道危害最大的粗沙；而“排细”则是将 0.025 mm 以下细沙排回黄河，充分使用淤区库容资源，使其发挥对黄河下游最大最优的减淤效果。从本次 6 轮放淤实践看，“淤粗”和“排细”指标是可以实现的，通过改善淤区调度参数指标，运用科学的调度方式，淤区淤积物中粗颗粒泥沙含量能够进一步提高，最终实现构筑控制黄河粗泥沙第二道防线的战略目标。

二、连伯滩放淤试验工程淤区水量损失分析

在下面对淤区退水闸运用调度指标研究中，涉及到淤区水量损失问题，表 8-3 为连伯滩 6 轮放淤，淤区来水量、退水量及其各轮退水闸流量的减小系数，从表 8-3 可以看出如下趋势性规律：①淤区开始启用期间，淤区水量损失较多，如第 1 轮 Ⅰ 区开始启用，第 4 轮 Ⅲ 区开始启用，在第 1 轮期间，淤区水量损失达 36%；②每轮放淤间隔时间越长，淤区水量损失越大。从单位时间损失水量一栏可知，每轮差别很大，而且没有任何趋势性规律，可能与观测精度有关，建议在今后的观测中，应充分利用放淤闸和退水闸测流功能，根据模型试验给出的闸上游水位—下游水位—流量关系，得出进退水闸流量，可以提高观测精度。

表 8-3 连伯滩 6 轮放淤，淤区进水量、退水量及退水闸流量减小系数统计

放淤轮次	第 1 轮	第 2 轮	第 3 轮	第 4 轮	第 5 轮	第 6 轮	总 计
放淤历时(h)	33.6	30.9	15	110.2	97.5	20.5	307.7
每轮放淤间隔(h)	—	58	82	146	141	6	—
放淤闸引水量(万 m^3)	549.9	418.8	232.9	2 111.0	2 607.6	544.5	6 464.7
淤区进水量(万 m^3)	522.2	411.5	207.0	1 964.3	2 459.8	521.7	6 086.6
退水闸退水量(万 m^3)	334.3	330.1	197.4	1 420.5	1 881.3	458.9	4 622.5
退水闸流量减小系数 β(%)	64	80	95	72	77	88	76
单位时间损失水量(万 m^3/h)	5.59	2.61	0.64	2.46	5.75	3.00	4.70

第三节　淤区运用调度基本参数指标

2004 年黄河小北干流连伯滩淤区，总引沙量为 599.9 万 t，引入 0.05 mm 以上的粗颗粒泥沙占的比例为 19.6%，而全沙的排沙比只有 27.3%，这种与来沙级配极不协调的调度运用方式，是淤区淤积物无法达到“淤粗排细”要求的内因。换言之，拦下的 72.7%泥沙中，必将包含大量细沙，因为所引粗沙毕竟只占全沙 19.6%，况且“排细”过程中还挟带出了 3.7%的粗沙。为了实现“淤粗排细”的试验目标，需要对淤区调度指标进行深入的优化探讨。

一、淤区调度参数指标的制定及运用

为引入淤区调度的基本参数指标，首先定义几个概念：①淤积质量标准 Φ。即淤积物中大于 0.05 mm 的粒径组的质量占淤积物总质量的百分比。Φ 值越大，淤积质量越高。②引沙质量指标 ψ_c。即为引入泥沙中大于 0.05 mm 的粒径组的质量占引入泥沙总质量的百分比。ψ_c 值大小与闸位选择有关，在闸位已选定情况下，ψ_c 值主要取决于大河来沙，ψ_c 值越大，引沙质量越高。③退水闸排粗控制指标 ψ_e。即为排出泥沙中大于 0.05 mm 的粒径组含量占排出泥沙总量的百分比。ψ_e 值越小，对减少小浪底水库和下游河道淤积越有利。但 ψ_e 值减小，又影响到淤积质量标准 Φ 值的减小，如何优化 ψ_e 和 Φ 值关系，是今后需研究讨论问题之一。④退水闸排沙调度参数 P。排出泥沙质量占引入泥沙质量的百分比，即通常称谓的全沙排沙比。P 值增大，淤积量将随之相应减少，但淤积物中粗颗粒比例增大，就容易达到预定的淤粗质量标准；反之，P 值减小则淤量增大，淤积物中粗颗粒所占比例随之降低，难以达到预定的淤粗质量标准。然而 P 值过大：第一，将会大大延长淤积周期，增加运行成本；第二，大于 0.05 mm 的粗沙回归黄河量的增加，影响放淤效率和效果。⑤淤区含沙量调度参数 P_s。即淤区排出水流含沙量与引入水流含沙量的比值，以百分比表示。同样，P_s 值增大，淤积质量随之提高，就容易达到淤粗质量标准；反之，则淤积质量随之下降。

根据淤区调度参数的定义，得出 t 时刻调度参数的计算式为

$$P_t = 1 - \frac{Q_c S_c \psi_c - Q_e S_e \psi_e}{\Phi Q_c S_c} \tag{8-1}$$

式中：Q_c 为引入淤区流量；S_c 为引入淤区含沙量；Q_e 为退出淤区水流流量；S_e 为退出淤区水流中泥沙的含沙量。

对公式(8-1)进一步推导，得出某一时刻淤区调度控制的基本参数指标计算式：

$$P = \frac{\Phi - \psi_c}{\Phi - \psi_e} \tag{8-2}$$

选用式(8-1)和式(8-2)的参数 ψ_c、ψ_e 时，应考虑来沙过程变化及水流在淤区的运行时间。

考虑到淤区水量损失并使调度更具有可操作性，可将淤区排沙调度指标 P 改为以淤

区推出的水流含沙量调度指标表示，即

$$P_s=\frac{P}{\beta}=\frac{\Phi-\psi_c}{\beta(\Phi-\psi_e)} \tag{8-3}$$

式中：P_s 为淤区某一时刻的含沙量调度指标，$P_s=S_e/S_c$；β 为退水闸流量减小系数，$\beta=Q_e/Q_c$。

式(8-3)又可以表述为

$$S_e=\frac{\Phi-\psi_c}{\beta(\Phi-\psi_e)}\cdot S_c \tag{8-4}$$

二、各项调度控制指标的计算分析运用参考实例

采用上述淤区调度的各项指标，对 2004 年黄河小北干流连伯滩 6 轮放淤实测资料进行实例分析，见表 8-4。

表 8-4　淤区调度参数计算　　(%)

调度指标参数	第 1 轮	第 2 轮	第 3 轮	第 4 轮	第 5 轮	第 6 轮	1~6 轮
引沙质量指标	21.1	13.8	21.4	18.5	23.2	21.9	19.6
淤区排粗控制指标	3.7	3.3	3	2.1	5.5	6.6	3.7
淤积质量指标	26	24.5	24.3	22.6	31.1	35.5	25.5
实际淤区排沙调度参数	22	50.5	13.6	20	30.9	47.1	27.1
假设 Φ＝50%时，退水闸应该控制排沙调度参数 P	62.4	77.5	60.9	65.8	60.2	64.7	65.7

由表 8-4 可以看出以下几点：

(1)第 1、3、4 轮退水闸排沙调度参数偏低，只有 13.6%~22%，淤积质量标准也只达到 22.6%~26%。

(2)第 5、6 两轮明显提高了退水闸排沙调度参数，实际达到的淤积质量标准也明显提高，退水闸排粗控制指标也相应有所增大。

(3)第 2 轮退水闸排沙调度参数 P 虽然达到 50.5%，但是由于来沙质量指标只有 13.8%，因此淤积质量要达到较高的标准也不易。要达到更高的淤积质量标准，需要更高的退水闸排沙调度指标，这就有必要权衡前文所述的放淤运行或者淤积效率问题了。同样原因，第 6 轮由第 5 轮的 30.9%提高到 47.1%，所以尽管第 6 轮引沙质量指标有所减小，但淤积质量指标仍达到了较高的标准。

(4)从第 1~6 轮放淤综合来看，因为引沙质量不高，指标为 19.6%，加上实际退水闸排沙调度参数偏低，指标为 27.1%，所以淤积质量指标仅仅达到 25.5%。如果引沙质量指标不变，使淤区淤积质量指标增大至 50%，则退水闸排沙调度指标均应大幅度提高，即 1~6 轮退水闸的调度指标均提高到 65.7%。

三、结语

2004 年小北干流连伯滩放淤试验工程制定调度的控制指标虽然直观、简单易行，但

考虑因素较为单一。分析可知，要达到淤区淤积质量指标，不能仅仅给出一个退水退沙定值，还必须综合考虑引入的水沙因素、退出的水沙情况以及对放淤质量的要求等。实际调度过程中，其调度指标的计算甚至要考虑由于蒸发、渗漏或降雨引起的淤区退水闸流量增减。只有采取较为科学的实时调度方案，才有可能使放淤工程做到既保证淤积质量，又兼顾淤积效率。为了达到放淤工程的预期标准，参照文中的式(8-3)、式(8-4)，根据现场实测资料进行实时调度，即可避免调度的盲目性。

第九章　小北干流放淤对下游河道冲淤影响分析及减淤效果粗估

第一节　黄河粗细泥沙对小浪底水库及下游河道冲淤影响分析

一、黄河泥沙特征

黄河流域地貌、地质自然条件差别很大，具有常说的水沙异源特征，在年际和年内分配也是不均衡的。中游河口镇至潼关河段流域面积占全流域面积的 39.3%，年均来水量占全河来水量的 38%，来水量与流域面积占整个流域的百分比基本相当，年均来沙量却占到全河总沙量的 90%，是黄河泥沙主要来源区。中游黄土高原地区地貌特征和黄土分布状况不同，西北地带，黄土中值粒径一般大于 0.045 mm；而东南地带，黄土中值粒径一般小于 0.015 mm。汛期暴雨，侵蚀黄土高原的大量泥沙进入黄河，所以黄河的泥沙比其他大江大河要多的多，要细的多。汛期进入三门峡潼关以下库段泥沙的中值粒径为 0.026 mm，进入下游花园口河道泥沙的中值粒径为 0.02 mm，这样细的黄河泥沙主要以悬移质运动形式输移，以推移质运动的泥沙只占悬沙的 1%~3%，也就是说，黄河河道水流中 98%的泥沙能为水流中不同尺度的漩涡所悬浮，并被挟带前进。在悬沙中的粗颗粒泥沙随时都与河床中的泥沙发生交换，并随着河道水力要素的变化，而引起河床的冲淤变化。悬沙中的细颗粒泥沙在悬浮输送过程中，很少在河床停留，一直保持悬浮状态，一泻千里。这部分细颗粒常处于不饱和状态，当这部分细泥沙达到一定浓度后，能使浑水的性质发生变化，变成容重较大的近似均质流体，这种近似均质的流体对输送粗泥沙非常有利。

二、黄河粗颗粒泥沙对下游河道的危害

黄河不同来源区的洪水泥沙，对下游河道的淤积影响是不同的，根据 1960~1990 年期间的统计，多沙粗泥沙来源区共有洪水 14 场，总水量 258 亿 m^3，总沙量 44.82 亿 t，洪水平均流量 1 775 m^3/s，平均含沙量 174 kg/m^3，平均中值粒径 0.032 mm。这 14 场洪水中，下游河道总淤积量为 27.95 亿 t，全沙淤积比高达 62.4%，大于 0.10 mm 极粗泥沙，占全沙量的 8%，这部分极粗泥沙几乎全部淤积在下游主河槽，也就是说，上游每拦 1 亿 t 极粗沙，下游河道可减少 1 亿 t 极粗泥沙淤积。0.05~0.10 mm 粗沙，占全沙量的 24.3%，淤积比高达 85.48%，即每拦 1.17 亿 t 泥沙，下游河道可减少 1 亿 t 粗泥沙淤积。

多沙细沙来源区的洪水泥沙，对下游河道危害相对要轻得多。在同样的 30 年期间，

共出现 108 场这类洪水泥沙，总水量 2 754 亿 m^3，总沙量 174.8 亿 t，洪水平均流量约为 2 300 m^3/s，洪水平均含沙量 63.5 kg/m^3，平均中值粒径 0.022 mm，这 108 场洪水下游河道总淤积量为 47.83 亿 t，全沙淤积比只有 27.36%。大于 0.05 mm 粗沙和极粗沙，有 51.6% 沙量可通过河道输送入海。

少沙来源区洪水泥沙，30 年期间共出现 76 场洪水，总水量为 279 亿 m^3，总沙量为 61 亿 t，洪水平均含沙量只有 21.8 kg/m^3，这类洪水对下游河道含沙量有稀释作用，下游河道不仅没有淤积，反而冲刷 15.9 亿 t。

以上数据表明，不同来源区的洪水泥沙，对下游河道淤积有明显差别，为了减少下游河道淤积，维持下游河道健康生命，主要应控制大于 0.05 mm 粗沙和极粗沙进入下游河道。

三、黄河细颗粒泥沙对下游河道减淤作用分析

上文分析了黄河粗颗粒泥沙对下游河道的危害，下面从另一个角度分析黄河细泥沙颗粒对下游河道的减淤作用。表 9-1 选择了洪水水量、洪水平均流量和洪水平均含沙量比较相近的 3 类不同的洪水泥沙，洪水悬沙平均中值粒径分别为 0.018 mm、0.022 mm 和 0.028 mm。从表 9-1 中可以看出：随着洪水悬沙中值粒径的减小，进入下游河道的各粒径组泥沙和全沙淤积比都同时减小。当悬沙中值粒径减小到 0.018 mm 时，进入下游河道的各粒径组泥沙和全沙的淤积比都非常小，而且非常接近，约为 11.5%，也就是说，当洪水悬沙中值粒径小于 0.018 mm 后，含沙水流接近一种均质流体，河道淤积时，粗细颗粒泥沙同时淤积，没有分选现象，而且淤积比只有 11.5%。黄河洪水泥沙的这种特异现象，表明小北干流“淤粗排细”放淤将会有效改善进入下游河道泥沙组成，减少下游河道的淤积。

表 9-1　黄河下游不同悬沙中值粒径洪水各粒径组泥沙淤积比

洪水泥沙来源区	洪水水量（亿 m^3）	洪水平均流量（m^3/s）	洪水平均含沙量（kg/m^3）	洪水悬沙中值粒径（mm）	下游河道不同粒径组泥沙淤积比(%)			
					＜0.025 mm	0.025~0.05 mm	＞0.05 mm	全沙
细沙区	397	2 136	76	0.018	10	13	12	11
细沙区	357	2 086	75	0.022	18	32	48	27
粗沙区	339	约 2 300	63	0.028	32	53	71	48

第二节　小北干流“淤粗排细”放淤效果对下游河道减淤效果粗估

一、小北干流连伯滩放淤试验工程“淤粗排细”放淤效果设计

小北干流连伯滩放淤试验工程引洪放淤原则：汛期引洪放淤，大河流量大于 500 m^3/s，含沙量大于 50 kg/m^3 时，开闸引洪放淤，尽量多引沙，引粗沙。设计选定 1998 年为设计放淤典型年，汛期流量大于 500 m^3/s，含沙量大于 50 kg/m^3，放淤天数有 16 d，放淤

16 d 期间大河来水量 16.17 亿 m^3，来沙量 2.79 亿 t，平均流量 1 170 m^3/s，平均含沙量 172 kg/m^3。悬沙中值粒径为 0.025 mm。16 d 放淤闸共引水 9 400 万 m^3，引沙 1 339 万 t，平均含沙量为 142 kg/m^3。

根据设计方案，进行了实体模型试验，按典型年引水放淤条件，经过两个汛期 32 d 的放淤，淤区共淤积泥沙 968 万 m^3，5.2 km 以上淤区淤积量占 47%，大于 0.05 mm 粗沙占全沙 35%；5.2 km 以下淤区淤积量占 53%，大于 0.05 mm 粗沙占全沙 26%。对全淤区而言，全沙淤积比为 54%，大于 0.05 mm 的粗沙淤积比达 73%，也就是说，进入淤区的粗泥沙，有 3/4 淤积在淤区内。退水闸全沙排沙比为 46%，小于 0.025 mm 细沙排沙比为 66%，也就是说，进入淤区的细沙有 2/3 排回大河。以上简单的数据表明，原设计布置方案基本实现了“淤粗排细”放淤目标。实施方案通过增加工程措施和优化工程布局，“淤粗排细”效果将会得到进一步的提高。

二、小北干流“淤粗排细”放淤对下游河道减淤效果估算

小北干流连伯滩放淤试验工程，根据 1998 年典型年来水来沙，汛期共引洪放淤 16 d，引水引沙量占同期大河水量和沙量的 5.8%和 4.8%。放淤试验工程引水引沙比较少，对小浪底水库和下游河道淤积不可能有明显影响。如果按试验工程引洪放淤规模，在小北干流两岸各拟建 3 处引洪放淤工程，引水引沙将会占到大河同期水量和沙量的 34.8%和 28.8%，如按连伯滩试验工程原设计布置方案各粒径组泥沙的淤积比和排沙比计算，不考虑各引洪放淤闸的相互影响，大河悬移质泥沙调整变化如表 9-2 所示。从表中可以看出，在 1998 年典型年水沙条件下，经过拟建 6 处引洪放淤工程“淤粗排细”调度运用，不考虑淤区的渗漏，水量全部回归大河后，总水量可视为不变，放淤后进入潼关河道大河含沙量将由龙门站的 172 kg/m^3，减小为 146 kg/m^3，比引洪放淤前的大河含沙量减少 5%，大河悬沙中值粒径由放淤前的 0.025 mm，减小为放淤后的 0.021 mm。以上数据清楚地表明，小北干流“淤粗排细”放淤效果非常明显，其效果主要表现在以下两个方面：①“淤粗”使大河含沙量减小 5%，而大于 0.05 mm 粗沙减少 21%；②“排细”使大河悬沙中值

表 9-2 小北干流“淤粗排细”引洪放淤大河泥沙调整变化

项目 内容	平均含沙量 (kg/m^3)	悬沙平均 中值粒径 (mm)	泥沙数量及 占全沙百分数	各粒径泥沙			
				<0.025	0.025～0.05	>0.05	全沙
龙门站 大河来沙量	172	0.025	沙量(亿 t) 占全沙(%)	1.39 50	0.79 28	0.61 22	2.79 100
6 处放淤闸 引进沙量	142	0.025	沙量(亿 t) 占全沙(%) 引沙占大河总沙量(%)	0.401 50 28.8	0.225 28 28.8	0.177 22 28.8	0.803 100 28.8
6 处淤区 淤积沙量			沙量(亿 t) 占全沙(%)	0.136 31.6	0.165 38.4	0.129 30	0.430 100
6 处淤区回归 大河沙量			沙量(亿 t) 占全沙(%)	0.265 71	0.060 16	0.048 13	0.373
放淤后 大河沙量	146	0.021	沙量(亿 t) 占全沙(%)	1.254 53.1	0.625 26.5	0.481 20.4	2.360 100

粒径变细到 0.021 mm。含沙量的减少，特别是大于 0.05 mm 粗泥沙的减少，无疑会减少小浪底水库和下游河道的淤积。悬沙中值粒径的减小，改善了洪水泥沙组成，有利于泥沙输送，对减少下游河道淤积也是很明显的。在没有更多原型观测资料情况下，暂按表 9-1 黄河下游不同悬沙中值粒径洪水与各粒径组泥沙淤积比关系，进行了粗略估算，洪水悬沙中值粒径由放淤前的 0.025 mm，减小到放淤后的 0.021 mm 后，下游河道全沙淤积比，可由放淤前的 37%减小到放淤后的 22%，大于 0.05 mm 粗沙淤积比，由放淤前 61%减小到放淤后 48%。“淤粗”和“排细”引洪放淤，可以减少下游河道 1/3 左右的粗泥沙淤积。尽管上述估算数据比较粗略，定量不够准确，但在减淤机理的表述上还是非常清晰，减淤效果也是很明显的。

参 考 文 献

[1] 中华人民共和国水利部. 黄河近期重点治理开发规划[M]. 北京：中国水利水电出版社，2003.

[2] 武汉水利电力学院水力学教研室. 水力计算手册[M]. 北京：水利出版社，1980.

[3] 张红武，吕昕. 弯道水力学[M]. 北京：水利电力出版社，1993.

[4] 张红武，赵新建，等. 动床河工模型相似率的研究[R]. 郑州：黄河水利委员会水利科学研究院, 1990.

[5] 张红武，江恩惠，等. 黄河高含沙洪水模型的相似律[M]. 郑州：河南科学技术出版社，1994.

[6] 张永昌，杨文海，等. 黄河下游引黄灌溉供水与泥沙处理[M]. 郑州：黄河水利出版社，1998.

[7] 麦乔威. 麦乔威论文集[C]. 郑州：黄河水利出版社，1995.

[8] 程龙渊，刘栓明，等. 三门峡库区水文泥沙实验研究[M]. 郑州：黄河水利出版社，1999.

[9] 韩其为. 水库淤积[M]. 北京：科学出版社，2003.

[10] 三门峡水库运用经验总结项目组. 黄河三门峡水利枢纽运用研究文集[C]. 郑州：河南人民出版社，1994.

[11] 姚文艺，胡春宏，刘继祥，等. 黄河下游河道挖河机理及泥沙处理对环境的影响[M]. 郑州：黄河水利出版社，2001.

[12] 武彩萍，陈俊杰，姜乃迁，等. 黄河小北干流放淤试验工程放淤调度指标探讨[J]. 人民黄河，2005.7:49-50.